KB145357

스프링 부트 2 레시피

스프링 부트 2 레시피

다양한 예제로 스프링 부트 스타터부터
패키징까지 한 번에 따라하기

마틴 데이넘 지음 최정호 · 임진욱 · 김명훈 옮김

에이콘

에이콘출판의 기틀을 마련하신 故 정완재 선생님 (1935-2004)

내 아내와 딸들에게 바친다.

사랑한다.

지은이 소개

마틴 데이넘^{Marten Deinum}

 오픈 소스 스프링 프레임워크 프로젝트 제출자로 콘스펙트^{Conspect}
의 자바/소프트웨어 컨설턴트다. 크고 작은 회사에서 주로 자바를
사용해 소프트웨어를 개발하고 설계했다. 열정적인 오픈 소스 사
용자이자 오랜 기간 동안 스프링 프레임워크의 팬, 사용자이자 지
지자였다. 지금까지 소프트웨어 엔지니어, 개발 책임자, 코치, 자
바 및 스프링 트레이너를 비롯해 다양한 직책을 맡았다.

매뉴엘 조단 엘레라 Manuel Jordan Elera

 자신만의 경험을 쌓기 위해 새로운 기술을 배우고 새로운 조합을 만드는 것을 즐기는 독학 개발자이자 연구원이다. 스프링 어워드 커뮤니티 챔피언과 스프링 챔피언 2013에서 우승했다. 여가 시간에는 성경을 읽고 기타로 음악을 작곡한다. dr_pompeii라는 아이디로도 알려져 있다. 『Pro Spring, 4th Edition』(2014), 『Practical Spring LDAP』(2013), 『Pro JPA 2, 2nd Edition』(2013), 『Pro Spring Security』(2013)를 비롯한 수많은 에이프레스 Apress 도서를 감수했다. 운영 중인 블로그 www.manueljordanelera.blogspot.com에서 스프링 기술에 관한 13가지 튜토리얼을 읽어보고 연락할 수 있다. 트위터 계정은 @dr_pompeii이다.

감사의 글

책을 네 번째 공동 저술하고 있지만, 여전히 책 한 권을 만드는 데 드는 작업량에 놀란다. 나뿐만 아니라 에이프레스의 대단한 사람들도 글을 쓴다. 책을 쓴다는 것이 얼마나 어려운 작업인지는 처음 책을 쓸 때 깨달았다. 더군다나 최첨단 기술(스프링 부트 2.1)에 대한 내용을 쓰는 것은 더더욱 어려웠다. 시험판이나 베타 소프트웨어에 관한 글을 쓰면 이후 예제와 내용을 다시 작성해야 했다. 때로는 이런 작업이 나를 몰아세웠고, 편집자인 마크 파워스Mark Powers도 마찬가지였을 것이라 생각한다. 꽤 많은 양의 콘텐츠를 다시 작성해 재현해야만 했으므로 처음 생각했던 것보다 시간이 오래 걸리는 것이 정말 미안했다. 그러나 덕분에 이 책은 자바 11을 사용한 스프링 부트 2.1을 다루는 새로운 책이 됐다.

좋은 품질의 내용을 유지하면서 일정을 지킬 수 있도록 애써준 모든 이에게 큰 감사를 드린다. 네 번째 책을 끝낼 수 있도록 지원해주셔서 감사하다. 여러분 모두에게 큰 감사를 드린다.

이 책은 독자적으로 작성된 것이 아니다. 매뉴엘 조단의 리뷰 의견과 제안이 없었다면, 책의 일부분이 상당히 달라졌을 것이다. 시간을 내서 이 책을 검토하고, 다양한 제안과 의견을 줘서 정말 고맙다.

함께 다이빙하고 여행을 다니는 나의 다이빙 친구들과 나를 그리워해준 가족에게 고맙다.

무엇보다 오랜 시간 동안 저녁 시간을 희생하고, 주말과 휴일에도 끝없는 지지와 사랑을 보내주며 헌신한 아내 드조크 데이넘Djoke Deinum과 두 딸 지스케Geeske와 시엣스케Sietske에게 고맙다. 가족의 도움이 없었다면 오래 전 포기했을 것이다.

최정호(niceguy2724@gmail.com)

삼성SDS에 처음 입사해 공공시스템의 SI 프로젝트에서 자료 전환 및 서비스 구축/운영을 경험하고 대규모 모바일 앱스토어 서비스의 시스템 운영 업무를 맡아왔다. 현재는 삼성SDS의 사내 벤처에서 영상 처리/딥러닝 기반의 영상 분석을 통해 고객에게 인공지능 서비스를 제공하고 있다. 워라벨을 지키기 위해 노력하는 한 가정의 쌍둥이 남매 아빠다.

임진욱(iju707@gmail.com)

GW−Basic으로 처음 컴퓨터를 입문해 코딩의 매력에 빠져 프로그래밍으로 밥을 먹고 살고 있다. 현재 삼성SDS에서 소프트웨어 아키텍트로 근무 중이며 사내 벤처에서 사용자 추천 서비스 개발을 리딩하고 있다. 스프링과 같은 프레임워크에 관심이 많으며, 평소함께 일하는 동료들이 편하게 개발할 수 있게 해주고 싶은데, 더 괴롭히고 있는 것 같다.

김명훈(naimtenor@gmail.com)

대학에서 산업공학을 전공했으나 프로그래밍이 좋아 프로그래머의 길로 뛰어든 후천적 프로그래머다. 삼성SDS에서 소프트웨어 아키텍트로 근무 중이며 사내 벤처에서 개발 리더로 근무하고 있다. 개발 리더지만 기술 영업에 더 많은 시간을 보내고 있어 직무 변경을 해야 하나 고민하고 있다.

옮긴이의 말

10년이면 강산이 변한다는 말이 있다. 강도 산도 시간의 흐름에 따라 피할 수 없는 많은 변화를 겪고 이겨내며 자연으로서 모습을 갖춰나간다. 이처럼 시간의 흐름은 다양한 패러다임의 변화를 이끄는 거대한 축이다.

소프트웨어 개발 방법론에서도 마찬가지다. 시간의 흐름에 따라 다양한 방법론이 제시됐고, 사용자의 요구 사항, 개발자의 요구 사항에 따라 그 시대를 이끄는 확고한 개발 패러다임이 존재했다.

과거에는 거대한 시스템을 구성해 최대한 많은 사용자를 수용하고, 다양한 기능을 한꺼번에 제공하기 위해 큰 비용을 들여 장기적으로 사용할 엔터프라이즈급 시스템을 구성하고자 하는 요구 사항이 많았다. 상대적으로 주기가 긴 요구 사항과 빠르지 않은 기술 변화는 거대한 시스템을 개발하고 운영하는 데 무리가 없었다.

반면 최근의 시스템 개발은 여러 가지 측면에서 다른 접근 방식을 요구한다. 시스템 사용자의 요구 사항은 짧은 주기로 변화하고, 개발자가 적용해야 하는 기술은 수도 없이 쏟아지고 발전하고 바뀐다. 그 배경에는 공유 지식의 발달과 그 부산물인 오픈 소스 소프트웨어의 증가가 큰 역할을 했다고 생각한다.

이러한 변화는 소프트웨어 개발 방법론에도 큰 변화를 가져왔다. 장기적 설계를 기반으로 정교하게 짜인 다양한 기능을 한꺼번에 제공하는 복잡한 프레임워크 기반의 개발 방법에서, 누구나 빠르게 단위 기능의 소프트웨어를 개발하고 테스트하는 가볍고 빠른 개발 방식을 선호하는 추세로 바뀌고 있다.

스프링 부트는 이런 개발 방법론에 딱 맞는 프레임워크라 생각한다. 가볍고 간편하게 '시연 가능한' 애플리케이션을 생성할 수 있으면서도 기존의 스프링 프레임워크가 제공하는 기능을 모두 제공한다. 거기에 편리한 테스트와 모니터링 방법을 제공하고, 클라우드 환경에의 적용도 빠르고 편리하다. 그야말로 최근의 시스템 개발 방식에 최적화돼 있는 것이다.

기존의 복잡하고 거대한 시스템을 가볍고 단순한 형태로 전환하고 싶거나, 요구 사항 변경이 요동치는 상황에서의 시스템 개발을 계획하고 있다면, 스프링 부트에 도움의 손길을 요청해보는 것을 추천한다. 이 책은 간단한 예제를 기반으로 상황에 맞는 기능을 찾아보기 쉽게 구성돼 처음 스프링 부트를 빠르게 사용해 보거나, 상황에 맞춰 특별한 기능의 적용 방법을 찾아보고자 하는 독자에게 많은 도움이 되리라 생각한다. 다양한 예제를 통해 더욱 알차게 스프링 부트를 활용해 구현하고자 하는 핵심 기능에 초점을 맞춘 효율적인 개발에 활용하기 바란다.

차 례

환영한다. 이 책은 스프링 부트 2.1과 스프링 보안, 스프링 AMQP 등 지원되는 프로젝트를 사용해 소프트웨어를 개발하는 데 중점을 둔다.

이 책의 대상 독자

애플리케이션을 간단히 개발하고 빠르게 작성하고자 하는 개발자를 위한 책이다. 스프링 부트를 사용하면 애플리케이션 구성이 단순해지고 배포와 관리도 단순해진다.

또한 독자가 자바와 스프링, 개발 IDE에 익숙하다고 가정해, 스프링의 모든 내부 구조와 상세한 작업이나 관련 프로젝트는 설명하지 않는다. 자세한 내용은『스프링5 레시피』(한빛미디어, 2018) 또는『스프링 MVC 프로그래밍』(에이콘출판, 2013)을 참고하기 바란다.

이 책에서 다루는 내용

1장, 스프링 부트 – 소개 스프링 부트의 간단한 개요와 시작 방법을 설명한다.

2장, 스프링 부트 – 기본 빈을 정의 및 구성하고, 스프링 부트로 의존성 주입을 수행하는 방법에 대한 기본 시나리오를 설명한다.

3장, 스프링 MVC 스프링 MVC를 이용한 웹 기반 애플리케이션 개발을 다룬다.

4장, 스프링 MVC – 비동기 스프링 MVC를 사용한 비동기 웹 기반 애플리케이션 개발을 다룬다.

5장, 스프링 웹플럭스 스프링 웹플럭스를 사용한 반응형 웹 애플리케이션 개발에 관해 설명한다.

6장, 스프링 보안 스프링 보안을 사용해 스프링 부트 애플리케이션을 보호하는 방법을 알아본다.

7장, 데이터 처리 데이터베이스 또는 몽고DB 같은 데이터 저장소에 접근하는 방법을 설명한다.

8장, 자바 엔터프라이즈 서비스 JMX, 메일, 예약 작업 같은 엔터프라이즈 서비스를 스프링 부트와 함께 사용하는 방법을 소개한다.

9장, 메시징 스프링 부트를 사용해 JMS 및 래빗MQ로 메시징을 수행하는 방법을 소개한다.

10장, 스프링 부트 액튜에이터 스프링 부트 액튜에이터의 상태 및 메트릭 엔드포인트와 같은 운영에서 사용 가능한 기능을 다루는 방법에 대해 설명한다.

11장, 패키징 스프링 부트 애플리케이션을 실행 가능하게 만들거나 도커 컨테이너로 패키지 및 배포 방법을 설명한다.

이 책의 편집 규약

코드에서 주의를 기울여야 하는 내용의 글꼴을 굵게 표시한다. 굵게 표시된 코드는 이전 버전의 코드 변경을 반드시 반영하지는 않는다.

코드 줄이 너무 길어 페이지 너비에 맞지 않는 경우에는 코드 연속 문자로 구분한다. 코드를 입력할 때에 공백을 제거하고 줄을 연결하면 된다.

준비 사항

자바 프로그래밍 언어는 플랫폼에 독립적이므로 지원되는 운영체제는 자유롭게 선택할 수 있다. 그러나 이 책의 일부 예제는 플랫폼에 의존성이 있는 경로를 사용한다. 예제를 입력하기 전에 필요에 따라 운영체제의 형식으로 변환하라.

이 책을 최대한 활용하려면 JDK 버전 11[1] 이상을 설치해야 한다. 개발을 쉽게 하려면 자바 IDE가 설치돼 있어야 한다. 대부분의 샘플 코드는 메이븐[2] 기반의 프로젝트이며, 대부분의 IDE는 클래스패스를 관리하기 위한 도구로 메이븐을 지원한다. 샘플은 모두 메이븐 래퍼[3]를 사용하므로 명령 줄에서 예제를 빌드하기 위해 메이븐을 설치할 필요는 없다.

예제에서는 때때로 PostreSQL, 액티브MQ 등과 같이 설치된 추가 라이브러리가 필요하다. 이 책에서는 도커[4]를 사용한다. 물론 도커를 사용하는 대신 컴퓨터에 라이브러리를 설치할 수도 있지만 도커를 사용하면 좀 더 쉽게 사용할 수 있다.

예제 코드 파일 다운로드

이 책의 한국어판 예제 코드는 에이콘출판사의 도서정보 페이지인 http://www.acornpub.co.kr/book/spring-boot-2-recipes에서 다운로드할 수 있다

원서의 예제 코드를 보려면 www.apress.com/9781484239629에 있는 **Download Source Code** 링크를 클릭한다. 소스 코드는 장별로 구성되며 각 장에는 더 많은 예제가 들어 있다.

---

1   https://adoptopenjdk.net/

2   https://maven.apache.org/

3   https://github.com/takari/maven-wrapper

4   https://www.docker.com

질문

이 책의 내용에 대한 질문과 의견은 언제든지 환영한다. 마틴 데이넘^{Marten Deinum}에게 이메일(marten@deinum.biz) 또는 트위터(@mdeinum)로 연락할 수 있다. 한국어판에 관한 질문은 에이콘출판사 편집 팀(editor@acornpub.co.kr)으로 문의해주길 바란다.

1장

스프링 부트 – 소개

1장에서는 스프링 부트를 간략하게 소개한다. 스프링 부트의 핵심은 스프링 프레임워크에 기반한다. 스프링 부트는 프레임워크를 확장해 자동 구성을 가능하게 한다.

> 스프링 부트는 단순히 실행하고 독립형 제품 수준의 스프링 기반 애플리케이션을 쉽게 만들어 준다. 스프링 플랫폼의 고정적인 관점과 서드파티 라이브러리를 적용해 최소한의 노력으로 시작할 수 있게 한다. 대부분의 스프링 부트 애플리케이션은 아주 작은 스프링 구성이 필요하다.
>
> – 스프링 부트 참조 가이드에서

스프링 부트는 JMS, JDBC, JPA, 래빗MQ 등과 같은 하부 구조를 자동으로 구성한다. 또한 스프링 통합, 스프링 배치, 스프링 보안 등 여러 프레임워크의 자동 구성도 제공한다. 이런 프레임워크 또는 기능이 감지되면, 스프링 부트는 고정적이지만 최적의 기본값으로 구성을 할 것이다.

소스 코드는 메이븐에서 빌드된다. 메이븐은 필요한 의존성을 가져오고, 코드를 컴파일하며, 아티팩트(일반적으로 jar-파일)를 생성한다. 게다가 예제에 접근하는 방법이 하나 이

상일 경우 소스 코드는 다양한 예제를 로마 숫자로 분류한다(예: Recipe_2_1_i, Recipe_2_1_ii, Recipe_2_1_iii 등).

팁　각 애플리케이션을 빌드하려면, 예제 폴더(예, ch2/recipe_2_1_i/)에 들어가서 mvnw 명령어를 실행해 소스 코드를 컴파일한다. 소스 코드가 컴파일되면 target이라는 하위 폴더에 애플리케이션 실행 파일이 생성된다. 명령 창에서 애플리케이션 JAR를 실행할 수 있다(예: java –jar target/Recipe_2_1_i.jar).

1-1 메이븐을 사용해 스프링 부트 애플리케이션 만들기

문제점

스프링 부트와 메이븐을 이용해서 애플리케이션 개발을 시작하고 싶다.

해결 방법

메이븐 빌드 파일 pom.xml을 만들고, 필요한 의존성을 추가한다. 애플리케이션을 실행하기 위해, 애플리케이션을 부트스트랩할 main 함수가 포함된 자바 클래스를 생성한다.

예제 구현

SpringApplication(스프링 부트 애플리케이션의 주요 진입점)을 부트스트랩하고 Application Context로부터 모든 빈을 가져오며 콘솔로 출력하는 간단한 애플리케이션을 만든다고 가정한다.

pom.xml 생성

코딩을 시작하기 전에 메이븐에서 수행하고자 하는 것을 결정하기 위해 사용되는 파일인 pom.xml을 생성해야 한다. 스프링 부트를 사용하는 가장 쉬운 방법은 애플리케이션에서 spring-boot-starter-parent를 부모로 사용하는 것이다.

```xml
<parent>
    <groupId>org.springframework.boot</groupId>
    <artifactId>spring-boot-starter-parent</artifactId>
    <version>2.1.4.RELEASE</version>
    <relativePath />
</parent>
```

그런 다음 스프링을 시작하려면 스프링 의존성 일부를 추가해야 한다. 여기서는 spring-boot-starter를 의존성으로 pom.xml에 추가한다.

```xml
<dependencies>
    <dependency>
        <groupId>org.springframework.boot</groupId>
        <artifactId>spring-boot-starter</artifactId>
    </dependency>
</dependencies>
```

이때 버전이나 다른 정보는 필요하지 않다. spring-boot-starter-parent를 애플리케이션의 부모로 사용하기 때문에 모든 것이 관리된다. spring-boot-starter는 스프링 부트 애플리케이션의 가장 기본 기능을 시작하는 데 필요한 중요 의존성, 스프링 프레임워크나 로깅을 위한 로그백, 스프링 부트 자체 라이브러리 등을 내려받는다.

전체 pom.xml 파일은 다음과 같다.

```xml
<?xml version="1.0" encoding="UTF-8"?>
<project xmlns="http://maven.apache.org/POM/4.0.0"
        xmlns:xsi="http://www.w3.org/2001/XMLSchema-instance"
        xsi:schemaLocation="http://maven.apache.org/POM/4.0.0
        http://maven.apache.org/xsd/maven-4.0.0.xsd">
```

```xml
    <modelVersion>4.0.0</modelVersion>
    <groupId>com.apress.springbootrecipes</groupId>
    <artifactId>chapter_1_1</artifactId>
    <version>2.0.0</version>

    <parent>
        <groupId>org.springframework.boot</groupId>
        <artifactId>spring-boot-starter-parent</artifactId>
        <version>2.1.4.RELEASE</version>
    </parent>

    <dependencies>
        <dependency>
            <groupId>org.springframework.boot</groupId>
            <artifactId>spring-boot-starter</artifactId>
        </dependency>
    </dependencies>
</project>
```

애플리케이션 클래스 생성

main 함수가 있는 DemoApplication 클래스를 생성해보자. main 함수는 Spring Application.run을 DemoApplication.class와 main 함수의 인수들과 함께 호출한다. run 함수는 ApplicationContext를 반환하며 ApplicationContext로부터 빈 이름을 검색할 때 사용된다. 구현하고자 하는 기능은 이름을 정렬하고 콘솔에 출력하는 것이다.

최종 클래스는 다음과 같다.

```java
package com.apress.springbootrecipes.demo;

import org.springframework.boot.SpringApplication;
import org.springframework.boot.autoconfigure.EnableAutoConfiguration;
import org.springframework.context.annotation.ComponentScan;
import org.springframework.context.annotation.Configuration;

import java.util.Arrays;
```

```java
@Configuration
@EnableAutoConfiguration
@ComponentScan
public class DemoApplication {

    public static void main(String[] args) {
        var ctx = SpringApplication.run(DemoApplication.class, args);

        System.out.println("# Beans: " + ctx.getBeanDefinitionCount());

        var names = ctx.getBeanDefinitionNames();
        Arrays.sort(names);
        Arrays.asList(names).forEach(System.out::println);
    }
}
```

DemoApplication 클래스는 main 함수를 가진 일반적인 자바 클래스다. 이 클래스를 IDE에서 실행할 수 있다. 애플리케이션이 실행되면 그림 1-1과 비슷한 출력을 볼 수 있다.

```
  .   ____          _            __ _ _
 /\\ / ___'_ __ _ _(_)_ __  __ _ \ \ \ \
( ( )\___ | '_ | '_| | '_ \/ _` | \ \ \ \
 \\/  ___)| |_)| | | | | || (_| |  ) ) ) )
  '  |____| .__|_| |_|_| |_\__, | / / / /
 =========|_|==============|___/=/_/_/_/
 :: Spring Boot ::        (v2.1.0.M4)

2019-04-04 23:23:48.559  INFO 8872 --- [           main] c.a.s.demo.DemoApplication               : Starting DemoApplica
2019-04-04 23:23:48.563  INFO 8872 --- [           main] c.a.s.demo.DemoApplication               : No active profile se
2019-04-04 23:23:49.134  INFO 8872 --- [           main] o.s.s.concurrent.ThreadPoolTaskExecutor  : Initializing Executo
2019-04-04 23:23:49.170  INFO 8872 --- [           main] c.a.s.demo.DemoApplication               : Started DemoApplicat
# Beans: 27
applicationTaskExecutor
demoApplication
mbeanExporter
mbeanServer
objectNamingStrategy
```

▲ 그림 1-1 실행 중인 애플리케이션의 출력

코드와 애노테이션은 어떤 역할을 했는지 알아보자. @Configuration 애노테이션은 이 클래스를 스프링 자바 구성 클래스로 만들었다. 일반적으로 애플리케이션을 생성할 때 필요에 의해 선택한 다른 컴포넌트도 있다. 그런 컴포넌트를 탐색하기 위해 @ComponentScan 애노테이션을 추가한다. 마지막으로 스프링 부트의 자동 구성을 사용할 수 있도록 @EnableAutoConfiguration 애노테이션을 추가한다.

애플리케이션 클래스 단순화

클래스 정의를 보면 3개의 애노테이션이 있다.

```
@Configuration
@EnableAutoConfiguration
@ComponentScan
public class DemoApplication { ... }
```

스프링 부트 기반의 애플리케이션을 작성할 때, 대부분의 경우 위의 애노테이션이 모두 필요하다. 이는 @SpringBootApplication 애노테이션을 사용해 간략화할 수 있다. 이로써 클래스 정의 부분은 다음과 같이 변한다.

```
@SpringBootApplication
public class DemoApplication { ... }
```

@SpringBootApplication 애노테이션은 소위 말하는 합성 애노테이션이며 이전에 필요로 했던 애노테이션으로 구성되어 있다.

```
@Target({ElementType.TYPE})
@Retention(RetentionPolicy.RUNTIME)
@Documented
@Inherited
@SpringBootConfiguration
@EnableAutoConfiguration
@ComponentScan
public @interface SpringBootApplication { ... }
```

앞서 이야기한 애노테이션과 @SpringBootApplication 간에는 한 가지 차이점이 있다. 위 예제에서는 @Configuration 애노테이션 대신 @SpringBootConfiguration 애노테이션이 사용되었다. @SpringBootConfiguration은 특수화된 @Configuration 애노테이션으로 해당 애플리케이션이 스프링 부트 기반의 애플리케이션이라고 알려준다. @SpringBootConfiguration을 사용할 때는, 이 애노테이션을 한 개의 클래스에만 적용할 수 있다.

1-2 그래들을 사용해 스프링 부트 애플리케이션 만들기

문제점

스프링 부트와 그래들을 이용해서 애플리케이션 개발을 시작하고 싶다.

해결 방법

그래들 빌드 파일인 build.gradle을 생성하고 필요한 의존성을 추가한다. 애플리케이션을 실행하기 위해, 애플리케이션을 부트스트랩할 main 함수가 포함된 자바 클래스를 생성한다.

예제 구현

SpringApplication을 부트스트랩하고 ApplicationContext로부터 모든 빈을 가져오며 콘솔로 출력하는 간단한 애플리케이션을 만든다고 가정한다.

build.gradle 생성

처음으로 build.gradle을 생성하고 스프링 부트 관련 의존성을 정확히 관리하기 위해 그래들에 필요한 두 개의 플러그인을 사용해야 한다. 스프링 부트는 그래들의 기본 의존성 관리 능력(의존성 관리 플러그인)을 확장한 특수한 그래들 플러그인(스프링 부트 그래들 플러그인)을 요구한다. 이 플러그인을 사용하고 구성하려면 build.gradle에 buildscript 태스크를 생성해야 한다.

```
buildscript {
    ext {
        springBootVersion = '2.1.4.RELEASE'
    }
    repositories {
        mavenCentral()
```

```
    }
    dependencies {
        classpath("org.springframework.boot:spring-boot-gradle-
        plugin:${springBootVersion}")
    }
}
```

buildscript 태스크는 정확히 스프링 부트 플러그인을 사용하도록 구성한다. 다음으로 사용하고자 하는 플러그인을 정의해야 한다. 자바 기반 프로젝트라면 최소 자바 플러그인이 필요하며, 이 책은 스프링 부트 관련이므로 org.springframework.boot 플러그인도 필요하다. 마지막으로 스프링 부트 스타터가 의존성을 관리하게 하려면 io.spring.dependency-management 플러그인이 필요하다.

```
apply plugin: 'java'
apply plugin: 'org.springframework.boot'
apply plugin: 'io.spring.dependency-management'
```

마지막으로 필요한 의존성을 추가해야 한다. 예제 1-1에 spring-boot-starter 의존성을 추가한다.

```
dependencies {
    compile 'org.springfra mework.boot:spring-boot-starter'
}
```

의존성에 대한 특정 버전이 없음을 참고하라. 버전 정의가 불필요한 이유는 메이븐과 같이 쉽게 의존성 관리를 할 수 있도록 io.spring.dependency-management 플러그인을 사용했기 때문이며, 이로 인해 자동으로 관리된다.

전체 build.gradle 파일은 다음과 같다.

```
buildscript {
    ext {
        springBootVersion = '2.1.4.RELEASE'
    }
    repositories {
```

```
        mavenCentral()
    }
    dependencies {
        classpath("org.springframework.boot:spring-boot-gradle-
        plugin:${springBootVersion}")
    }
}

apply plugin: 'java'
apply plugin: 'org.springframework.boot'
apply plugin: 'io.spring.dependency-management'

repositories {
    mavenCentral()
}

dependencies {
    compile 'org.springframework.boot:spring-boot-starter'
}
```

애플리케이션 클래스 생성

main 함수가 있는 DemoApplication 클래스를 생성해보자. main 함수는 SpringApp
lication.run을 DemoApplication.class와 main 함수의 인수들과 함께 호출한다. run
함수는 ApplicationContext를 반환하며 ApplicationContext에서 빈 이름을 검색할 때
사용된다. 이름을 정렬하고 콘솔에 출력한다.

최종 클래스는 다음과 같다.

```
package com.apress.springbootrecipes.demo;

import org.springframework.boot.SpringApplication;
import org.springframework.boot.autoconfigure.SpringBootApplication;

import java.util.Arrays;

@SpringBootApplication
public class DemoApplication {
```

```
    public static void main(String[] args) {
        var ctx = SpringApplication.run(DemoApplication.class, args);

        System.out.println("# Beans: " + ctx.getBeanDefinitionCount());

        var names = ctx.getBeanDefinitionNames();
        Arrays.sort(names);
        Arrays.asList(names).forEach(System.out::println);
    }
}
```

최종 DemoApplication 클래스는 main 함수가 있는 일반적인 자바 클래스이며, IDE에서
실행할 수 있다. 애플리케이션이 실행되면 그림 1-2와 비슷한 출력을 볼 수 있다.

```
  .   ____          _            __ _ _
 /\\ / ___'_ __ _ _(_)_ __  __ _ \ \ \ \
( ( )\___ | '_ | '_| | '_ \/ _` | \ \ \ \
 \\/  ___)| |_)| | | | | || (_| |  ) ) ) )
  '  |____| .__|_| |_|_| |_\__, | / / / /
 =========|_|==============|___/=/_/_/_/
 :: Spring Boot ::        (v2.1.4.RELEASE)

2019-04-07 22:53:50.053  INFO 33376 --- [           main] c.a.s.demo.DemoApplication
2019-04-07 22:53:50.055  INFO 33376 --- [           main] c.a.s.demo.DemoApplication
2019-04-07 22:53:50.646  INFO 33376 --- [           main] c.a.s.demo.DemoApplication
# Beans: 27
applicationTaskExecutor
demoApplication
mbeanExporter
mbeanServer
objectNamingStrategy
```

▲ 그림 1-2 실행 중인 애플리케이션의 출력

1-3 스프링 초기 구성기를 사용해 스프링 부트 애플리케이션 만들기

문제점

스프링 초기 구성기를 사용해 스프링 부트 애플리케이션을 시작하고 싶다.

해결 방법

https://start.spring.io에 접속해 스프링 부트 버전과 필요하다고 생각되는 의존성을
선택한 뒤 프로젝트를 내려받는다.

예제 구현

https://start.spring.io에 접속하면 스프링 초기 구성기가 열릴 것이다(그림 1-3).

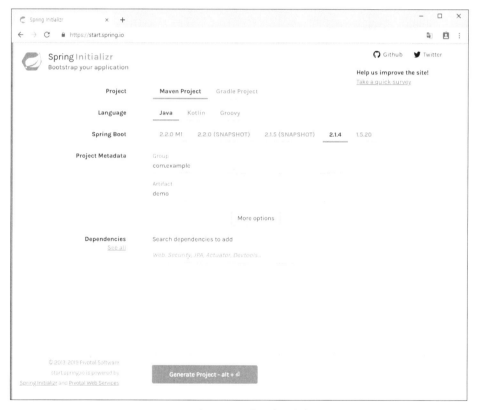

▲ 그림 1-3 스프링 초기 구성기

다음으로 메이븐 또는 그래들 중 생성하고자 하는 방식을 선택하고 스프링 부트 버전을
선택한다. 이때 대부분 최신 버전을 사용한다. 그런 다음 com.apress.springboot
recipes라는 그룹명을 작성하고 아티펙트에 기본값 demo를 입력한다(그림 1-4).

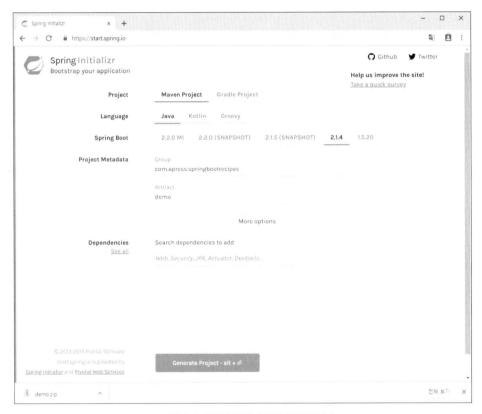

▲ 그림 1-4 값이 입력된 스프링 초기 구성기

마지막으로, Generate Project(프로젝트 생성) 버튼을 클릭한다. 버튼을 클릭하면 demo.zip
파일을 내려받을 수 있다. 내려받은 zip 파일을 압축 해지하고 IDE에서 프로젝트 불러오
기를 실행한다. 불러오기가 끝나면 그림 1-5와 유사한 구조를 가지게 될 것이다.

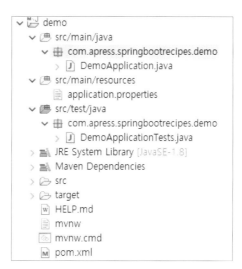

▲ 그림 1-5 불러오기한 프로젝트

pom.xml을 열어서 예제 1-1과 비교해보자(또는 그래들 방식일 경우 build.gradle과 예제 1-2). 매우 비슷하지만, 알아둬야 할 두 가지 차이점이 있다. 먼저 spring-boot-starter-test 라는 추가 의존성이 있다. 이 의존성은 테스트에 필요한 스프링 테스트, 모키토Mockito, Junit 4, AssertJ 같은 의존성을 내려받는다. 이 의존성 하나로 테스트할 준비가 완료된다.

두 번째로 다른 점은 빌드 영역에 spring-boot-maven-plugin 설정이 추가된 것이다.

```xml
<build>
    <plugins>
        <plugin>
            <groupId>org.springframework.boot</groupId>
            <artifactId>spring-boot-maven-plugin</artifactId>
        </plugin>
    </plugins>
</build>
```

이 플러그인은 최종 JAR 파일을 생성하는 데 사용된다. 원본 JAR를 가지고 의존성을 모두 함께 다시 패키징한다. 따라서 배포 시 한 개의 JAR 파일만 전달하면 된다. 애플리케이션을 기동하려면 java -jar <애플리케이션>.jar를 실행하면 된다. 서블릿 컨테이너나 JEE 컨테이너에 별도로 배포할 필요가 없다.

단순 애플리케이션 구현

DemeApplication을 열어 ApplicationContext에서 빈의 개수를 세고, 가져오기 위해 코드를 수정한다.

```java
package com.apress.springbootrecipes.demo;

import org.springframework.boot.SpringApplication;
import org.springframework.boot.autoconfigure.SpringBootApplication;

import java.util.Arrays;

@SpringBootApplication
public class DemoApplication {

    public static void main(String[] args) {
        var ctx = SpringApplication.run(DemoApplication.class, args);

        System.out.println("# Beans: " + ctx.getBeanDefinitionCount());

        var names = ctx.getBeanDefinitionNames();
        Arrays.sort(names);
        Arrays.asList(names).forEach(System.out::println);
    }
}
```

JAR 빌드하기

스프링 초기 구성기를 사용하면 모든 프로젝트에는 메이븐 래퍼(또는 그래들을 사용하면 그래들 래퍼)가 포함돼 애플리케이션을 쉽게 빌드할 수 있게 된다. 래퍼 스크립트를 사용하기 위해 명령 창을 열자. 프로젝트가 있는 폴더를 탐색한 뒤 `./mvnw package` 또는 `./gradlew build`를 실행한다. 이 명령은 `target`(또는 `build/libs`) 폴더에 수행 가능한 아티펙트를 생성한다.

JAR 파일이 생성되면 실행해 어떤 작업이 수행되는지 살펴보자. `java -jar target/demo-0.0.1-SNAPSHOT.jar`(또는 `java -jar build/libs/demo-0.0.1-SNAPSHOT.jar`) 명령을 입력해 애플리케이션이 시작되고 컨텍스트로부터 빈 정보를 읽어 출력하는지 살펴본다(그림 1-1과 그림 1-2).

1-4 요약

1장에서는 스프링 부트를 사용해 개발 프로젝트를 어떻게 부트스트랩하는지 살펴봤다. 메이븐 또는 그래들을 사용해 시작하는 방법을 살펴보고, 마지막으로 스프링 초기 구성기를 사용하는 방법도 살펴봤다.

2장에서는 스프링 부트 애플리케이션의 기본 구성을 살펴보고 빈을 정의하는 방법, 속성 파일의 사용 방법, 설정 재정의 방법을 살펴본다.

스프링 부트 – 기본

2장에서는 스프링 부트의 기본 기능을 알아본다.

참고 먼저 스프링 초기 구성기를 사용해 프로젝트를 생성한다. 추가 의존성은 필요 없으며, 스프링 부트 프로젝트만 구성하면 된다.

2-1 빈 구성

문제점

스프링 부트에서 클래스를 빈으로 사용하고 싶다.

해결 방법

문제점을 해결하려면 자동으로 클래스를 감지하고 객체를 생성해주는 @Component Scan을 활용한다. 이는 @Autowired나 @Value로 주입되는 의존성이나 속성을 함께 사용할 수 있다. 또는 생성될 때 빈의 생성자를 사용해 더 많이 제어하도록 @Bean 애노테이션이 추가된 함수를 사용할 수 있다.

예제 구현

예제 1-1에서 @SpringBootApplication에는 @ComponentScan과 @Configuration이 포함돼 있다고 설명했다. 이 의미는 @Component 애노테이션이 추가된 클래스는 자동으로 감지돼 스프링 부트에 의해 객체화된다는 것이다. 또한 선언할 빈을 정의한 @Bean 함수 사용도 가능하다.

@Component 사용

먼저 애플리케이션을 부트스트랩할 클래스를 생성한다. @SpringBootApplication 애노테이션이 붙은 HelloWorldApplication을 생성한다.

```
@SpringBootApplication
public class HelloWorldApplication {

    public static void main(String[] args) {
        SpringApplication.run(HelloWorldApplication.class, args);
    }
}
```

팁 @SpringBootApplication 애노테이션이 붙은 클래스를 최상위 패키지에 위치시킨다. 그러면 자동으로 이 패키지와 하위 패키지에 정의된 모든 애노테이션이 붙은 컴포넌트, 구성 클래스를 감지하게 된다.[1]

애플리케이션이 부트스트랩되면서, 모든 @Component 애노테이션이 추가된 클래스를 감지하고 클래스패스에 있는 라이브러리를 감지하게 된다(1장 참고). HelloWorldApplication

---

1   https://docs.spring.io/spring-boot/docs/current/reference/htmlsingle/#using-boot-locating-the-main-class

이 실행돼도 아무것도 안 하는 것은 감지되지 않거나 실행할 컴포넌트가 없기 때문이다. 스프링 부트에 의해 자동으로 감지되는 간단한 클래스를 만들자.

```
@Component
public class HelloWorld {

    @PostConstruct
    public void sayHello() {
        System.out.println("Hello World, from Spring Boot 2!");
    }
}
```

스프링 부트는 위 클래스를 감지하고 빈 객체를 생성한다. @PostConstruct 애노테이션 이 붙은 함수는 객체 생성 및 모든 의존성이 주입된 뒤 실행된다. 간단히 설명하자면, 시 작할 때 sayHello 함수가 실행되고 콘솔에 Hello World, from Spring Boot 2! 한 줄을 출력한다.

중요 항목   기본 컴포넌트 탐지 시 처리 못 할 패키지가 필요하다면, @SpringBootApplication 애노테이 션이 붙은 클래스에 @ComponentScan 애노테이션을 추가하면 해당 패키지도 스캔된다. @SpringBootApplication 애노테이션을 통해 이 패키지들이 기본 탐지 항목에 추가된다.

@Bean 함수 사용

자동으로 컴포넌트를 감지하는 것 이외에, 팩토리 함수를 사용해 빈을 생성할 수 있다. 이 방식은 빈의 생성자에 추가 제어가 필요할 때 유용하다. 팩토리 함수는 @Bean[2] 애노테 이션이 붙은 함수이며, 빈을 애플리케이션 컨텍스트에 등록할 때 사용하고, 이때 빈의 이 름은 함수의 이름과 동일하다. 함수는 매개변수를 가질 수 있으며 애플리케이션 컨텍스 트의 다른 빈을 연결할 수 있다.

---

2   https://docs.spring.io/spring/docs/current/spring-framework-reference/core.html#beans-java-bean-annotation

간단한 숫자 계산을 하는 애플리케이션을 생성하자. Calculator 클래스부터 작성한다.

생성자에 Operation 빈의 컬렉션을 받는다. Operation은 인터페이스이며, 각각의 구현체가 실제 계산을 수행한다.

```java
package com.apress.springbootrecipes.calculator;

import java.util.Collection;

public class Calculator {

    private final Collection<Operation> operations;

    public Calculator(Collection<Operation> operations) {
        this.operations = operations;
    }

    public void calculate(int lhs, int rhs, char op) {

        for (var operation : operations) {
            if (operation.handles(op)) {
                var result = operation.apply(lhs, rhs);
                System.out.printf("%d %s %d = %s%n", lhs, op, rhs, result);
                return;
            }
        }
        throw new IllegalArgumentException("Unknown operation " + op);
    }
}
```

calculate 함수에서 Operation을 사용하기 위해 정확한 Operation을 감지한다. handles 함수를 통해 정확한 Operation을 찾으면, 실제 계산을 수행하기 위해 Operation.apply 함수가 호출된다. Calculator 객체가 처리하지 못할 연산자가 넘어올 경우 예외가 발생한다.

Operation 인터페이스는 앞서 언급된 두 개의 함수를 가진 간단한 인터페이스다.

```
package com.apress.springbootrecipes.calculator;

public interface Operation {
    int apply(int lhs, int rhs);
    boolean handles(char op);
}
```

이제 두 개의 연산자를 추가한다. 하나는 값을 더하는 연산자이고, 다른 하나는 값을 곱하는 연산자다.

```
package com.apress.springbootrecipes.calculator.operation;

import com.apress.springbootrecipes.calculator.Operation;
import org.springframework.stereotype.Component;

@Component
class Addition implements Operation {

    @Override
    public int apply(int lhs, int rhs) {
        return lhs + rhs;
    }
    @Override
    public boolean handles(char op) {
        return '+' == op;
    }
}
```

```
package com.apress.springbootrecipes.calculator.operation;

import com.apress.springbootrecipes.calculator.Operation;
import org.springframework.stereotype.Component;

@Component
class Multiplication implements Operation {

    @Override
    public int apply(int lhs, int rhs) {
```

```
        return lhs * rhs;
    }

    @Override
    public boolean handles(char op) {
        return '*' == op;
    }
}
```

위 내용이 덧셈과 곱셈을 할 수 있고, 확장 메커니즘을 가진 계산기를 만드는 데 필요한 모든 컴포넌트다.

마지막으로 Calculator 클래스를 구성하고 사용하는 애플리케이션을 만들자. Calculator 객체를 만들려면 @Bean 함수가 필요하다. 이 함수는 @SpringBootApplication 또는 일반적인 @Configuration 애노테이션이 붙은 구성 클래스에 추가할 수 있다.

```
package com.apress.springbootrecipes.calculator;

import org.springframework.boot.SpringApplication;
import org.springframework.boot.autoconfigure.SpringBootApplication;
import org.springframework.context.annotation.Bean;

import java.util.Collection;

@SpringBootApplication
public class CalculatorApplication {

    public static void main(String[] args) {

        var ctx = SpringApplication.run(CalculatorApplication.class, args);

        var calculator = ctx.getBean(Calculator.class);
        calculator.calculate(137, 21, '+');
        calculator.calculate(137, 21, '*');
        calculator.calculate(137, 21, '-');
    }
```

```
    @Bean
    public Calculator calculator(Collection<Operation> operations) {
        return new Calculator(operations);
    }
}
```

calculator 팩토리 함수는 List<Operation>을 받아서 Calculator 객체를 생성할 때 사용한다. @Bean 애노테이션이 붙은 함수에서 매개변수를 사용할 때 자동으로 결정된다. 컬렉션을 주입할 때 스프링은 자동으로 요구되는 모든 빈 객체를 감지하고 calculator 팩토리 함수를 실행할 때 사용한다.

main 함수에서 Calculator 객체를 검색하고 다른 숫자와 연산자로 calculate 함수를 호출한다. 처음 두 유형은 콘솔에 정확한 결과를 잘 출력한다. 그러나 마지막 유형은 뺄셈에 맞는 연산자가 없기 때문에 예외가 발생한다.

Calculator 객체의 팩토리 함수를 만들었지만 실제로는 필요하지 않다. Calculator 클래스에 @Component 애노테이션을 붙이면 스프링이 자동으로 감지한다. 클래스에서 하나의 생성자가 생성에 사용된다. 다수의 생성자가 있는 경우에는 사용할 생성자에 @Autowired 를 추가한다.

예제 코드에서 안 좋은 부분은 빈을 수동으로 검색했다는 것이며, 이는 나쁜 예시로 간주한다. 기본적으로 의존성 주입을 사용해야 한다. 스프링 부트에는 ApplicationRunner 인터페이스가 있고, 애플리케이션이 시작된 뒤 일부 코드를 수행할 때 사용한다. 스프링 부트는 ApplicationRunner 유형의 빈을 감지해 애플리케이션이 시작된 뒤 run 함수를 수행한다.

```
package com.apress.springbootrecipes.calculator;

import org.springframework.boot.ApplicationRunner;
import org.springframework.boot.SpringApplication;
import org.springframework.boot.autoconfigure.SpringBootApplication;
import org.springframework.context.annotation.Bean;
```

```
@SpringBootApplication
public class CalculatorApplication {

    public static void main(String[] args) {
        SpringApplication.run(CalculatorApplication.class, args);
    }

    @Bean
    public ApplicationRunner calculationRunner(Calculator calculator) {
        return args -> {
            calculator.calculate(137, 21, '+');
            calculator.calculate(137, 21, '*');
            calculator.calculate(137, 21, '-');
        };
    }
}
```

Calculator 객체를 생성할 함수가 ApplicationRunner에 의해 대체됐다. Application
Runner는 자동으로 구성된 Calculator 객체를 전달받아 몇 가지 연산자를 실행한다.
이 클래스가 실행될 때 결과는 이전과 동일하다. 중요한 차이점이자 장점은 더이상
ApplicationContext로부터 수동으로 빈을 가져올 필요가 없고 스프링이 정확한 빈을 가
져온다는 것이다.

2-2 속성 외부화

문제점

다른 환경 또는 실행을 위한 애플리케이션을 구성하기 위해 속성을 사용하고 싶다.

해결 방법

스프링 부트는 속성을 다양한 위치에서 가져오는 것을 지원한다. 기본적으로 application.properties라는 이름의 파일을 불러오고 환경 변수, 자바 시스템 속성을 사용한다. 명령행에서 실행되면 명령행 인수도 고려 대상이 된다. 애플리케이션의 유형과 기능의 가용성(예를 들어, JNDI)에 따라 사용할 수 있는 위치가 더 많이 있다.[3] 애플리케이션은 다음 리소스가 주어진 순서대로 고려된다.

1. 명령행 인수

2. 패키징된 애플리케이션 외부의 application.properties

3. 패키징된 애플리케이션 내부의 application.properties

2, 3번의 경우 활성화된 프로필에 기반한 프로필 관련 속성을 불러올 수 있다. 프로필을 활성화하려면 spring.profiles.active 속성을 전달해야 한다. 프로필 관련 application-{profile}.properties는 프로필에 관련되지 않은 파일보다 우선한다. 각각을 불러오면 아래의 역순으로 속성을 덮어쓴다.

1. 명령행 인수

2. 패키징된 애플리케이션 외부의 application-{profile}.properties

3. 패키징된 애플리케이션 외부의 application.properties

4. 패키징된 애플리케이션 내부의 application-{profile}.properties

5. 패키징된 애플리케이션 내부의 application.properties

예제 구현

예제 2-1에서 만든 Calculator는 매우 유연하다. 그러나 CalculatorApplication은 계

---

3 https://docs.spring.io/spring-boot/docs/current/reference/html/boot-features-external-config.html#boot-features-external-config

산을 할 때 하드 코딩된 값을 가지고 있다. 다른 계산을 하고자 할 때, 코드를 수정하고 다시 컴파일한 뒤 새롭게 컴파일된 코드를 실행해야 한다. 이제 속성을 사용해 필요할 때 변경이 가능하도록 하자.

우선 하드 코딩된 값이 아닌 속성으로부터 값을 사용하도록 애플리케이션을 수정하자. 이를 위해 ApplicationRunner의 @Bean 함수에 3개의 추가 인자를 받고 각 인자에 @Value 애노테이션을 붙이자.

```
package com.apress.springbootrecipes.calculator;

import org.springframework.beans.factory.annotation.Value;
import org.springframework.boot.ApplicationRunner;
import org.springframework.boot.SpringApplication;
import org.springframework.boot.autoconfigure.SpringBootApplication;
import org.springframework.context.annotation.Bean;

@SpringBootApplication
public class CalculatorApplication {

    public static void main(String[] args) {

        SpringApplication.run(CalculatorApplication.class, args);
    }

    @Bean
    public ApplicationRunner calculationRunner(Calculator calculator,
            @Value("${lhs}") int lhs,
            @Value("${rhs}") int rhs,
            @Value("${op}") char op) {
        return args -> calculator.calculate(lhs, rhs, op);
    }
}
```

@Value 애노테이션은 스프링이 속성을 찾고 해당 속성의 값을 사용하도록 지시한다. 예를 들어 @Value("${lhs}")라 명시하면, 스프링은 lhs라는 이름을 가진 속성을 감지하고 그 값을 사용한다. 또한 세미콜론을 사용해 기본값을 지정할 수 있다. @Value("$

{lhs:12}")라 명시하면, 값을 찾지 못했을 때 12를 기본값으로 사용한다. 기본값을 정의하지 않으면, 해당 속성이 없을 때 IllegalArgumentException이 발생한다. 애플리케이션 시작 시 lhs 속성이 없다는 설명과 함께 예외가 발생할 것이다.

src/main/resources의 application.properties에 lhs, rhs, op 세 개의 속성 및 값을 추가하자.

```
lhs=7
rhs=6
op=*
```

스프링 부트는 기동 시 application.properties를 불러와, 해당 파일에 정의된 속성을 사용할 수 있다. 애플리케이션이 실행되면 application.properties에 주어진 값에 맞는 결과를 출력한다.

application.properties에 외부화된 속성을 가지고 있지만, 아직 애플리케이션 안에 패키징돼 있어 다른 계산을 하고자 할 경우 변경이 필요하다. 다시 말해 각각 속성의 조합에 따라 별도로 빌드를 해야 한다. 실제 운영 시스템에서 이러한 작업을 수행하고 구성을 변경해야 할 때마다 새로운 아티펙트를 생성한다고 상상해보자. 스프링 부트는 이런 방식을 피하는 방법을 제공한다.

외부 application.properties를 사용한 속성 재정의

아티펙트를 빌드하고 java -jar recipe_2_2-1.0.0.jar 명령으로 애플리케이션을 실행하자. 이때 패키징된 application.properties 속성을 사용해 실행된다. 아티펙트와 동일한 위치에 application.properties 파일을 추가하고 다른 속성의 값을 입력해보자.

```
lhs=26
rhs=952
op=*
```

애플리케이션을 다시 실행하면 새로운 application.properties의 속성을 사용하게 된다.

프로필을 사용한 속성 재정의

스프링 부트는 활성 프로필을 사용해 추가 구성 파일을 불러와 일반적 구성 부분을 전부 대체 또는 일부 재정의할 수 있다. src/main/resources에 application-add.properties 를 추가하고 op를 다른 값으로 입력한다.

op=+

아티펙트(JAR 파일)를 빌드하고 명령행에 java -jar recipe_2_2-1.0.0.jar --spring. profiles.active=add 명령을 실행하자. application.properties와 application-add. properties 두 개로부터 속성을 모두 사용해 실행된다. 이때, 곱셈이 아닌 덧셈이 수행 되는 이유는 일반적인 application.properties보다 application-add.properties의 속 성 우선순위가 높기 때문이다.

팁   외부의 application.properties와 application-{profile}.properties를 사용할 때도 동일하게 동작 한다.

명령행 인수를 사용한 속성 재정의

속성을 재정의하는 마지막 방법은 명령행 인수를 사용하는 것이다. 앞에서 활성 프로필 을 정의하기 위해 명령행 인수로 --spring.profile.active=add를 사용했다. 이 방법으 로 lhs와 다른 인수를 정의할 수 있다. java -jar recipe_2_2-1.0.0.jar --lhs=12 --rhs=15 --op=+로 애플리케이션을 실행하면 명령행으로부터 전달받은 인수를 기반으 로 계산된 것을 볼 수 있다. 명령행의 인수는 항상 다른 구성을 재정의한다.

다른 속성 파일로부터 속성 불러오기

application.properties가 아닌 다른 파일을 사용하거나 불러오고자 하는 컴포넌트에 추가 파일을 가지고 있는 경우, 해당 파일을 불러오기 위해 @SpringBootApplication 애 노테이션이 붙은 클래스에 @PropertySource 애노테이션을 추가해 사용할 수 있다.

```
@PropertySource("classpath:your-external.properties")
@SpringBootApplication
public class MyApplication { ... }
```

@PropertySource 애노테이션은 시작할 때 추가 속성 파일을 불러올 수 있도록 해준다.
@PropertySource를 사용하는 대신, 표 2-1의 명령행 매개변수를 사용해 스프링 부트가
추가 속성 파일을 불러오게 할 수도 있다.

▼ 표 2-1 설정 매개변수

매개변수	설명
spring.config.name	불러올 파일 목록, 쉼표로 구분되고, 기본값은 application이다.
spring.config.location	속성 파일을 불러올 리소스 위치나 파일, 쉼표로 구분되고, 기본값은 classpath:/,classpath:/config/,file:./,file:./config/이다.
spring.config.additional-location	속성 파일을 불러올 추가 리소스 위치나 파일, 쉼표로 구분되고, 기본값은 공백이다.

주의사항 spring.config.location 또는 spring.config.additional-location을 사용해 속성 파일을 정의하는 경우, 해당 파일은 사용되지만 프로필 기반은 불러오지 않는다. 폴더로 사용하면 프로필 기반 파일도 불러온다.

your-external.properties 파일을 불러오려면 --spring.config.name=your-external
을 사용하면 된다. 그러나 application.properties는 불러오지 않게 된다. 좀 더 나은
방법은 --spring.config.name=application,your-external을 사용하는 것이다. 그러면
application.properties와 your-external.properties를 모두 검색하므로 프로필 기반
버전도 고려 대상에 포함된다.

2-3 테스팅

문제점

스프링 부트 애플리케이션의 컴포넌트 또는 일부 기능에 대한 테스트를 작성하고 싶다.

해결 방법

스프링 부트는 스프링 테스트 프레임워크의 기능 영역을 확장했다. 게다가 웹 테스트를 위해 제공된 자동 구성만큼 빈의 목 객체 생성 및 추적을 지원한다. 그러나 여기에서는 애플리케이션에서 필요한 것만 부트스트랩(예를 들어, @WebMvcTest나 @JdbcTest 사용)해 부분적으로 테스트할 수 있는 쉬운 방법을 소개한다.

예제 구현

스프링 부트는 테스트 프레임워크의 자동 구성 부분을 확장했다. 또한 빈 관련 목 객체를 생성(또는 추적)하기 쉽게 모키토[Mockito4]를 통합했다. 스프링 MockMvc 테스트 프레임워크나 웹 드라이버[WebDriver] 기반 테스트를 사용하는 웹 기반 테스트를 위해 자동 구성을 제공한다.

단위 테스트 작성

먼저, 계산기 컴포넌트 중 하나의 단위 테스트를 간단하게 작성한다. Multiplication Test며, Multiplication 클래스를 테스트한다.

```
public class MultiplicationTest {

    private final Multiplication addition = new Multiplication();
```

---

4   https://site.mockito.org

```
    @Test
    public void shouldMatchOperation() {
        assertThat(addition.handles('*')).isTrue();
        assertThat(addition.handles('/')).isFalse();
    }

    @Test
    public void shouldCorrectlyApplyFormula() {
        assertThat(addition.apply(2, 2)).isEqualTo(4);
        assertThat(addition.apply(12, 10)).isEqualTo(120);
    }
}
```

이것이 기본 단위 테스트다. 곱셈이 인스턴스화 되며 함수를 호출하고 결과를 검증한다. 첫 번째 테스트는 실제로 * 연산자에 반응하는지 테스트하며 다른 것은 없다. 두 번째 테스트는 실제 곱셈 계산을 테스트한다. 함수를 테스트 함수(JUnit4용)로 만들려면 @Test 애노테이션을 추가하면 된다.

단위 테스트에서 의존성 목 객체 생성

때때로 클래스에는 의존성이 필요하다. 그러나 테스트 시에는 하나의 컴포넌트만 테스트하고자 한다. 단위 테스트 작성 시 스프링 부트는 자동으로 클래스의 목 객체를 만들고 행동을 기록하는 데 유용한 모키토 프레임워크를 가져온다. 계산기 기능 테스트를 작성하려면, 실제 계산을 처리할 사용 가능한 연산자 클래스 컴포넌트가 필요하다. 계산기의 정확한 동작을 테스트하려면 연산자에 대한 목 객체를 만들고 계산기에 주입해야 한다.

```
public class CalculatorTest {

    private Calculator calculator;
    private Operation mockOperation;

    @Before
    public void setup() {
```

```java
    mockOperation = Mockito.mock(Operation.class);
    calculator = new Calculator(Collections.singletonList(mockOperation));
}

@Test(expected = IllegalArgumentException.class)
public void throwExceptionWhenNoSuitableOperationFound() {

    when(mockOperation.handles(anyChar())).thenReturn(false);
    calculator.calculate(2, 2, '*');
}

@Test
public void shouldCallApplyMethodWhenSuitableOperationFound() {

    when(mockOperation.handles(anyChar())).thenReturn(true);
    when(mockOperation.apply(2, 2)).thenReturn(4);
    calculator.calculate(2, 2, '*');

    verify(mockOperation, times(1)).apply(2,2);
}
}
```

클래스의 @Before 메소드에서 Mockito.mock 메소드를 호출해 연산자 목 객체를 생성한 뒤, 목 객체 연산자를 사용해서 Calculator를 구성했다. 목 객체는 일정한 동작을 하는 지 확인하는 테스트 함수에서 사용된다. 첫 번째 테스트 함수는 맞는 연산자가 발견되지 않은 상황을 테스트하는 것이며, 이런 이유로 handles 함수가 호출되면 목 객체에서 false를 반환하도록 지시했다. 테스트는 예외가 발생할 것이며, 예외가 발생하면 테스트 성공이다. 두 번째 테스트는 정상적인 흐름이 발생하는지 확인하는 것이다. 정확한 동작을 테스트하려는 것이다. 목 객체는 handles 함수로 true를 반환하고 apply 함수로 값을 반환하게 되어 있다.

스프링 부트의 통합 테스트

스프링 부트는 테스트를 지원할 다수의 애노테이션을 제공한다. 첫 번째는 @Spring BootTest로 스프링 부트 기반의 테스트를 지원한다. 이것은 테스트 컨텍스트 프레임워크가 @SpringBootApplication 애노테이션이 포함된 클래스를 찾고(특정 구성이 전달되지 않은 경우) 실제 애플리케이션을 시작할 때 사용하게 한다는 의미다.

```
@RunWith(SpringRunner.class)
@SpringBootTest(classes = CalculatorApplication.class)
public class CalculatorApplicationTests {

    @Autowired
    private Calculator calculator;

    @Test(expected = IllegalArgumentException.class)
    public void doingDivisionShouldFail() {
        calculator.calculate(12,13, '/');
    }
}
```

위 테스트는 CalculatorApplication을 시작하고 전체가 구성된 Calculator를 주입하게 된다. 그 후 테스트를 작성할 수 있으며, 이 경우 계산기를 조작할 수 없고 예상되는 동작을 작성할 수 있다.

계산이 실행되면 JUnit 룰의 OutputCapture를 사용해 결과를 콘솔에 출력한다. 성공한 테스트는 작성할 수 있고, 기록된 결과를 테스트할 수 있다.

```
@RunWith(SpringRunner.class)
@SpringBootTest(classes = CalculatorApplication.class)
public class CalculatorApplicationTests {

    @Rule
    public OutputCapture capture = new OutputCapture();

    @Autowired
```

```
    private Calculator calculator;

    @Test
    public void doingMultiplicationShouldSucceed() {
        calculator.calculate(12,13, '*');
        capture.expect(Matchers.containsString("12 * 13 = 156"));
    }

    @Test(expected = IllegalArgumentException.class)
    public void doingDivisionShouldFail() {
        calculator.calculate(12,13, '/');
    }
}
```

@Rule은 주어진 JUnit 룰을 구성하게 되며, 위 경우 OutputCapture 룰이다. 이는 스프링 부트에서 제공되며 System.out과 System.err를 인터셉트해 판정 결과를 스트림에 작성할 수 있도록 한다. 위 경우 곱셈을 수행한 결과를 출력한다.

스프링 부트와 목 객체의 통합 테스트

스프링 부트는 애플리케이션 컨텍스트에 빈을 목 객체로 대체하기 쉽게 한다. 이를 위해 @MockBean 애노테이션을 제공한다.

```
@MockBean
private Calculator calculator
```

이제 Calculator 객체 전체를 목 객체로 대체하게 된다. 일반적인 모키토 방식을 사용해 동작을 정의할 수 있도록 만든다. 같은 유형의 빈이 다수 있는 경우에는 name에 빈의 이름을 지정해 원하는 것을 대체할 수 있게 한다.

```
@MockBean(name ="addition")
private Operation mockOperation;
```

일반적인 Addition 빈을 목 객체로 대체하고 동작을 등록해 사용할 수 있게 한다. 해당하는 이름의 빈을 찾지 못한 경우 목 객체 빈은 새로운 객체로 등록된다.

```
@MockBean(name ="division")
private Operation mockOperation;
```

이 방법은 기존의 빈을 대체하지 않고 애플리케이션 컨텍스트에 빈을 추가해, 결과적으로 Calculator가 operations에 추가된 명령을 사용할 수 있게 한다. 스프링 테스트 프레임워크의 ReflectionTestUtils 클래스를 사용해 테스트할 수 있다.

```
@Test
public void calculatorShouldHave3Operations() {
    Object operations = ReflectionTestUtils.getField(calculator, "operations");
    assertThat((Collection) operations).hasSize(3);
}
```

리플렉션을 사용해 operations 필드를 가져오고 해당 컬렉션의 크기가 3인지 검증한다. @MockBean 애노테이션이 삭제되면(또는 addition에서 다른 것으로 변경) 이 테스트는 등록된 연산자가 2개이므로 실패한다.

목 객체 사용은 복잡하지 않다.

```
@Test
public void mockDivision() {
    when(mockOperation.handles('/')).thenReturn(true);
    when(mockOperation.apply(14, 7)).thenReturn(2);

    calculator.calculate(14,7, '/');
    capture.expect(Matchers.containsString("14 / 7 = 2"));
}
```

모키토에게 "/"가 테스트되면 true를 반환하고, apply 함수가 호출되면 값을 반환하도록 지시했다. 그다음 함수를 호출한 뒤 이 테스트로부터 예상되는 결과가 출력되는지 검증했다.

2-4 로깅 구성

문제점

특정 로거로 로그 수준을 구성하고자 한다.

해결 방법

스프링 부트를 사용해 로깅 프레임워크 및 구성을 진행할 수 있다.

예제 구현

스프링 부트에는 지원되는 로그 제공자(Logback[5], Log4j 2[6], 자바 로깅)를 위한 기본 구성이 있다. 기본 구성에 application.properties를 사용해 일반적인 로깅 수준, 패턴 정의, 선택적 로그 파일을 쓸 위치 구성 등을 추가한다.

스프링 부트는 로깅 API로 SLF4J를 사용하며, 이는 컴포넌트를 작성할 때 로깅을 작성하는 인터페이스로 사용할 수 있다. 따라서 원하는 로깅 프레임워크를 선택해 사용할 수 있다.

로깅 구성

로깅 프레임워크로 하는 것 중 가장 일반적인 것은 프레임워크의 일부로 로깅을 활성 또는 비활성하는 것이다. 스프링 부트에서 application.properties에 일부 행을 추가하면 된다. 설정 항목은 접두어로 logging.level 뒤에 로거의 이름을 붙이면 되며, 원하는 수준으로 설정할 수 있다.

---

5   https://logback.qos.ch

6   https://logging.apache.org/log4j/2.x/

```
logging.level.org.springframework.web=DEBUG
```

위 내용은 org.springframework.web 로거(일반적으로 해당 패키지 및 하위 패키지의 모든 클래스)의 DEBUG 수준 로깅을 활성화하는 것이다. root 로거의 수준을 설정하려면 logging.level.root=<수준>을 사용하면 된다. 그러면 로깅의 기본 수준을 설정할 수 있다.

파일에 로깅

기본적으로 스프링 부트는 콘솔에 로깅한다. 파일로 작성하길 원한다면 logging.file 또는 logging.path 속성을 정의하면 된다. 첫 번째는 파일의 이름, 두 번째는 경로다. 기본 파일 이름은 spring.log를 사용하며 기본 폴더는 자바 임시 폴더다.

```
logging.file=application.log
loggin.path=/var/log
```

위 구성에서 로그 파일 이름은 application.log이며 /var/log 폴더에 생성된다.

로그를 파일에 작성할 때, 로그 파일이 시스템에서 너무 커지는 것을 방지해야 한다. logging.file.max-history(기본값은 0. 무제한)을 사용해 몇 개의 파일을 남길지 정의할 수 있다. 그리고 logging.file.max-size(기본값은 10MB)로 파일 크기를 정의할 수 있다.

선호하는 로깅 제공자 사용하기

스프링 부트는 로깅의 제공자로 Logback을 기본으로 사용한다. 그러나 자바 로깅과 Log4j 2도 지원한다. 그 외 로깅 프레임워크를 사용하려면 기본 프레임워크 제외 설정을 하고 원하는 제공자를 추가해야 한다. 스프링 부트에는 Log4j 2를 위한 필요 의존성이 모두 포함된 spring-boot-starter-log4j2가 있다. 기본 Logback 로깅을 제외시키려면 spring-boot-starter 의존성 제외 규칙을 추가해야 한다. 이는 로깅을 가져오는 주요 의존성이다.

```xml
<dependency>
    <groupId>org.springframework.boot</groupId>
    <artifactId>spring-boot-starter</artifactId>
    <exclusions>
        <exclusion>
            <groupId>org.springframework.boot</groupId>
            <artifactId>spring-boot-starter-logging</artifactId>
        </exclusion>
    </exclusions>
</dependency>
<dependency>
    <groupId>org.springframework.boot</groupId>
    <artifactId>spring-boot-starter-log4j2</artifactId>
</dependency>
```

참고   스프링 부트는 오래된 Log4j 프레임워크를 지원하지 않는다. 상위 버전인 Log4j 2만 지원한다.

2-5 기존 설정 재사용

문제점

스프링 부트가 아닌 기존의 애플리케이션 또는 모듈을 가지고 있고 스프링 부트 설정에 재사용하고 싶다.

해결 방법

기존의 설정을 가져오려면, 설정을 추가하기 위해 @Import 또는 @ImportResource 애노테이션을 @Configuration 또는 @SpringBootApplication 애노테이션이 붙은 클래스에 추가한다.

예제 구현

@SpringBootApplication이 있는 메인 애플리케이션 클래스에 스프링이 추가 파일을 불러오도록 @Import 또는 @ImportResource 애노테이션을 추가한다.

기존 XML 설정 재사용

@SpringBootApplication 애노테이션이 있는 클래스를 찾고 @ImportResource 애노테이션을 추가한다.

```
@SpringBootApplication
@ImportResource("classpath:application-context.xml")
public class Application { ... }
```

이 방식은 classpath: 접두어로 클래스패스에서 application-context.xml 파일을 불러온다. 파일 시스템에 위치한다면 file: 접두어, 즉 file:/var/conf/application-context.xml 형태로 사용하면 된다.

애플리케이션 부트스트래핑 시 스프링 부트는 명시된 XML 파일에서 추가 설정을 불러온다.

기존 자바 구성 재사용

@SpringBootApplication 애노테이션이 있는 클래스를 찾고 @Import 애노테이션을 추가한다.

```
@SpringBootApplication
@Import(ExistingConfiguration.class)
public class Application { ... }
```

@Import는 명시된 클래스를 설정에 추가한다. 컴포넌트 탐색으로 찾을 수 없는 설정 클래스를 추가하거나 @Configuration 클래스의 자동 감지를 비활성화한 경우 유용하다.

## 3장

스프링 MVC

스프링 부트는 클래스패스에서 클래스를 찾을 때 자동으로 웹 애플리케이션을 구성한다. 그리고 내장된 서버를 사용해 애플리케이션을 시작한다(기본 서버는 내장형 톰캣이다)[1].

3-1 스프링 MVC로 시작하기

문제점

스프링 부트를 사용해 스프링 MVC 애플리케이션을 만들어야 한다.

해결 방법

스프링 부트는 스프링 MVC에 필요한 컴포넌트를 사용하기 위해 자동 구성을 진행할 것이다. 이를 활성화하려면 스프링 부트가 클래스패스에서 스프링 MVC 클래스를 감지할

---

1   https://tomcat.apache.org

수 있어야 하는데, 의존성에 spring-boot-starter-web을 추가해야 한다.

예제 구현

프로젝트에 spring-boot-starter-web 의존성을 추가한다.

```
<dependency>
    <groupId>org.springframework.boot</groupId>
    <artifactId>spring-boot-starter-web</artifactId>
</dependency>
```

이제 스프링 부트는 스프링 MVC 클래스를 감지할 수 있게 되고, DispatcherServlet을 설정하기 위해 구성을 추가한다. 또한 내장형 톰캣 서버를 시작하는 데 필요한 JAR 파일을 모두 내려받는다.

```
package com.apress.springbootrecipes.hello;

import org.springframework.boot.SpringApplication;
import org.springframework.boot.autoconfigure.SpringBootApplication;

@SpringBootApplication
public class HelloWorldApplication {

    public static void main(String[] args) {
        SpringApplication.run(HelloWorldApplication.class, args);
    }
}
```

위의 코드 몇 줄이면 내장형 톰캣 서버를 시작하고 사전 구성된 스프링 MVC를 로딩할 수 있다. 애플리케이션을 시작하면 그림 3-1과 비슷한 결과가 나타날 것이다.

▲ 그림 3-1 기동 출력 로그

HelloWorldApplication을 실행하면 다음 작업이 실행된다.

1. 내장형 톰캣을 8080 포트(기본값)로 시작한다.

2. 두서너 개의 기본 서블릿 필터를 등록하고 활성화한다(표 3-1).

3. .css, .js, favicon.ico 같은 정적 리소스를 구성한다.

4. WebJars[2]로 통합을 활성화한다.

5. 기본 오류 처리 기능을 구성한다.

6. 필요한 컴포넌트(예를 들면, ViewResolvers, I18N 등)로 DispatcherServlet을 사전 구성한다.

▼ 표 3-1 자동으로 등록되는 서블릿 필터

필터	설명
CharaterEncodingFilter	spring.http.encoding.charset 속성으로 설정 가능한 구성이며, 기본적으로 UTF-8로 인코딩을 강제할 것이다. spring.http.encoding.enabled를 false로 설정해 비활성화할 수 있다.
HiddenHttpMethodFilter	실제 HTTP 메소드를 정의하는 _method로 이름 지어진 숨겨진 양식 필드의 사용을 활성화한다. spring.mvc.hiddenmethod.filter.enabled를 false로 설정해 비활성화할 수 있다.
FormContentFilter	PUT, PATCH, DELETE 요청을 양식 할당에 용이하도록 래핑한다. spring.mvc.formcontent.filter.enabled를 false로 설정해 비활성화할 수 있다.
RequestContextFilter	현재 요청을 스레드로 노출해 Jersey와 같은 스프링 MVC가 아닌 것도 RequestContextHolder와 LocaleContextHolder를 사용할 수 있다.

---

2   https://www.webjars.org

현재 상태에서, HelloWorldApplication은 서버를 시작하지만 아무것도 하지 않는다. 몇 가지 정보를 반환하는 컨트롤러를 추가하자.

```
package com.apress.springbootrecipes.hello;

import org.springframework.web.bind.annotation.GetMapping;
import org.springframework.web.bind.annotation.RestController;

@RestController
public class HelloWorldController {

    @GetMapping("/")
    public String hello() {
        return "Hello World, from Spring Boot 2!";
    }
}
```

HelloWorldController는 / URL을 등록하고 요청이 오면 Hello World from Spring Boot 2!라는 문장을 반환한다. @RestController는 HelloWorldController 클래스가 @Controller이며 스프링 부트로부터 감지될 대상이라는 것을 가리키게 된다. 추가로 @ResponseBody 애노테이션이 모든 요청 처리 메소드에 추가돼 클라이언트에 결과를 전송한다는 것을 알려준다. @GetMapping은 hello 메소드를 / URL에 도착하는 모든 GET 요청에 매핑한다. 또한 동일한 내용을 @RequestMapping(value="/", method=RequestMethod.GET)으로 선언할 수도 있다.

HelloWorldApplication을 재시작하면, HelloWordController가 감지돼 처리될 것이다. curl이나 http 같은 도구를 이용해 http://localhost:8080/에 접근하면 그림 3-2와 같은 결과가 나타난다.

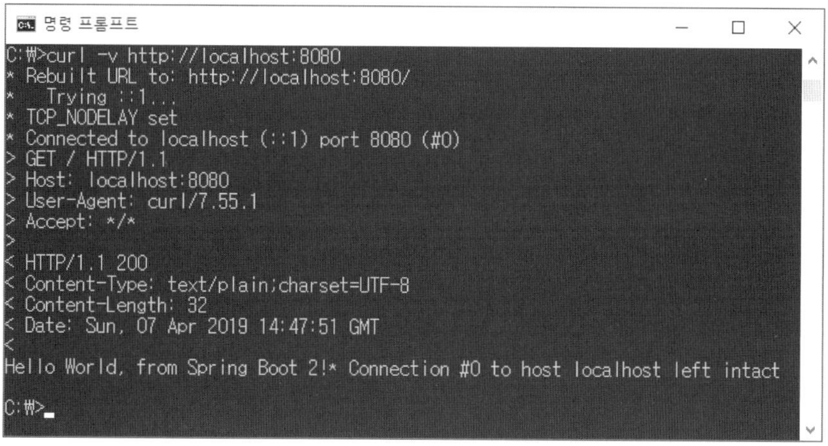

▲ 그림 3-2 컨트롤러 결과

테스트

애플리케이션이 실행되고 결과가 반환되면 컨트롤러를 테스트해야 한다(이상적으로는 테스트를 먼저 작성하는 것이 좋다). 스프링에는 몇 가지 화려한 테스트 기능이 있는데, 스프링 부트에는 몇 가지 기능이 더 추가됐다. 스프링 부트에서 컨트롤러를 테스트하는 일은 매우 쉽다.

```
package com.apress.springbootrecipes.hello;

import org.junit.Test;
import org.junit.runner.RunWith;
import org.springframework.beans.factory.annotation.Autowired;
import org.springframework.boot.test.autoconfigure.web.servlet.WebMvcTest;
import org.springframework.http.MediaType;
import org.springframework.test.context.junit4.SpringRunner;
import org.springframework.test.web.servlet.MockMvc;
import org.springframework.test.web.servlet.request.MockMvcRequestBuilders;

import static
org.springframework.test.web.servlet.result.MockMvcResultMatchers.content;
import static
```

```
org.springframework.test.web.servlet.result.MockMvcResultMatchers.status;

@RunWith(SpringRunner.class)
@WebMvcTest(HelloWorldController.class)
public class HelloWorldControllerTest {

    @Autowired
    private MockMvc mockMvc;

    @Test
    public void testHelloWorldController() throws Exception {
      mockMvc.perform(MockMvcRequestBuilders.get("/"))
        .andExpect(status().isOk())
        .andExpect(content().string("Hello World, from Spring Boot 2!"))
        .andExpect(content().contentTypeCompatibleWith(MediaType.TEXT_PLAIN));
    }
}
```

@RunWith(SpringRunner.class)는 JUnit에게 특정 실행자를 사용하도록 지시하는 데 필요하다. 이 특수한 실행자는 스프링 테스트 프레임워크와 JUnit을 통합한다. @WebMvcTest는 스프링 테스트 프레임워크에 애플리케이션 컨텍스트를 특정 컨트롤러를 테스트하기 위해 구성하도록 지시한다. @Controller, @ControllerAdvice 같은 웹 관련 빈만으로 최소한의 스프링 부트 애플리케이션을 시작한다. 또한 스프링 테스트 목 MVC를 지원하도록 사전 구성해 자동 연결할 수 있게 한다.

스프링 테스트 목 MVC는 컨트롤러에 HTTP 요청을 보내도록 동작하고 결과를 예측할 때 사용한다. 여기서 GET으로 /를 호출해 Hello World, from Spring Boot 2!라는 일반 텍스트를 가진 HTTP 200(정상) 응답을 예상하게 된다.

3-2 스프링 MVC로 REST 리소스 노출하기

문제점

스프링 MVC를 사용해 REST 기반 리소스인 @WebMvcTest를 노출하길 원한다.

해결 방법

JSON 마샬링(콘텐츠 협상[3]은 REST의 일부이므로 XML이나 다른 형식도 사용 가능)을 하려면 JSON 라이브러리가 필요하다. 3장에서는 Jackson[4] 라이브러리를 JSON 변환에 사용한다.

예제 구현

도서관에서 일하고 있으며, 책 목록과 검색이 가능하도록 REST API를 개발한다고 상상하자.

spring-boot-starter-web 의존성(예제 3-1 참고)에는 이미 Jackson 라이브러리가 기본으로 포함돼 있다.

```
<dependency>
    <groupId>org.springframework.boot</groupId>
    <artifactId>spring-boot-starter-web</artifactId>
</dependency>
```

참고   구글 GSON 라이브러리도 사용할 수 있다. 알맞은 GSON 의존성을 대신 사용하면 된다.

---

3   https://www.ics.uci.edu/~fielding/pubs/dissertation/evaluation.htm#sec_6_3_2_7

4   https://github.com/FasterXML/jackson

도서관 관리용 애플리케이션을 만든다면 책 정보를 포함시켜야 할 것이다. Book 클래스를 생성하자.

```java
package com.apress.springbootrecipes.library;

import java.util.*;

public class Book {

    private String isbn;
    private String title;
    private List<String> authors = new ArrayList<>();

    public Book() {}

    public Book(String isbn, String title, String... authors) {
        this.isbn = isbn;
        this.title = title;
        this.authors.addAll(Arrays.asList(authors));
    }

    public String getIsbn() {
        return isbn;
    }

    public void setIsbn(String isbn) {
        this.isbn = isbn;
    }

    public String getTitle() {
        return title;
    }

    public void setTitle(String title) {
        this.title = title;
    }

    public void setAuthors(List<String> authors) {
```

```java
            this.authors = authors;
        }
        public List<String> getAuthors() {
            return Collections.unmodifiableList(authors);
        }

        @Override
        public boolean equals(Object o) {
            if (this == o) return true;
            if (o == null || getClass() != o.getClass()) return false;
            Book book = (Book) o;
            return Objects.equals(isbn, book.isbn);
        }

        @Override
        public int hashCode() {
            return Objects.hash(isbn);
        }

        @Override
        public String toString() {
            return String.format("Book [isbn=%s, title=%s, authors=%s]",
                this.isbn, this.title, this.authors);
        }
}
```

책은 ISBN 숫자로 정의된다. 제목(title)과 한 명 이상의 저자(authors)가 있다.

또한 도서관에서 책을 사용해 진행할 서비스가 필요하다. BookService 인터페이스와 구현체를 정의하자.

```java
package com.apress.springbootrecipes.library;

import java.util.Optional;

public interface BookService {

    Iterable<Book> findAll();
```

```
    Book create(Book book);
    Optional<Book> find(String isbn);
}
```

구현체는 간단하게 메모리 방식으로 구현한다.

```
package com.apress.springbootrecipes.library;

import org.springframework.stereotype.Service;

import java.util.Map;
import java.util.Optional;
import java.util.concurrent.ConcurrentHashMap;

@Service
class InMemoryBookService implements BookService {

    private final Map<String, Book> books = new ConcurrentHashMap<>();

    @Override
    public Iterable<Book> findAll() {
        return books.values();
    }

    @Override
    public Book create(Book book) {
        books.put(book.getIsbn(), book);
        return book;
    }

    @Override
    public Optional<Book> find(String isbn) {
        return Optional.ofNullable(books.get(isbn));
    }
}
```

서비스에는 @Service 애노테이션이 있어서 스프링 부트에서 이 클래스를 감지하고 객체
를 생성한다.

```
package com.apress.springbootrecipes.library;

import org.springframework.boot.ApplicationRunner;
import org.springframework.boot.SpringApplication;
import org.springframework.boot.autoconfigure.SpringBootApplication;
import org.springframework.context.annotation.Bean;

@SpringBootApplication
public class LibraryApplication {

    public static void main(String[] args) {
        SpringApplication.run(LibraryApplication.class, args);
    }

    @Bean
    public ApplicationRunner booksInitializer(BookService bookService) {
        return args -> {
            bookService.create(new Book("9780061120084",
                "To Kill a Mockingbird", "Harper Lee"));
            bookService.create(new Book("9780451524935",
                "1984", "George Orwell"));
            bookService.create(new Book("9780618260300",
                "The Hobbit", "J.R.R. Tolkien"));
        };
    }
}
```

LibraryApplication은 모든 클래스를 감지하고 서버를 시작한다. 시작할 때 도서관에 3 개의 책을 사전 등록하게 한다.

책을 REST 리소스로 노출하려면 BookController라는 클래스를 만들고 @Rest Controller 애노테이션을 추가한다. 스프링 부트는 이 클래스를 감지하고 객체를 생성 한다. @RequestMapping(또는 @GetMapping, @PostMapping)을 사용하면 들어오는 요청을 처 리하는 메소드를 작성할 수 있다.

참고   @RestController 대신 @Controller를 사용할 수 있으며, 각 요청 처리 메소드에 @ResponseBody
를 추가해야 한다. @RestController를 사용하면 암시적으로 요청 처리 메소드에 @ResponseBody
를 추가한다.

```java
package com.apress.springbootrecipes.library.rest;

import com.apress.springbootrecipes.library.Book;
import com.apress.springbootrecipes.library.BookService;
import org.springframework.http.ResponseEntity;
import org.springframework.web.bind.annotation.*;
import org.springframework.web.util.UriComponentsBuilder;

import java.net.URI;

@RestController
@RequestMapping("/books")
public class BookController {

    private final BookService bookService;

    public BookController(BookService bookService) {
        this.bookService = bookService;
    }

    @GetMapping
    public Iterable<Book> all() {
        return bookService.findAll();
    }

    @GetMapping("/{isbn}")
    public ResponseEntity<Book> get(@PathVariable("isbn") String isbn) {
        return bookService.find(isbn).map(ResponseEntity::ok)
            .orElse(ResponseEntity.notFound().build());
    }

    @PostMapping
    public ResponseEntity<Book> create(@RequestBody Book book,
```

```
        UriComponentsBuilder uriBuilder) {
    Book created = bookService.create(book);
    URI newBookUri = uriBuilder.path("/books/{isbn}").build(created.getIsbn());
    return ResponseEntity.created(newBookUri).body(created);
    }
}
```

컨트롤러는 클래스의 @RequestMapping("/books") 애노테이션에 정의한 대로 /books 경로에 매핑된다. list 메소드는 /books의 GET 요청에 호출된다. /books/<isbn>이 GET 요청으로 호출되면 get 메소드가 호출되고 한 개의 책 정보를 반환하고, 혹시 책이 검색 안 되면 404 응답 코드로 결과를 반환한다. 마지막으로 /books의 POST 요청을 사용해 도서관에 책을 추가할 수 있다. 그때 create 메소드가 호출되고 요청으로 들어온 본문이 책으로 변환된다.

애플리케이션이 실행되면 HTTPie[5]나 cURL[6]을 사용해 책을 검색할 수 있다. HTTPie를 사용해 http://localhost:8080/books에 접속하면 그림 3-3과 같은 결과를 볼 수 있다.

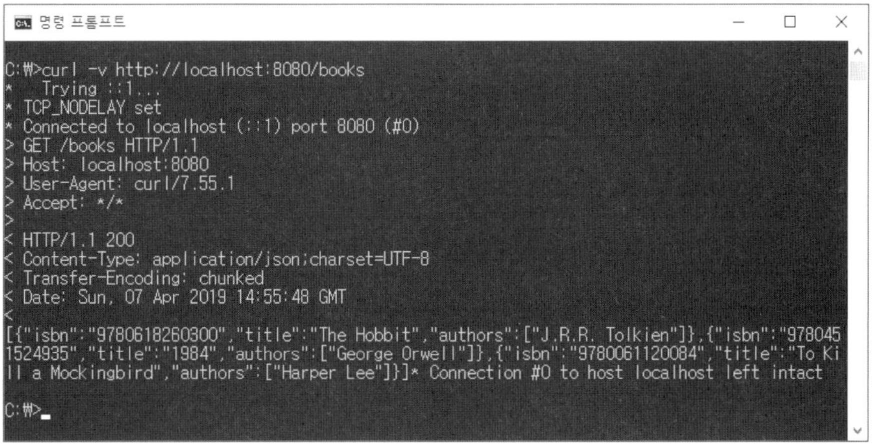

▲ 그림 3-3 책 목록의 JSON 출력

---

5 https://httpie.org/

6 https://curl.haxx.se/

`http://localhost:8080/books/9780451524935` 요청은 책 하나에 대한 결과를 줄 것이며, 이 경우 조지 오웰의 1984가 된다. 없는 ISBN을 사용하면 404 응답 코드로 결과가 반환된다.

POST 요청을 보내면 목록에 새로운 책을 추가할 수 있다.

```
http POST :8080/books \
    title="The Lord of the Rings" \
    isbn="9780618640157" \
    authors:='["J.R.R. Tolkien"]'
```

요청이 정상적으로 완료되면 새로 추가된 책이 결과로 반환되며, 해당 책은 최상단에 위치하게 된다. 현재 책 목록을 요청하면 처음 시작할 때 있던 3권의 책이 아닌 4권의 책이 목록으로 표시된다.

HTTPie가 파라미터를 JSON 요청 본문으로 변환하면 Jackson 라이브러리가 읽을 수 있고 Book 객체로 변환된다.

```
{
    "title": "The Lord of the Rings",
    "isbn": "9780618640157",
    "authors": ["J.R.R. Tolkien"]
}
```

기본적으로 Jackson은 JSON 메시지를 객체에 매핑할 때 getter와 setter 메소드를 사용한다. 새로운 Book 객체가 생성될 때 인자가 없는 생성자를 사용하고 모든 속성을 setter 메소드를 사용해 설정한다. 예를 들면 title 속성은 setTitle을 호출한다.

@RestController 테스트

컨트롤러가 무엇을 해야 하는지 확실하게 알고 싶다면, 컨트롤러의 정확한 동작을 검증하는 테스트를 작성하면 된다.

```
package com.apress.springbootrecipes.library.rest;

import com.apress.springbootrecipes.library.Book;
import com.apress.springbootrecipes.library.BookService;
import org.hamcrest.Matchers;
import org.junit.Test;
import org.junit.runner.RunWith;
import org.springframework.beans.factory.annotation.Autowired;
import org.springframework.boot.test.autoconfigure.web.servlet.WebMvcTest;
import org.springframework.boot.test.mock.mockito.MockBean;
import org.springframework.http.MediaType;
import org.springframework.test.context.junit4.SpringRunner;
import org.springframework.test.web.servlet.MockMvc;
import org.springframework.test.web.servlet.result.MockMvcResultMatchers;

import java.util.Arrays;
import java.util.Optional;

import static org.mockito.ArgumentMatchers.*;
import static org.mockito.Mockito.when;
import static org.springframework.test.web.servlet.request.
MockMvcRequestBuilders.*;
import static org.springframework.test.web.servlet.result.
MockMvcResultMatchers.*;

@RunWith(SpringRunner.class)
@WebMvcTest(BookController.class)
public class BookControllerTest {

    @Autowired
    private MockMvc mockMvc;

    @MockBean
    private BookService bookService;

    @Test
    public void shouldReturnListOfBooks() throws Exception {
```

```java
        when(bookService.findAll()).thenReturn(Arrays.asList(
          new Book("123", "Spring 5 Recipes", "Marten Deinum", "Josh Long"),
          new Book("321", "Pro Spring MVC", "Marten Deinum", "Colin Yates")));

        mockMvc.perform(get("/books"))
          .andExpect(status().isOk())
          .andExpect(MockMvcResultMatchers.jsonPath("$", Matchers.hasSize(2)))
          .andExpect(MockMvcResultMatchers.jsonPath("$[*].isbn",
            Matchers.containsInAnyOrder("123", "321")))
          .andExpect(MockMvcResultMatchers.jsonPath("$[*].title",
            Matchers.containsInAnyOrder("Spring 5 Recipes", "Pro Spring MVC")));
    }

    @Test
    public void shouldReturn404WhenBookNotFound() throws Exception {

        when(bookService.find(anyString())).thenReturn(Optional.empty());

        mockMvc.perform(get("/books/123")).andExpect(status().isNotFound());
    }

    @Test
    public void shouldReturnBookWhenFound() throws Exception {

        when(bookService.find(anyString())).thenReturn(
          Optional.of(
            new Book("123", "Spring 5 Recipes", "Marten Deinum", "Josh Long")));

        mockMvc.perform(get("/books/123"))
          .andExpect(status().isOk())
          .andExpect(MockMvcResultMatchers.jsonPath("$.isbn",
            Matchers.equalTo("123")))
          .andExpect(MockMvcResultMatchers.jsonPath("$.title",
            Matchers.equalTo("Spring 5 Recipes")));
    }

    @Test
    public void shouldAddBook() throws Exception {
```

```
when(bookService.create(any(Book.class))).thenReturn(
  new Book("123456789", "Test Book Stored", "T. Author"));

mockMvc.perform(post("/books")
  .contentType(MediaType.APPLICATION_JSON)
  .content("{ \"isbn\" : \"123456789\"}, \"title\" : \"Test Book\",
    \"authors\" : [\"T. Author\"]"))
  .andExpect(status().isCreated())
  .andExpect(header().string("Location",
    "http://localhost/books/123456789"));
  }
}
```

테스트는 목 MVC 기반의 테스트를 생성하기 위해 @WebMvcTest 애노테이션을 사용하고 컨트롤러를 수행할 수 있게 최소한의 스프링 부트 애플리케이션을 만든다. 컨트롤러는 BookService 객체가 필요하므로 프레임워크에게 @MockBean 애노테이션을 사용해 서비스의 목 객체를 생성하게 한다. 그 외 테스트 메소드는 예상되는 행동을 가정했다(예를 들어 책 목록을 반환하거나 공백의 Optional 객체를 반환).

참고   스프링 부트는 @MockBean을 사용해 목 객체를 생성하는 데 모키토[7]를 이용한다.

추가로, JsonPath[8] 라이브러리를 사용해 JSON 결과를 테스트할 수 있는 표현식을 사용했다. JsonPath는 JSON, Xpath는 XML을 위한 것이다.

---

7   https://site.mockito.org/

8   https://github.com/json-path/JsonPath

3-3 스프링 부트에서 타임리프 사용하기

문제점

애플리케이션에서 타임리프^{Thymeleaf}를 사용해 페이지를 렌더링하고 싶다.

해결 방법

타임리프에 관련된 의존성을 추가하고 뷰를 결정하고 모델을 채울 일반적인 @Controller 클래스를 생성한다.

예제 구현

처음 시작하기 위해 타임리프[9]에 필요한 의존성을 가져오려면 spring-boot-starter-thymeleaf를 프로젝트 의존성으로 추가해야 한다.

```xml
<dependency>
    <groupId>org.springframework.boot</groupId>
    <artifactId>spring-boot-starter-thymeleaf</artifactId>
</dependency>
```

위 의존성 추가로 Thymeleaf 라이브러리와 Thymeleaf Spring Dialect를 가져올 수 있다. 두 라이브러리가 있으면 스프링 부트는 자동으로 ThymeleafViewResolver를 구성하게 된다.

ThymeleafViewResolver가 뷰를 해석하고 렌더링하려면 ThymeleafTemplateEngine이 필요하다. 특수한 SpringTemplateEngine이 SpringDialect와 함께 사전 구성돼 타임리프 페이지에서 SpEL을 사용할 수 있다.

---

9   https://www.thymeleaf.org/

타임리프를 구성하기 위해 스프링 부트는 spring.thymeleaf 네임스페이스에 다수의 속성을 가지고 있다(표 3-2).

▼ 표 3-2 타임리프 속성

속성	설명
spring.thymeleaf.prefix	ViewResolver의 접두어, 기본값은 classpath:/templates/이다.
spring.thymeleaf.suffix	ViewResolver의 접미어, 기본값은 .html이다.
spring.thymeleaf.encoding	템플릿의 인코딩, 기본값은 UTF-8이다.
spring.thymeleaf.check-template	렌더링전에 템플릿 유무 확인, 기본값은 true이다.
spring.thymeleaf.check-template-location	템플릿 위치 존재 확인, 기본값은 true이다.
spring.thymeleaf.mode	사용할 타임리프 TemplateMode, 기본값은 HTML이다.
spring.thymeleaf.cache	처리된 템플릿의 캐시 여부, 기본값은 true이다.
spring.thymeleaf.template-resolver-order	ViewResolver의 순서, 기본값은 1이다.
spring.thymeleaf.view-names	ViewResolver로 처리될 뷰 이름, 쉼표로 구분한다.
spring.thymeleaf.excluded-view-names	처리에서 제외할 뷰 이름, 쉼표로 구분한다.
spring.thymeleaf.enabled	타임리프 활성화 여부, 기본값은 true이다.
spring.thymeleaf.enable-spring-el-compiler	SpEL 표현식 편집 여부, 기본값은 false이다.
spring.thymeleaf.servlet.content-type	HTTP 응답에 사용될 콘텐츠 타입, 기본값은 text/html이다.

인덱스 페이지 추가

먼저 애플리케이션에 인덱스 페이지를 추가한다. src/main/resources/templates 폴더(기본 위치)에 index.html을 생성한다.

```html
<!DOCTYPE html>
<html xmlns:th="http://www.thymeleaf.org">
<head>
    <meta charset="UTF-8">
```

```
    <title>Spring Boot Recipes - Library</title>
</head>
<body>

<h1>Library</h1>

<a th:href="@{/books.html}" href="#">List of books</a>

</body>
</html>
```

이는 기본 HTML5 페이지이며, 타임리프를 위해 간단히 몇 가지를 추가했다. 첫 번째로
타임리프의 네임스페이스를 활성화하는 xmlns:th="http://www.thymeleaf.org"가 있
다. 네임스페이스는 링크에 th:href로 사용한다. @{/books.html}은 타임리프에 의해 적
절한 링크로 확장돼 링크의 실제 href 속성에 위치하게 된다.

애플리케이션을 실행하고 홈페이지(http://localhost:8080/)에 방문하면 책 개요 링크가 있
는 페이지를 볼 수 있다(그림 3-4).

▲ 그림 3-4 렌더링된 인덱스 페이지

컨트롤러와 뷰 추가

인덱스 페이지에 있는 링크를 클릭할 때, 도서관에서 대출 가능한 책의 목록이 표시되는 페이지를 보길 원한다(그림 3-5). 이것을 가능하게 하려면 두 가지를 추가해야 한다. 하나는 요청을 처리하고 모델을 준비하는 컨트롤러이고, 다른 하나는 책의 목록을 렌더링하는 뷰다.

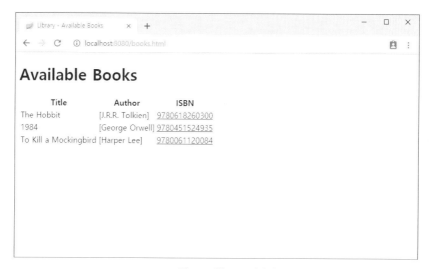

▲ 그림 3-5 책 목록 페이지

책의 목록을 모델에 채우고 렌더링할 뷰의 이름을 선택하는 컨트롤러를 추가하자. 컨트롤러는 @Controller 애노테이션이 붙은 클래스이며, 요청 처리 메소드(@RequestMapping 애노테이션이 붙은 메소드, 본 예제에서는 @RequestMapping 애노테이션의 특수한 형태인 @GetMapping을 사용)가 포함돼 있다.

```
package com.apress.springbootrecipes.library.web;

@Controller
public class BookController {

    private final BookService bookService;
```

```
    public BookController(BookService bookService) {
        this.bookService = bookService;
    }

    @GetMapping("/books.html")
    public String all(Model model) {
        model.addAttribute("books", bookService.findAll());
        return "books/list";
    }
}
```

BookController는 BookService에서 보여줄 책의 목록을 얻을 수 있다. 모든 메소드는
org.springframework.ui.Model을 메소드[10] 인자로 가지고 있으며 모델에 책의 목록을
넣을 수 있다. 요청 처리 메소드에는 여러 인자가 있는데 그 중 하나는 Model 클래스다.
BookService를 사용해 데이터베이스에서 모든 책을 검색하고 model.addAttribute로 모
델에 추가할 수 있다. 책 목록은 books 키로 모델에서 사용할 수 있다.

마지막으로, books/list라는 렌더링할 뷰의 이름을 반환한다. 이름은 ThymeleafView
Resolver로 전달되며 classpath:/templates/books/list.html의 경로 결과가 된다.

컨트롤러에 요청 처리 메소드를 추가했고, 이제는 뷰 생성할 차례다. src/main/templa
tes/books 폴더에 list.html 파일을 생성한다.

```
<!DOCTYPE html>
<html xmlns:th="http://www.thymeleaf.org">
<head lang="en">
    <meta charset="UTF-8">
    <title>Library - Available Books</title>
    <meta http-equiv="Content-Type" content="text/html; charset=UTF-8"/>
</head>
<body>
    <h1>Available Books</h1>
```

---

10 https://docs.spring.io/spring/docs/5.1.5.RELEASE/spring-framework-reference/web.html#mvc-ann-methods

```
<table>
    <thead>
        <tr>
            <th>Title</th>
            <th>Author</th>
            <th>ISBN</th>
        </tr>
    </thead>
    <tbody>
        <tr th:each="book : ${books}">
            <td th:text="${book.title}">Title</td>
            <td th:text="${book.authors}">Authors</td>
            <td>
                <a th:href="@{/books.html(isbn=${book.isbn})}" href="#"
                    th:text="${book.isbn}">1234567890123</a>
            </td>
        </tr>
    </tbody>
</table>
</body>
</html>
```

타임리프 문법을 사용한 HTML5 페이지다. 이 페이지는 th:each 표현식으로 책의 목록을 렌더링한다. 모델의 books 속성에서 모든 책을 가져와 각각의 책을 행으로 만든다. 행의 열은 th:text 표현식으로 문자를 포함하고, 책의 제목, 저자, ISBN을 출력한다. 테이블의 마지막 열에는 책의 상세 링크가 있다. th:href 표현식으로 URL을 구성한다. ( ) 사이 표현식은 isbn을 요청 파라미터로 추가하는 것이다.

애플리케이션이 시작되고 인덱스 페이지의 링크를 클릭하면, 그림 3-5처럼 도서관의 콘텐츠가 보이는 페이지가 나올 것이다.

상세 페이지 추가

마지막으로 표의 ISBN 숫자를 클릭하면, 상세 페이지가 나타나게 만들어보자. 링크에는 isbn 이름의 요청 인자가 있고 컨트롤러에서 책을 찾기 위해 검색하고 사용할 수 있다.

요청 인자는 @RequestParam 애노테이션이 붙은 메소드 인자로 사용된다.

다음 메소드는 GET 요청을 처리하며, 요청 인자를 메소드 인자로 연결하며 모델을 포함해 책을 추가할 수 있다.

```
@GetMapping(value = "/books.html", params = "isbn")
public String get(@RequestParam("isbn") String isbn, Model model) {
    bookService.find(isbn).ifPresent(book -> model.addAttribute("book", book));
    return "books/details";
}
```

컨트롤러는 books/details 페이지를 렌더링한다. src.main/resources/templates/books 폴더에 details.html을 추가하자.

```
<!DOCTYPE html>
<html xmlns:th="http://www.thymeleaf.org">
<head lang="en">
    <meta charset="UTF-8">
    <title>Library - Available Books</title>
    <meta http-equiv="Content-Type" content="text/html; charset=UTF-8"/>
</head>
<body>
    <div th:if="${book != null}">
        <div>
            <div th:text="${book.title}">Title</div>
            <div th:text="${book.authors}">authors</div>
            <div th:text="${book.isbn}">ISBN</div>
        </div>
    </div>

    <div th:if="${book} == null">
        <h1 th:text="'No book found with ISBN: ' + ${param.isbn}">Not Found</h1>
    </div>
</body>
</html>
```

HTML5 타임리프 템플릿은 페이지에 사용 가능한 두 블록 중 하나가 렌더링될 것이다.

책을 찾으면 상세 정보가 표시되고 그렇지 않으면 찾지 못했다는 메시지가 표시된다. 이는 th:if 표현식을 사용해 가능하다. 찾지 못했다는 메시지의 isbn은 param의 접미어를 사용해 요청 인자에서 검색한다. ${param.isbn}은 isbn 요청 인자에서 가져온다.

3-4 예외 처리 다루기

문제점

스프링 부트에서 기본 일반 오류 페이지를 사용자 정의하고 싶다.

해결 방법

맞춤형 오류 페이지인 error.html 또는 HTTP 오류 코드를 위한 특정 오류 페이지(예를 들어, 404.html, 500.html)를 추가하자.

예제 구현

스프링 부트에서 기본적으로 오류 처리가 활성화돼 있으며, 기본 오류 페이지가 보인다. server.error.whitelabel.enabled 속성을 false로 하여 전체를 비활성화할 수 있다. 비활성화되면, 예외 처리는 스프링, 스프링 부트에서 제공되는 일반적 예외 처리 메커니즘 대신 서블릿 컨테이너에서 처리된다. 또한 일반 오류 페이지를 구성하는 데 사용하는 속성이 있다. 주로 모델에 어떤 항목을 포함할지에 대한 내용이며, 선택적으로 화면에 표시할 수 있다. 속성을 표 3-3에서 살펴보자.

속성	설명
server.error.whitelabel.enabled	일반 오류 페이지 활성화, 기본값은 true이다.
server.error.path	에러 페이지 경로, 기본값은 /error이다.
server.error.include-exception	모델에 포함될 예외 처리 이름, 기본값은 false이다.
server.error.include-stacktrace	모델에 스택트레이스 포함 여부, 기본값은 never이다.

먼저, BookController에 예외가 발생하는 메소드를 추가하자.

```
@GetMapping("/books/500")
public void error() {
    throw new NullPointerException("Dummy NullPointerException.");
}
```

이제 http://localhost:8080/books/500에 접근하면 예외가 발생하고 일반 오류 페이지 가 보일 것이다(그림 3-6).

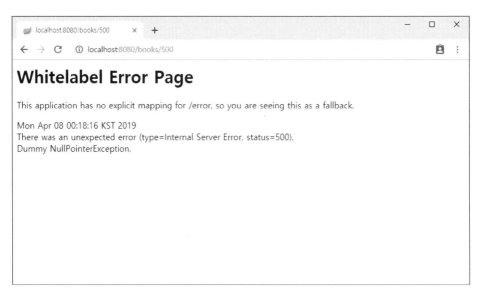

▲ 그림 3-6 기본 오류 페이지

이는 오류 페이지를 찾을 수 없을 때 보이게 된다. 오류 페이지를 바꾸고 싶다면, src/
main/resources/templates 폴더에 error.html을 추가한다.

```html
<!DOCTYPE html>
<html xmlns:th="http://www.thymeleaf.org">
<head>
    <meta charset="UTF-8">
    <title>Spring Boot Recipes - Library</title>
</head>
<body>
<h1>Oops something went wrong, we don't know what but we are going to work on
it!</h1>

    <div>
        <div>
            <span><strong>Status</strong></span>
            <span th:text="${status}"></span>
        </div>
        <div>
            <span><strong>Error</strong></span>
            <span th:text="${error}"></span>
        </div>
        <div>
            <span><strong>Message</strong></span>
            <span th:text="${message}"></span>
        </div>
        <div th:if="${exception != null}">
            <span><strong>Exception</strong></span>
            <span th:text="${exception}"></span>
        </div>
        <div th:if="${trace != null}">
            <h3>Stacktrace</h3>
            <span th:text="${trace}"></span>
        </div>
    </div>
</body>
</html>
```

애플리케이션이 시작되고 예외가 발생하면 맞춤형 오류 페이지가 보일 것이다(그림 3-7).
그리고 페이지는 선택한 뷰 기술을 사용해 렌더링될 것이다(여기에서는 타임리프).

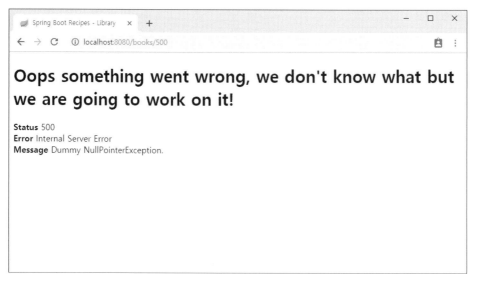

▲ 그림 3-7 맞춤형 오류 페이지

server.error.include-exception을 true로 설정하고 server.error.include-stacktrace를 always로 설정하면, 맞춤형 오류 페이지에 예외 클래스명과 스택트레이스가 포함된다(그림 3-8).

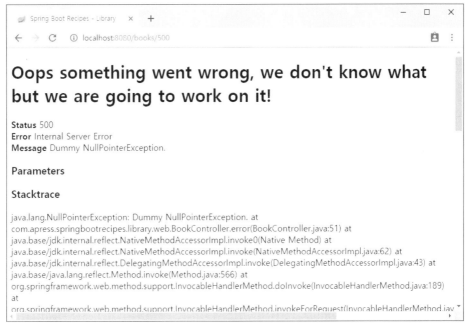

▲ 그림 3-8 스택트레이스를 포함하는 맞춤형 오류 페이지

맞춤형 일반 오류 페이지 다음으로, 특정 HTTP 상태 코드별 오류 페이지를 추가할 수 있다. 이는 src/main/resources/templates/error 폴더에 <http-status>.html을 추가해 적용할 수 있다. 처리할 수 없는 URL을 위해 404.html을 추가하자.

```
<!DOCTYPE html>
<html xmlns:th="http://www.thymeleaf.org">
<head>
    <meta charset="UTF-8">
    <title>Spring Boot Recipes - Library - Resource Not Found</title>
</head>
<body>
    <h1>Oops the page couldn't be located.</h1>
</body>
</html>
```

애플리케이션이 알 수 없는 URL을 탐색할 경우, 위 페이지가 렌더링될 것이며, 예외가
발생할 경우에는 그림 3-7, 그림 3-8처럼 맞춤형 오류 페이지가 표시된다.

팁　400, 500 범위의 http 상태 코드를 모두 처리하는 맞춤형 오류 페이지는 4xx.html, 5xx.html을 추
　　　가하면 된다.

모델에 속성 추가하기

기본적으로 스프링 부트의 오류 페이지 모델에는 다음 속성이 있다. 표 3-4를 참고하자.

▼ 표 3-4 기본 오류 모델 속성

속성	설명
timestamp	오류가 발생한 시간
status	상태 코드
error	오류 원인
exception	상위 예외의 클래스 이름(설정된 경우)
message	예외 처리 메시지
errors	BindingResult의 ObjectError(바인딩이나 검증을 사용한 경우)
trace	예외 스택트레이스(설정된 경우)
path	예외가 발생한 URL 경로

이는 모두 `ErrorAttributes` 컴포넌트 사용으로 가능하다. 기본적으로 사용되고 구성한
것은 `DefaultErrorAttributes`이다. 자신만의 `ErrorAttributes`를 만들어 맞춤형 모델을
생성하거나 `DefaultErrorAttributes`를 확장해 속성을 추가할 수 있다.

```
package com.apress.springbootrecipes.library;

import org.springframework.boot.web.servlet.error.DefaultErrorAttributes;
import org.springframework.web.context.request.WebRequest;
```

```
import java.util.Map;

public class CustomizedErrorAttributes extends DefaultErrorAttributes {

    @Override
    public Map<String, Object> getErrorAttributes(WebRequest webRequest,
            boolean includeStackTrace) {
        Map<String, Object> errorAttributes =
            super.getErrorAttributes(webRequest, includeStackTrace);
        errorAttributes.put("parameters", webRequest.getParameterMap());
        return errorAttributes;
    }
}
```

CustomizedErrorAttributes는 모델에 기본 속성 다음으로 원본 요청 파라미터를 추가한다. 그런 다음 이를 LibraryApplication의 빈으로 구성한다. 스프링 부트는 이 빈을 감지하고 기본 구성을 대체한다.

```
@Bean
public CustomizedErrorAttributes errorAttributes() {
    return new CustomizedErrorAttributes();
}
```

마지막으로 error.html에 추가 속성을 사용하고 싶을 것이다.

```html
<div th:if="${parameters != null}">
    <h3>Parameters</h3>
    <span th:each="parameter :${parameters}">
        <div th:text="${parameter.key} + ' : ' + ${#strings.arrayJoin(parameter.
            value, ',')}"></div>
    </span>
</div>
```

위 내용은 error.html에 포함해 모델에서 가능한 parameters의 맵 내용을 출력한다(그림 3-9).

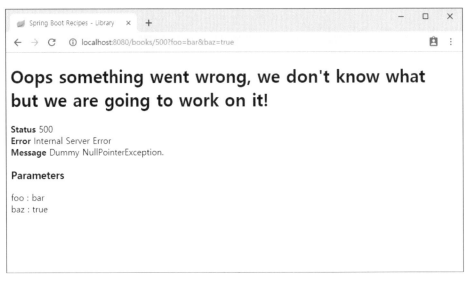

▲ 그림 3-9 parameters가 포함된 맞춤형 오류 페이지

3-5 애플리케이션 국제화

문제점

국제화된 웹 애플리케이션을 개발할 때는 사용자가 선호하는 언어에 맞는 웹 페이지를 보여줘야 한다. 같은 페이지를 언어별로 각기 버전으로 만드는 것은 좋지 않은 작업이다.

해결 방법

다양한 언어에 맞춰 각기 다른 버전의 페이지를 만들지 않으려면 언어 종속 텍스트 메시지를 외부화해 언어로부터 독립적인 웹 페이지를 만들어야 한다. 스프링은 MessageSource 인터페이스를 구현해, 메시지 소스를 사용한 텍스트 메시지 처리가 가능하다. 페이지 템플릿에 특수한 태그를 사용하거나 메시지를 찾을 수 있다.

예제 구현

스프링 부트는 src/main/resources(기본 경로)에서 messages.properties를 찾았을 때 자동으로 MessageSource를 구성한다. messages.properties에는 애플리케이션에서 사용할 기본 메시지가 들어 있다. 스프링 부트는 현재 요청에서 사용되는 언어를 결정하기 위해 요청의 Accept-Language 헤더를 확인한다(바꾸는 방법은 예제 3-6에서 알아보자).

누락된 번역, 캐시 등을 처리하기 위해 MessageSource를 바꾸는 속성이 몇 가지 있다. 속성의 개요를 표 3-5에서 살펴보자.

▼ 표 3-5 I18N 속성

속성	설명
spring.messages.basename	쉼표로 구분된 기본 이름 목록. 기본값은 messages이다.
spring.messages.encoding	메시지 묶음 인코딩 방식. 기본값은 UTF-8이다.
spring.messages.always-use-message-format	MessageFormat이 전체 메시지에 적용되는지 여부. 기본값은 false이다.
spring.messages.fallback-to-system-locale	감지된 언어의 리소스 묶음이 없는 경우 사용되는 시스템 언어. 비활성화되면 기본 파일로부터 기본값을 불러온다. 기본값은 false이다.
spring.messages.use-code-as-default-message	메시지를 찾지 못했을 때 NoSuchMessageException 예외 처리 대신 기본 메시지로 메시지 코드를 사용한다. 기본값은 false이다.
spring.messages.cache-duration	캐시 주기. 기본값은 forever이다.

팁   클라우드나 다른 외부 호스트에 애플리케이션을 배포할 때 spring.messages.fallback-to-system-locale을 false로 설정하는 것이 유용하다. 배포한 시스템 환경(제어가 불가능한)이 아닌 애플리케이션의 기본 언어를 제어할 수 있다.

src/main/resources 폴더에 messages.properties를 추가하자.

```
main.title=Spring Boot Recipes - Library

index.title=Library
index.books.link=List of books

books.list.title=Available Books
books.list.table.title=Title
books.list.table.author=Author
books.list.table.isbn=ISBN
```

템플릿도 변경하자. 다음은 변경된 index.html 파일이다.

```html
<!DOCTYPE html>
<html xmlns:th="http://www.thymeleaf.org">
<head>
    <meta charset="UTF-8">
    <title th:text="#{main.title}">Spring Boot Recipes - Library</title>
</head>
<body>
    <h1 th:text="#{index.title}">Library</h1>
    <a th:href="@{/books.html}" href="#" th:text="#{index.books.link}">List of
      books</a>
</body>
</html>
```

타임리프에서 th:text 속성에 표현식 #{...}을 사용할 수 있다. 이는 (자동 스프링 통합을 통해) MessageSource에서 메시지를 반영한다. 애플리케이션을 다시 시작하면, 결과에는 변경된 것이 없을 것이다. 그러나 모든 텍스트는 messages.properties 파일에서 온다. messages_nl.properties를 추가해 웹사이트에 독일어 번역을 추가하자.

팁 브라우저의 언어를 변경하기는 어렵지만, 크롬과 파이어폭스에서는 Accept-Language 헤더를 쉽게 변경해 주는 플러그인이 있다.

▲ 그림 3-10 독일어 홈페이지

3-6 사용자 언어 결정하기

문제점

애플리케이션이 다국어를 지원하기 위해 각각의 사용자가 선호하는 언어를 결정하고 해당 언어에 맞는 콘텐츠를 표시해야 한다.

해결 방법

스프링 MVC 애플리케이션에서 사용자 언어는 LocaleResolver 인터페이스 구현체인 언어 리졸버를 통해 정의된다. 스프링 MVC에는 각각 다른 기준으로 언어를 결정하는 다수의 LocaleResolver 구현체가 있다. 대안으로 LocaleResolver 인터페이스 구현체를 사용해 맞춤형 언어 리졸버를 만들 수 있다.

스프링 부트는 spring.mvc.locale-resolver 속성을 설정할 수 있다. 이는 ACCEPT(기본값) 또는 FIXED 값을 가진다. 첫 번째(ACCEPT)는 AcceptHeaderLocaleResolver를 생성하

게 된다. 다음(FIXED)은 FixedLocaleResolver를 생성한다.

또한 웹 애플리케이션 컨텍스트에 LocaleResolver 유형의 빈을 등록해서 언어 리졸버를 정의할 수 있다. 여기서 언어 리졸버의 빈 이름을 localeResolver로 해야 스프링이 자동으로 감지할 수 있다.

예제 구현

스프링 MVC에는 LocaleResolver 인터페이스의 기본 구현체가 몇 가지 있다. 사용자가 사용하려는 언어를 덮어쓸 수 있도록 LocaleChangeInterceptor라는 Handle Interceptor를 제공한다.

HTTP 요청 헤더로 언어 결정하기

스프링 부트에서 기본으로 등록된 언어 리졸버는 AcceptHeaderLocaleResolver이다. 이는 HTTP 요청의 Accept-Language 헤더를 감지해 언어를 결정한다. 이 헤더는 사용자 웹 브라우저에서 설치된 운영체제의 언어에 따라 설정된다.

참고　AcceptHeaderLocaleResolver는 사용자 운영체제에 설정된 언어를 수정할 수 없으므로 사용자 언어 변경이 불가능하다.

```
@Bean
public LocaleResolver localeResolver () {
    return new AcceptHeaderLocaleResolver();
}
```

세션 속성으로 언어 결정하기

언어를 결정하는 옵션에는 SessionLocaleResolver도 있다. 이는 사용자 세션에 사전 정의된 속성을 감지해 언어를 결정한다. 세션 속성이 없는 경우에는 언어 리졸버는 Accept-Language HTTP 헤더로부터 기본 언어를 결정한다.

```
@Bean
public LocaleResolver localeResolver ( ) {
    SessionLocaleResolver localeResolver = new SessionLocaleResolver();
    localeResolver.setDefaultLocale(new Locale("en"));
    return localeResolver;
}
```

SessionLocaleResolver는 세션 속성이 존재하지 않은 경우 defaultLocale 속성을 설정
할 수 있으며, 언어가 저장된 세션 속성을 변경해서 사용자 언어를 변경할 수 있다.

쿠키로 언어 결정하기

사용자 브라우저의 쿠키를 감지해 언어를 결정하는 CookieLocaleResolver를 사용할 수
도 있다. 쿠키가 없으면 언어 리졸버는 Accept-Language HTTP 헤더로부터 기본 언어를
결정한다.

```
@Bean
public LocaleResolver localeResolver() {
    return new CookieLocaleResolver();
}
```

언어 리졸버에 사용되는 쿠키는 cookieName과 cookieMaxAge 속성을 설정해서 원하는 대
로 변경할 수 있다. cookieMaxAge 속성은 쿠키가 몇 초 동안 저장되는지 가리킨다. 값이
-1이면 이 쿠키는 브라우저가 종료될 때 비활성화된다.

```
@Bean
public LocaleResolver localeResolver() {
    CookieLocaleResolver cookieLocaleResolver = new CookieLocaleResolver();
    cookieLocaleResolver.setCookieName("language");
    cookieLocaleResolver.setCookieMaxAge(3600);
    cookieLocaleResolver.setDefaultLocale(new Locale("en"));
    return cookieLocaleResolver;
}
```

사용자 브라우저에 쿠키가 존재하지 않는 경우를 위해 `defaultLocale` 속성을 설정할 수 있다. 이 언어 리졸버는 언어가 저장된 쿠키를 변경해서 사용자 언어를 변경할 수 있다.

고정된 언어 사용

`FixedLocaleResolver`는 항상 동일한 고정된 언어를 반환한다. 기본적으로 JVM 기본 언어를 반환하지만 `defaultLocale` 속성을 설정해서 다른 언어를 반환하게 구성할 수 있다.

```
@Bean
public LocaleResolver localeResolver() {
    FixedLocaleResolver cookieLocaleResolver = new FixedLocaleResolver();
    cookieLocaleResolver.setDefaultLocale(new Locale("en"));
    return cookieLocaleResolver;
}
```

참고   FixedLocaleResolver는 이름 그대로 고정이므로, 사용자 언어를 변경할 수 없다.

사용자 언어 변경하기

`LocaleResolver.setLocale()`을 호출하는 방식으로 사용자 언어를 변경하는 방법 이외에 `LocaleChangeInterceptor`를 매핑하는 방식으로도 적용할 수 있다. 이 인터셉터는 현재 HTTP 요청에서 특정 인자가 있는지 감지한다. 인자 이름은 인터셉터의 `paramName` 속성으로 변경할 수 있다(기본값은 `locale`). 이 인자가 현재 요청에 있다면 인터셉터는 인자 값에 따라 사용자 언어를 변경한다.

언어를 변경 가능하게 하려면 변경이 가능한 `LocaleResolver`를 사용한다.

```
@Bean
public LocaleResolver localeResolver() {
    return new CookieLocaleResolver();
}
```

언어를 변경하려면 LocaleChangeInterceptor를 빈으로 추가하고 인터셉터로 등록한다.
인터셉터 등록은 WebMvcConfigurer에서 addInterceptors 메소드를 사용한다.

참고 인터셉터를 등록할 때 @SpringBootApplication이 붙은 클래스에 설정을 추가하는 대신
@Configuration 애노테이션이 붙은 전용 설정 클래스를 생성해도 된다. 주의할 점은
@EnableWebMvc 애노테이션이 붙은 클래스에 추가되어 있지 않으면 스프링 부트에서 자동 설정
이 비활성화된다.

```java
@SpringBootApplication
public class LibraryApplication implements WebMvcConfigurer {

    @Override
    public void addInterceptors(InterceptorRegistry registry) {
        registry.addInterceptor(localeChangeInterceptor());
    }

    @Bean
    public LocaleChangeInterceptor localeChangeInterceptor() {
        return new LocaleChangeInterceptor();
    }

    @Bean
    public LocaleResolver localeResolver() {
        return new CookieLocaleResolver();
    }
}
```

다음 내용을 index.html에 추가하자.

```html
<h3>Language</h3>
<div>
    <a href="?locale=nl" th:text="#{main.language.nl}">NL</a> |
    <a href="?locale=en" th:text="#{main.language.en}">EN</a>
</div>
```

message.properties 파일에 키를 추가한다.

```
main.language.nl=Dutch
main.language.en=English
```

하나의 언어를 선택하면, 페이지는 다시 렌더링되고 선택한 언어로 표시된다. 계속 탐색을 진행하면 나머지 페이지도 선택된 언어로 표시된다.

3-7 내장된 서버 선택 및 구성

문제점

기본 톰캣 컨테이너 대신 제티^{Jetty}를 내장 컨테이너로 사용하고 싶다.

해결 방법

톰캣 런타임을 제외하고 제티 런타임을 포함시킨다. 스프링 부트는 자동으로 톰캣, 제티, 언더토우^{Undertow}가 클래스패스에 있는지 감지하고 그에 맞는 컨테이너를 구성한다.

예제 구현

스프링 부트는 톰캣, 제티, 언더토우를 내장된 서블릿 컨테이너로 즉시 사용할 수 있도록 지원한다. 기본적으로 스프링 부트는 톰캣을 컨테이너로 사용한다(spring-boot-starter-web 아티펙트에서 spring-boot-starter-tomcat 의존성을 통해 표현됨). 컨테이너는 속성값을 사용해 구성하며, 일부는 전체 컨테이너에, 일부는 특정 컨테이너에 적용되는 속성이다. 전역 속성은 접두어로 server. 또는 server.servlet을 가지고 있고 컨테이너 전용 속성은 server.<container>(여기서 container는 tomcat, jetty, undertow 중 하나)로 시작한다.

일반 구성 속성

표 3-6과 같이 다수의 사용 가능한 일반 서버 속성이 있다.

▼ 표 3-6 일반 서버 속성

속성	설명
server.port	HTTP 서버 포트. 기본값은 8080이다.
server.address	바인딩될 IP 주소. 기본값은 0.0.0.0(예, 모든 IP)이다.
server.use-forward-headers	현재 요청에 X-Forwarded-* 헤더 적용 여부. 기본값은 없다. 선택한 서블릿 컨테이너의 기본값을 사용한다.
server.server-header	서버 이름을 전달할 헤더의 이름. 기본값은 공백이다.
server.max-http-header-size	HTTP 헤더의 최대 크기. 기본값은 0(무제한)이다.
server.connection-timeout	닫기 전 다음 요청을 기다리는 HTTP 접속자의 최대 대기 시간이다. 기본값은 없으며, 컨테이너 설정을 따른다. -1 값의 의미는 영구적이며 시간 초과가 없다.
server.http2.enabled	현재 컨테이너가 지원할 경우 Http2 활성화 여부를 선택한다. 기본값은 false이다.
server.compression.enabled	HTTP 압축 활성화 여부. 기본값은 false이다.
server.compression.mime-types	압축이 적용될 MIME 유형 목록(쉼표 구분)이다.
server.compression.excluded-user-agents	압축이 비활성화될 사용자 에이전트 목록이다. 쉼표로 구분한다.
server.compression.min-response-size	압축이 적용될 최소 요청 크기. 기본값은 2048이다.
server.servlet.context-path	애플리케이션의 주요 컨텍스트 경로. 기본값은 루트 애플리케이션으로 기동한다.
server.servlet.application-display-name	컨테이너에서 표시 이름으로 사용될 이름. 기본값은 application이다.
server.servlet.context-parameters	서블릿 컨테이너 컨텍스트/초기 매개변수다.

내장된 컨테이너 모두 서블릿 명세를 지원한다. 또한 JSP 페이지를 지원하며 기본적으로 활성화돼 있다. 스프링 부트는 JSP 제공자를 쉽게 변경하거나 전체적으로 지원을 비활성화할 수 있다. 노출된 속성은 표 3-7을 보자.

▼ 표 3-7 JSP 관련 서버 속성

속성	설명
server.servlet.jsp.registered	JSP 서블릿이 등록되는지 여부, 기본값은 true이다.
server.servlet.jsp.class-name	JSP 서블릿 클래스 이름, 기본값은 org.apache.jasper. servlet.JspServlet이다. 톰캣과 제티 둘 다 JSP 구현체로 자스퍼를 사용한다.
server.servlet.jsp.init-parameters	JSP 서블릿의 컨텍스트 매개변수다.

참고 스프링 부트 애플리케이션에서 JSP를 사용하는 것은 권장되지 않으며 제약 사항이 있다.[11]

스프링 MVC를 사용하면 속성(일반적으로 스프링 보안에서 CSFR 토큰을 저장하는 것 등)을 저장할 때 HTTP 세션을 사용하려고 한다. 일반 서블릿 구성도 HTTP 세션과 저장될 방법(쿠키, URL 등)에 대한 구성이 가능하다. 관련 속성은 표 3-8에서 살펴보자.

▼ 표 3-8 HTTP 세션 관련 서버 속성

속성	설명
server.servlet.session.timeout	세션 시간 초과, 기본값은 30분이다.
server.servlet.session.tracking-modes	세션 추적 모드, cookie, url, ssl 중 하나 이상 사용된다. 기본값은 없으며, 컨테이너의 기본값을 따른다.
server.servlet.session.presistent	재시작 시 세션 데이터의 저장 여부, 기본값은 false이다.
server.servlet.session.cookie.name	세션 식별자가 저장될 쿠키 이름이다. 기본값은 없으며, 컨테이너의 기본값을 따른다.

(이어짐)

---

11 https://docs.spring.io/spring-boot/docs/current/reference/html/boot-features-developing-web-applications. html#boot-features-jsp-limitations

속성	설명
server.servlet.session.cookie.domain	세션 쿠키에 사용될 도메인 값이다. 기본값은 없으며, 컨테이너의 기본값을 따른다.
server.servlet.session.cookie.path	세션 쿠키에 사용될 경로 값이다. 기본값은 없으며, 컨테이너의 기본값을 따른다.
server.servlet.session.cookie.comment	세션 쿠키에 사용될 주석이다. 기본값은 없으며, 컨테이너의 기본값을 따른다.
server.servlet.session.cookie.http-only	세션 쿠키가 http에서만 접근되는지 여부를 나타낸다. 기본값은 없으며, 컨테이너의 기본값을 따른다.
server.servlet.session.cookie.secure	쿠키가 SSL로만 전송되는지 여부를 나타낸다. 기본값은 없으며, 컨테이너의 기본값을 따른다.
server.servlet.session.cookie.max-age	세션 쿠키의 활성 시간이다. 기본값은 없으며, 컨테이너의 기본값을 따른다.
server.servlet.session.session-store-directory.directory	지속성 있는 쿠키 사용을 위한 폴더 이름으로, 존재하는 폴더여야 한다.

마지막으로, 스프링 부트는 노출된 일부 속성으로 SSL 구성을 매우 쉽게 할 수 있다. 표 3-9에서 어떤 속성이 있는지 살펴보고, 예제 3-8에서 SSL 구성 방법을 알아보자.

▼ 표 3-9 SSL 관련 서버 속성

속성	설명
server.ssl.enabled	SSL 활성화 여부, 기본값은 true이다.
server.ssl.ciphers	지원되는 SSL 암호, 기본값은 공백이다.
server.ssl.client-auth	SSL 클라이언트 인증을 원하는지(WANT) 또는 필요로 하는지(NEED) 여부, 기본값은 공백이다.
server.ssl.protocol	사용할 SSL 프로토콜, 기본값은 TLS이다.
server.ssl.enabled-protocols	활성화될 SSL 프로토콜, 기본값은 공백이다.
server.ssl.key-alias	키 저장소의 키를 식별할 별칭, 기본값은 공백이다.
server.ssl.key-password	키 저장소의 키에 접근할 때 비밀번호, 기본값은 공백이다.
server.ssl.key-store	키 저장소 위치, 일반적으로 JKS 파일, 기본값은 공백이다.
server.ssl.key-store-password	키 저장소에 접근할 비밀번호, 기본값은 공백이다.

(이어짐)

속성	설명
server.ssl.key-store-type	키 저장소 유형. 기본값은 공백이다.
server.ssl.key-store.provider	키 저장소 제공자. 기본값은 공백이다.
server.ssl.trust-store	신뢰 저장소 위치
server.ssl.trust-store-password	신뢰 저장소에 접근할 비밀번호. 기본값은 공백이다.
server.ssl.trust-store.type	신뢰 저장소 유형. 기본값은 공백이다.
server.ssl.trust-store-provider	신뢰 저장소 제공자. 기본값은 공백이다.

참고 위 표에 언급된 모든 속성은 애플리케이션을 실행할 내장된 컨테이너를 사용할 때만 적용된다. 외부 컨테이너(예로, WAR 파일로 배포)에 배포할 경우, 해당 설정은 적용되지 않는다!

타임리프를 사용하는 것처럼 JSP 서블릿의 등록을 비활성화할 수 있다. 포트와 페이지 압축 관련 설정을 변경해보자. 다음 내용을 application.properties 파일에 추가한다.

```
server.port=8081
server.compression.enabled=true
server.servlet.jsp.registered=false
```

다시 시작하면, 애플리케이션 페이지는 (아주 크다면) 압축되고 서버는 8080 대신 8081 포트에서 실행된다.

참고 server.servlet.context-path와 server.servlet.path 간에 차이가 있다. http://localhost:8080/books를 볼 때 여러 부분으로 구성된다. 첫 번째는 프로토콜이다(일반적으로 http 또는 https). 접속할 서버의 주소와 포트. 다음으로 컨텍스트 패스(context-path, 루트에 배포되면 기본적으로 /), 다음으로 서블릿 패스(servlet-path)이다. server.context-path는 애플리케이션의 주 URL이다. 예를 들어 server.context-path=/library로 설정하면 전체 애플리케이션은 /library URL로 접근할 수 있게 된다(DispatcherServlet은 컨텍스트 패스에서 /를 수신한다). server.path=/dispatch로 설정하면 books에 접근할 때 /library/dispatch/books를 사용해야 한다.
다음으로, 두 번째 DispatcherServlet을 추가하고 /services로 경로를 구성하면 /library/services를 통해 접근이 가능하다. 두 DispatcherServlets는 주 컨텍스트 패스인 /library에서 활성화되는 것이다.

실행 컨테이너 변경

spring-boot-starter-web 의존성을 포함하면, spring-boot-starter-tomcat 아티펙트 의존성을 가지게 되어 자동으로 톰캣 컨테이너 관련 의존성이 포함된다. 다른 서블릿 컨테이너를 활성화하기 위해, spring-boot-starter-tomcat은 제외하고 spring-boot-starter-jetty나 spring-boot-starter-undertow 중 하나를 포함시켜야 한다.

```
<dependency>
    <groupId>org.springframework.boot</groupId>
    <artifactId>spring-boot-starter-web</artifactId>
    <exclusions>
        <exclusion>
            <groupId>org.springframework.boot</groupId>
            <artifactId>spring-boot-starter-tomcat</artifactId>
        </exclusion>
    </exclusions>
</dependency>
<dependency>
    <groupId>org.springframework.boot</groupId>
    <artifactId>spring-boot-starter-jetty</artifactId>
</dependency>
```

메이븐에서 의존성을 제외하려면 <dependency> 내에 <exclusion> 요소를 사용하면 된다.

이제 애플리케이션을 시작하면 톰캣 대신 제티가 컨테이너로 실행된다(그림 3-11).

```
2019-04-08 00:45:55.426  INFO 36172 --- [           main] org.eclipse.jetty.server.session         : node0 Scavenging every 660000ms
2019-04-08 00:45:55.433  INFO 36172 --- [           main] o.e.jetty.server.handler.ContextHandler  : Started o.s.b.w.e.j.JettyEmbeddedWebAppContext@18f1dc6b{application,/,
2019-04-08 00:45:55.434  INFO 36172 --- [           main] org.eclipse.jetty.server.Server          : Started @9583ms
2019-04-08 00:45:55.615  INFO 36172 --- [           main] o.s.s.concurrent.ThreadPoolTaskExecutor  : Initializing ExecutorService 'applicationTaskExecutor'
2019-04-08 00:45:55.780  INFO 36172 --- [           main] o.s.b.a.w.s.WelcomePageHandlerMapping    : Adding welcome page template: index
2019-04-08 00:45:55.919  INFO 36172 --- [           main] o.e.j.s.h.ContextHandler.application     : Initializing Spring DispatcherServlet 'dispatcherServlet'
2019-04-08 00:45:55.920  INFO 36172 --- [           main] o.s.web.servlet.DispatcherServlet        : Initializing Servlet 'dispatcherServlet'
2019-04-08 00:45:55.925  INFO 36172 --- [           main] o.s.web.servlet.DispatcherServlet        : Completed initialization in 5 ms
2019-04-08 00:45:55.974  INFO 36172 --- [           main] o.e.jetty.server.AbstractConnector       : Started ServerConnector@427c334{HTTP/1.1,[http/1.1]}{0.0.0.0:8081}
2019-04-08 00:45:55.975  INFO 36172 --- [           main] o.s.b.web.embedded.jetty.JettyWebServer  : Jetty started on port(s) 8081 (http/1.1) with context path ''
2019-04-08 00:45:55.978  INFO 36172 --- [           main] c.a.s.library.LibraryApplication         : Started LibraryApplication in 2.226 seconds (JVM running for 10.128)
```

▲ 그림 3-11 제티 컨테이너를 사용한 부트스트랩 로그

3-8 서블릿 컨테이너에 SSL 구성하기

문제점

애플리케이션에서 HTTP 대신 HTTPS를 통해 접속하고자 한다.

해결 방법

인증을 받아 키 저장소에 적재한 뒤, `server.ssl` 네임스페이스의 설정을 이용해 키 저장소를 구성한다. 스프링 부트는 HTTPS만을 통해 접속이 가능하도록 자동으로 서버를 구성한다.

예제 구현

`server.ssl.key-store`(와 관련 속성)를 사용하면 내장된 컨테이너에 HTTPS 접속만 허용하도록 구성된다. SSL을 구성하기 전 애플리케이션의 보안 인증서가 있어야 한다. 일반적으로 베리사인^VeriSign^이나 렛츠 인크립트^Let's Encrypt^ 같은 인증 기관을 통해 인증을 받을 수 있다. 그러나 개발 목적일 경우 자가 서명된 인증서를 사용할 수 있다(자가 서명 인증서 생성 예제 참고).

자가 서명 인증서 생성

자바는 `keytool`이라는 도구를 가지고 있으며, 이는 인증서를 생성하는 데 사용된다.

```
keytool -genkey -keyalg RSA -alias sb2-recipes -keystore sb2-recipes.pfx
-storepass password -validity 3600 -keysize 4096 -storetype pkcs12
```

위 명령어는 `keytool`을 호출해 RSA 알고리즘을 사용한 키를 생성하고 `sb2-recipes.pfx`라는 이름의 키 저장소에 `sb2-recipes` 별칭으로 적재한다. 그리고 3600일 동안 유효하게 된다. 명령어를 실행하면 몇 가지 질문을 받고 적절하게 답변한다(또는 공백을 입력한다). 그 후 인증서가 포함된 sb2-recipes.pfx라는 파일이 생성되고 비밀번호로 보호된다.

이 파일을 src/main/resources 폴더에 놓고 애플리케이션의 일부로 패키징하여 스프링 부트에서 쉽게 접근하도록 한다.

경고   자가 서명 인증서를 사용하면 인증된 기관에서 생성된 인증서가 아니기 때문에 브라우저에서 웹사이트는 안전하지 않고 보호되지 않는다는 경고가 발생한다(그림 3-12 참고).

키 저장소를 사용하기 위한 스프링 부트 구성

스프링 부트가 내장 컨테이너 구성을 가능하게 하려면 키 저장소 정보를 알아야 한다. 이를 위해 server.ssl.key-store 속성을 사용한다. 또한 키 저장소의 유형(pkcs12)과 비밀번호를 명기해야 한다.

```
server.ssl.key-store=classpath:sb2-recipes.pfx
server.ssl.key-store-type=pkcs12
server.ssl.key-store-password=password
server.ssl.key-password=password
server.ssl.key-alias=sb2-recipes
```

http://localhost:8080/books.html 페이지를 열면, https 프로토콜을 통해 표시된다. 그림 3-12를 보자.

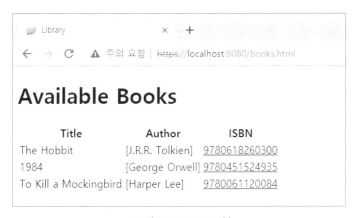

▲ 그림 3-12 HTTPS 접속

HTTP와 HTTPS 모두 지원

스프링 부트는 기본적으로 하나의 접속자로 시작을 한다. HTTP 또는 HTTPS 중 하나이고 동시에 둘 다는 아니다. HTTP와 HTTPS 모두를 지원하고자 한다면, 수동으로 접속자를 추가해야 한다. 자체적으로 HTTP 접속자를 생성하는 것은 간단하다. 스프링 부트에 SSL 부분을 설정하면 된다.

먼저 스프링 부트를 8443 포트로 시작한다.

```
server.port=8443
```

내장된 톰캣에 추가 접속자를 설정하려면 TomcatServletWebServerFactory를 컨텍스트의 빈으로 추가해야 한다. 일반적으로 스프링 부트는 컨테이너를 감지하고 사용할 WebServerFactory를 선택한다. 그러나 수동으로 추가하려면 일부를 수정해야 한다. TomcatServletWebServerFactory 빈을 @Configuration 애노테이션이 추가된 클래스나 LibraryApplication 클래스에 추가한다.

```
@Bean
public TomcatServletWebServerFactory tomcatServletWebServerFactory() {
    var factory = new TomcatServletWebServerFactory();
    factory.addAdditionalTomcatConnectors(httpConnector());
    return factory;
}

private Connector httpConnector() {
    var connector = new Connector(
      TomcatServletWebServerFactory.DEFAULT_PROTOCOL);
    connector.setScheme("http");
    connector.setPort(8080);
    connector.setSecure(false);
    return connector;
}
```

접속자가 8080 포트로 추가된다. 애플리케이션은 이제 8080 포트와 8443 포트에서 접속이 가능해진다. 스프링 보안을 사용하면, 애플리케이션의 일부 접속을 HTTP 대신 HTTPS로 강제할 수 있다.

팁   명시적으로 TomcatServletWebServerFactory를 구성하길 원하지 않으면 TomcatServlet WebServerFactory에 추가 톰캣 Connector를 등록하기 위해 BeanPostProcessor를 사용할 수 있다. 이 방법으로 하나의 컨테이너에 묶이지 않고, 다른 내장된 컨테이너에 구현할 수 있다.

```java
@Bean
public BeanPostProcessor addHttpConnectorProcessor() {
    return new BeanPostProcessor() {
        @Override
        public Object postProcessBeforeInitialization(Object bean,
          String beanName)
        throws BeansException {
            if (bean instanceof TomcatServletWebServerFactory) {
                var factory = (TomcatServletWebServerFactory) bean;
                factory.addAdditionalTomcatConnectors(httpConnector());
            }
            return bean;
        }
    };
}
```

HTTP를 HTTPS로 리디렉션

HTTP와 HTTPS를 모두 지원하는 대신, 다른 방법으로 HTTPS만 지원하며 HTTP의 트래픽을 HTTPS로 리디렉션하는 것이다. HTTP와 HTTPS 모두 지원할 때의 구성과 유사하다. 하지만 8080의 모든 트래픽을 8443으로 리디렉션하도록 접속자를 구성해야 한다.

```java
@Bean
public TomcatServletWebServerFactory tomcatServletWebServerFactory() {
    var factory = new TomcatServletWebServerFactory();
```

```
        factory.addAdditionalTomcatConnectors(httpConnector());
        factory.addContextCustomizers(securityCustomizer());
        return factory;
    }

    private Connector httpConnector() {
        var connector = new Connector(TomcatServletWebServerFactory.DEFAULT_PROTOCOL);
        connector.setScheme("http");
        connector.setPort(8080);
        connector.setSecure(false);
        connector.setRedirectPort(8443);
        return connector;
    }

    private TomcatContextCustomizer securityCustomizer() {
        return context -> {
            var securityConstraint = new SecurityConstraint();
            securityConstraint.setUserConstraint("CONFIDENTIAL");
            var collection = new SecurityCollection();
            collection.addPattern("/*");
            securityConstraint.addCollection(collection);
            context.addConstraint(securityConstraint);
        };
    }
```

httpConnector에 redirectPort를 설정해 사용할 포트를 알게 된다. 마지막으로 모든
URL을 SecurityConstraint로 보호해야 한다. 스프링 부트에서 특수한 TomcatContext
Customizer를 사용해 톰캣이 시작하기 전 컨텍스트의 사전 처리를 할 수 있게 한다. 제
약 사항은 모든 요청(/* 패턴을 사용했으므로)을 기밀(NONE, INTEGRAL, CONFIDENTIAL이 가능)
로 만들고, 그 결과 모든 요청이 https로 리디렉션된다.

4장

스프링 MVC – 비동기

서블릿 API가 릴리스됐을 때, 구현된 주요 컨테이너는 요청당 스레드를 사용하고 있었다. 이것은 요청 처리가 완료돼 응답이 클라이언트에게 전달될 때까지 스레드가 블록된다는 의미다.

그때는 지금처럼 인터넷에 연결된 장치가 많지 않았다. 장치의 수가 증가함에 따라 처리할 HTTP 요청 수도 증가했다. 많은 웹 애플리케이션에서 이러한 장치 수 증가로 인해, 블록된 스레드를 유지하는 방식은 더는 사용할 수 없게 됐다.

서블릿 3 명세에서 HTTP 요청을 비동기적으로 처리할 수 있다. HTTP 요청을 처리하는 스레드를 해제하면 되는 것이다. 새로운 스레드가 백그라운드에서 수행되며, 결과가 나오는 즉시 클라이언트에게 기록된다. 이 모든 것은 서블릿 3.1에 호환되는 서블릿 컨테이너에서 논블로킹 방식으로 사용할 수 있다. 이때 사용된 리소스도 논블로킹돼야 한다.

지난 2년 동안 반응형 프로그래밍이 떠오르기 시작했다. 스프링 5에서도 반응형 웹 애플리케이션 작성이 가능하다. 반응형이 되기 위해, 스프링은 리액티브 스트림 API의 구현체를 프로젝트 반응기로 활용했다. 반응형 프로그래밍에 대해 깊게 들어가는 것은 이 책을 넘어서는 범위이다. 간단히 말해 반응형 프로그래밍은 논블로킹 방식의 함수형 프로그래밍 방법이다.

웹 애플리케이션이 동작할 때 요청이 있을 것이며, HTML은 서버에서 렌더링돼 클라이언트에게 다시 전송된다. 지난 2년 동안 HTML의 렌더링은 클라이언트의 몫이었다. 통신은 클라이언트에게 JSON, XML 또는 표현식을 반환하는 것이다.

XmlHttpRequest를 사용해 클라이언트에 비동기로 메시지를 전달하지만, 여전히 요청과 응답 주기로 이뤄져 있다. 그 외 방법으로도 클라이언트와 서버 간 통신할 수 있다. 단방향 통신으로 서버-전송-이벤트 방식을 사용하는 것이다. 양방향 통신에서는 웹 소켓을 사용하기도 한다.

spring-boot-starter-web은 일반 웹 애플리케이션 빌드할 때 의존성에 추가한다. spring-boot-starter-webflux는 반응형 애플리케이션을 빌드할 때 추가한다.

4-1 컨트롤러와 TaskExecutor로 비동기 요청 처리

문제점

서블릿 컨테이너의 처리량 감소를 위해 요청을 비동기로 처리하기를 원한다.

해결 방법

요청이 들어오면 비동기로 처리되며 HTTP 요청 처리 스레드를 차단한다. 응답은 열린 상태로 있으며 기록이 가능해진다. 예를 들어 요청이 완료되기까지 시간이 걸릴 때 유용하며, 차단된 스레드 대신 백그라운드로 처리하며 완료되면 사용자에게 값을 반환할 수 있다.

예제 구현

스프링 MVC는 메소드에서 다수의 반환 유형을 지원한다. 표 4-1의 반환 유형은 비동기 방법에서 처리할 수 있는 것이다.

▼ 표 4-1 비동기 반환 유형

유형	설명
DeferredResult<V>	다른 스레드로 생성된 비동기 결과다.
ListenableFuture<V>	다른 스레드로 생성된 비동기 결과, DeferredResult와 동일한 대안이다.
CompletionStage<V> / CompletableFuture<V>	다른 스레드로 생성된 비동기 결과, DeferredResult와 동일한 대안이다.
Callable<V>	계산이 끝난 후 생성된 결과로 비동기 계산이다.
ResponseBodyEmitter	비동기 응답을 다수의 객체로 작성할 때 사용한다.
SseEmitter	비동기 서버-전송 이벤트를 작성할 때 사용한다.
StreamingResponseBody	비동기 OutputStream을 작성할 때 사용한다.

비동기 컨트롤러 작성

컨트롤러를 작성하고 비동기 요청을 처리하게 할 때 컨트롤러 처리 메소드의 반환 유형만 변경하면 된다(표 4-1 참고). HelloWorldController.hello를 호출할 때 시간이 소요되지만, 이 메소드로 서버를 블록하지 않는 경우를 상상해보자.

Callable 사용

```
package com.apress.springbootrecipes.library;

import org.springframework.web.bind.annotation.GetMapping;
import org.springframework.web.bind.annotation.RestController;

import java.util.concurrent.Callable;
import java.util.concurrent.ThreadLocalRandom;
```

```
@RestController
public class HelloWorldController {

    @GetMapping
    public Callable<String> hello() {
        return () -> {
            Thread.sleep(ThreadLocalRandom.current().nextInt(5000));
            return "Hello World, from Spring Boot 2!";
        };
    }
}
```

hello 메소드는 String을 직접 반환하지 않고 Callable<String>을 반환한다. 새로 구성
되는 Callable<String> 내부에는 메시지를 클라이언트에게 반환하기 전에 지연을 가정
하는 임의 대기 처리 코드가 있다.

관련 요청을 보내면 그림 4-1과 비슷한 로그를 볼 수 있다.

```
2019-04-10 06:40:08.975  INFO 25512 --- [           main] o.s.b.w.embedded.tomcat.TomcatWebServer  : Tomcat started on port(s): 8080 (http) with context path ''
2019-04-10 06:40:08.979  INFO 25512 --- [           main] c.a.s.HelloWorldApplication              : Started HelloWorldApplication in 2.139 seconds (JVM running for 9.71)
2019-04-10 06:40:24.625  INFO 25512 --- [nio-8080-exec-1] o.a.c.c.C.[Tomcat].[localhost].[/]       : Initializing Spring DispatcherServlet 'dispatcherServlet'
2019-04-10 06:40:24.625  INFO 25512 --- [nio-8080-exec-1] o.s.web.servlet.DispatcherServlet        : Initializing Servlet 'dispatcherServlet'
2019-04-10 06:40:24.625 DEBUG 25512 --- [nio-8080-exec-1] o.s.web.servlet.DispatcherServlet        : Detected StandardServletMultipartResolver
2019-04-10 06:40:24.631 DEBUG 25512 --- [nio-8080-exec-1] o.s.web.servlet.DispatcherServlet        : enableLoggingRequestDetails='false': request parameters and headers will be maske
2019-04-10 06:40:24.631  INFO 25512 --- [nio-8080-exec-1] o.s.web.servlet.DispatcherServlet        : Completed initialization in 6 ms
2019-04-10 06:40:24.641 DEBUG 25512 --- [nio-8080-exec-1] s.w.s.m.m.a.RequestMappingHandlerMapping : Mapped to public java.util.concurrent.Callable<java.lang.String> com.apress.sprin
2019-04-10 06:40:24.649 DEBUG 25512 --- [nio-8080-exec-1] o.s.w.c.request.async.WebAsyncManager    : Started async request
2019-04-10 06:40:24.662 DEBUG 25512 --- [nio-8080-exec-1] o.s.web.servlet.DispatcherServlet        : Exiting but response remains open for further handling
2019-04-10 06:40:29.137 DEBUG 25512 --- [         task-1] o.s.w.c.request.async.WebAsyncManager    : Async result set, dispatch to /
2019-04-10 06:40:29.147 DEBUG 25512 --- [nio-8080-exec-2] o.s.web.servlet.DispatcherServlet        : "ASYNC" dispatch for GET "/", parameters={}
2019-04-10 06:40:29.149 DEBUG 25512 --- [nio-8080-exec-2] s.w.s.m.m.a.RequestMappingHandlerMapping : Mapped to public java.util.concurrent.Callable<java.lang.String> com.apress.sprin
2019-04-10 06:40:29.171 DEBUG 25512 --- [nio-8080-exec-2] s.w.s.m.m.a.RequestMappingHandlerAdapter : Resume with async result ["Hello World, from Spring Boot 2!"]
2019-04-10 06:40:29.171 DEBUG 25512 --- [nio-8080-exec-2] m.m.a.RequestResponseBodyMethodProcessor : Using 'text/html', given [text/html, application/xhtml+xml, image/webp, image/apn
2019-04-10 06:40:29.172 DEBUG 25512 --- [nio-8080-exec-2] m.m.a.RequestResponseBodyMethodProcessor : Writing ["Hello World, from Spring Boot 2!"]
2019-04-10 06:40:29.181 DEBUG 25512 --- [nio-8080-exec-2] o.s.web.servlet.DispatcherServlet        : Exiting from "ASYNC" dispatch, status 200
```

▲ 그림 4-1 로그 출력

요청 처리는 특정 스레드에서 시작하는 것에 주목하자(여기서는 nio-8080-exec-1). task-1
스레드는 결과를 처리하고 반환한다. 마지막으로 nio-8080-exec-2 스레드로부터 결과를
처리하기 위해 요청이 DispatcherServlet에 다시 요청된다.

CompletableFuture 사용
메소드의 선언부를 변경해 CompletableFuture<String>을 반환하게 하고 TaskExecutor
를 사용해 코드를 비동기로 수행되게 한다.

```
@RestController
public class HelloWorldController {

    private final TaskExecutor taskExecutor;
    public HelloWorldController(TaskExecutor taskExecutor) {
        this.taskExecutor = taskExecutor;
    }

    @GetMapping
    public CompletableFuture<String> hello() {
        return CompletableFuture.supplyAsync(() -> {
            randomDelay();
            return "Hello World, from Spring Boot 2!";
        }, taskExecutor);
    }

    private void randomDelay() {
        try {
            Thread.sleep(ThreadLocalRandom.current().nextInt(5000));
        } catch (InterruptedException e) {
            Thread.currentThread().interrupt();
        }
    }
}
```

supplyAsync(또는 void를 사용할 경우에는 runAsync)를 호출하면 작업이 실행된다. 그리고 CompletableFuture를 반환한다. 여기서는 supplyAsync 메소드에 Supplier와 Executor 를 둘 다 사용했다. 비동기 처리에 TaskExecutor를 재사용하는 방법이다. supplyAsync 메소드를 사용할 때 Supplier만 있으면 JVM에서 가능한 기본 분기/결합 풀에서 수행하게 된다.

CompletableFuture를 반환하면 다수의 CompletableFuture 인스턴스를 작성하고 연결하는 것과 같은 모든 기능적 장점을 얻을 수 있다.

비동기 컨트롤러 테스트

일반 컨트롤러와 같이 스프링 MVC 테스트 프레임워크는 비동기 컨트롤러 테스트를 할
수 있다.

테스트 클래스를 작성하고 @WebMvcText(HelloWorldController.class)와 @RunWith
(SpringRunner.class) 애노테이션을 붙인다. @WebMvcText는 컨트롤러 테스트에 필요한
최소한의 스프링 부트 애플리케이션을 부트스트래핑한다. 테스트에 자동 연결할 스프링
MockMvc를 자동으로 구성한다.

```
@RunWith(SpringRunner.class)
@WebMvcTest(HelloWorldController.class)
public class HelloWorldControllerTest {

    @Autowired
    private MockMvc mockMvc;

    @Test
    public void testHelloWorldController() throws Exception {
        MvcResult mvcResult = mockMvc.perform(get("/"))
            .andExpect(request().asyncStarted())
            .andDo(MockMvcResultHandlers.log())
            .andReturn();

        mockMvc.perform(asyncDispatch(mvcResult))
            .andExpect(status().isOk())
            .andExpect(content().contentTypeCompatibleWith(TEXT_PLAIN))
            .andExpect(content().string("Hello World, from Spring Boot 2!"));
    }
}
```

비동기와 일반 웹 테스트의 주요 차이점은 비동기 디스패치로 시작해야 한다는 것이다.
먼저, 초기 요청은 수행된 뒤 비동기로 시작했는지 검증한다. 디버깅 목적일 경우 결과를
MockMvcResultHandlers.log()로 로깅할 수 있다. 다음으로 asyncDispatch가 적용된다.
마지막으로 예상되는 응답을 확인한다.

비동기 처리 구성

필요에 의해 아마도 스프링 부트가 제공하는 기본 TaskExecutor를 사용하지 않고 비동기 요청을 처리하는 TaskExecutor를 명확하게 구성하고자 할 것이다.

비동기 처리 구성을 위해 WebMvcConfigurer의 configureAsyncSupport 메소드를 재정의한다. 이 메소드 재정의는 AsyncSupportConfigurer에 접근할 수 있게 하고 사용할 AsyncTaskExecutor를 설정할 수 있게 한다(그 외의 것도).

```java
@SpringBootApplication
public class HelloWorldApplication implements WebMvcConfigurer {

    public static void main(String[] args) {
        SpringApplication.run(HelloWorldApplication.class, args);
    }

    @Override
    public void configureAsyncSupport(AsyncSupportConfigurer configurer) {
        configurer.setTaskExecutor(mvcTaskExecutor());
    }

    @Bean
    public ThreadPoolTaskExecutor mvcTaskExecutor() {
        ThreadPoolTaskExecutor taskExecutor = new ThreadPoolTaskExecutor();
        taskExecutor.setThreadNamePrefix("mvc-task-");
        return taskExecutor;
    }
}
```

4-2 응답 작성

문제점

서비스나 다수의 호출이 있고, 결과를 취합해 클라이언트에 응답하고자 한다.

해결 방법

ResponseBodyEmitter(또는 하위 클래스인 SseEmitter)를 사용해 응답을 수집하고 클라이언트에 전달한다.

예제 구현

응답에 다수의 결과 전달

스프링 MVC에는 ResponseBodyEmitter라는 클래스가 있는데, 하나의 결과 대신 다수의 객체를 클라이언트에게 반환하고자 할 때 유용하다. 객체를 전달할 때 Http MessageConverter를 사용해서 결과를 변환한다. ResponseBodyEmitter를 사용하려면 요청 처리 메소드에서 구성하고 반환해야 한다.

OrderController에 orders라는 메소드를 만들고 ResponseBodyEmitter를 반환한다. 결과를 하나하나 클라이언트에게 전달한다.

첫 번째로 Order와 OrderService를 만든다.

```
public class Order {

    private String id;
    private BigDecimal amount;

    public Order() {
```

```
    }

    public Order(String id, BigDecimal amount) {
        this.id=id;
        this.amount = amount;
    }

    public String getId() {
        return id;
    }

    public void setId(String id) {
        this.id = id;
    }

    public BigDecimal getAmount() {
        return amount;
    }

    public void setAmount(BigDecimal amount) {
        this.amount = amount;
    }

    @Override
    public String toString() {
        return String.format("Order [id='%s', amount=%4.2f]", id, amount);
    }
}
```

주문을 관리할 간단한 OrderService를 만든다.

```
@Service
public class OrderService {

    private final List<Order> orders = new ArrayList<>();

    @PostConstruct
    public void setup() {
```

```
        createOrders();
    }

    public Iterable<Order> findAll() {
        return List.copyOf(orders);
    }

    private Iterable<Order> createOrders() {
        for (int i = 0; i < 25; i++) {
            this.orders.add(createOrder());
        }
        return orders;
    }

    private Order createOrder() {
        String id = UUID.randomUUID().toString();
        double amount = ThreadLocalRandom.current().nextDouble(1000.00d);
        return new Order(id, BigDecimal.valueOf(amount));
    }
}
```

이제 OrderController를 만든다.

```
@RestController
public class OrderController {

    private final OrderService orderService;

    public OrderController(OrderService orderService) {
        this.orderService = orderService;
    }

    @GetMapping("/orders")
    public ResponseBodyEmitter orders() {
        var emitter = new ResponseBodyEmitter();
        var executor = Executors.newSingleThreadExecutor();
        executor.execute(() -> {
            var orders = orderService.findAll();
```

```
            try {
                for (var order : orders) {
                    randomDelay();
                    emitter.send(order);
                }
                emitter.complete();
            } catch (IOException e) {
                emitter.completeWithError(e);
            }
        });
        executor.shutdown();
        return emitter;
    }

    private void randomDelay() {
        try {
            Thread.sleep(ThreadLocalRandom.current().nextInt(150));
        } catch (InterruptedException e) {
            Thread.currentThread().interrupt();
        }
    }
}
```

처음에 ResponseBodyEmitter가 만들어진 뒤 맨 마지막에 반환된다. 다음으로
OrderService.findAll 메소드를 사용해 예약을 조회하는 작업이 실행된다. 이 호출의
모든 결과는 ResponseBodyEmitter의 send 메소드를 사용해서 하나씩 반환된다. 모든 객
체가 전달되면, complete() 메소드가 호출돼야 응답을 전달할 스레드에서 요청을 완료
하고 다음 응답을 처리하기 위해 반환한다. 예외가 발생하고 사용자에게 알려주길 원할
때 completeWithError를 호출하면 된다. 예외는 스프링 MVC의 일반적인 예외 처리를
통해 전달되며 그 후 응답이 완료된다.

httpie나 curl을 사용해서 http://localhost:8080/orders URL을 호출하면 그림 4-2와 비슷한 결과를 볼 수 있다.

▲ 그림 4-2 ResponseBodyEmitter 결과

마지막으로, 이 컨트롤러의 테스트를 작성하자. 웹 단위 테스트를 위해 클래스에 @Run With(SpringRunner.class)와 @WebMvcTest(OrderController.class)를 추가하자. OrderController는 OrderService가 필요하고 이것을 OrderService 항목에 @MockBean 을 사용해 목 객체로 만든다.

```
@RunWith(SpringRunner.class)
@WebMvcTest(OrderController.class)
public class OrderControllerTest {
```

```
@Autowired
private MockMvc mockMvc;

@MockBean
private OrderService orderService;
@Test
public void foo() throws Exception {
    when(orderService.findAll())
        .thenReturn(List.of(new Order("1234", BigDecimal.TEN)));

    MvcResult mvcResult =
        mockMvc.perform(get("/orders"))
            .andExpect(request().asyncStarted())
            .andDo(MockMvcResultHandlers.log())
            .andReturn();

    mockMvc.perform(asyncDispatch(mvcResult))
        .andDo(MockMvcResultHandlers.log())
        .andExpect(status().isOk())
        .andExpect(content().json("{\"id\":\"1234\",\"amount\":10}"));
    }
}
```

테스트 메소드는 처음에 하나의 Order 인스턴스를 반환하는 OrderService 목 객체를 등록한다. 비동기 컨트롤러이기 때문에 요청은 비동기 처리로 시작한다. 다음으로 비동기 처리를 모방하고 실제 응답의 검증을 작성한다. 결과는 id와 amount가 포함된 하나의 JSON 요소가 될 것이다.

이벤트로 다수의 결과 전달

SseEmitter는 서버에서 클라이언트로 이벤트를 전달할 수 있다. 서버-전달-이벤트는 서버에서 클라이언트로 전달되는 메시지다. 이것은 text/event-stream인 Content-Type 헤더를 가진다. 4개의 항목만 있는 간략한 구조다(표 4-2 참고).

항목	설명
id	이벤트 ID
event	이벤트 유형
data	이벤트 데이터
retry	이벤트 스트림에 다시 연결되는 시간

요청 처리 메소드에서 이벤트를 전달하려면, SseEmitter 인스턴스를 만들고 반환해야 한다. 클라이언트에 개별 요소를 전달하려면 send 메소드를 사용한다.

```java
@GetMapping("/orders")
public SseEmitter orders() {
    SseEmitter emitter = new SseEmitter();
    ExecutorService executor = Executors.newSingleThreadExecutor();
    executor.execute(() -> {
        var orders = orderService.findAll();
        try {
            for (var order : orders) {
                randomDelay();
                emitter.send(order);
            }
            emitter.complete();
        } catch (IOException e) {
            emitter.completeWithError(e);
        }
    });
    executor.shutdown();
    return emitter;
}
```

> **참고** 클라이언트에 각각의 아이템을 전달할 때 지연이 발생한다. 이를 원하지 않는 실제 코드에서 다른 이벤트가 오는 것을 볼 수 있다.

이제 `http://localhost:8080/orders` URL이 호출되면, 하나씩 이벤트가 들어오는 것을 볼 수 있다(그림 4-3).

```
C:\>curl -v http://localhost:8080/orders
*   Trying ::1...
* TCP_NODELAY set
* Connected to localhost (::1) port 8080 (#0)
> GET /orders HTTP/1.1
> Host: localhost:8080
> User-Agent: curl/7.55.1
> Accept: */*
>
< HTTP/1.1 200
< Content-Type: text/event-stream;charset=UTF-8
< Transfer-Encoding: chunked
< Date: Tue, 09 Apr 2019 21:47:45 GMT
<
data:{"id":"7694b104-ee13-4fc9-a5b7-bb0f027b3da2","amount":624.8611220818026}

data:{"id":"e1541d69-d81d-453e-b4bf-66caed0b67c0","amount":961.0492494778904}

data:{"id":"e73846a8-bf1d-4fe2-8328-99d2e08fa06f","amount":541.4114758676029}

data:{"id":"1e9cc3e5-bea1-4669-ae02-19caad9c22f2","amount":255.3470131005846}

data:{"id":"9834f18e-13cc-478c-bdff-ad6ac5159efc","amount":935.5399502667981}

data:{"id":"120f05d2-02d1-4ee3-b687-131a8c626f6e","amount":929.4729843553679}

data:{"id":"b21afb83-18f5-4534-a395-accfd1235c09","amount":788.8072530519366}

data:{"id":"0caf905f-a780-4063-9115-1dabf3e1b245","amount":109.27374046253769}

data:{"id":"00040505-4b3a-4937-9690-9474f75e4b6a","amount":125.50122668466545}

data:{"id":"bd5f9ecd-d704-4a35-a0a0-abe7120c8836","amount":498.84192894159077}

data:{"id":"da3bc321-09b4-4847-85e8-ca7d14d5e5cd","amount":336.5369390988634}

data:{"id":"8100a33d-d2db-4d4e-9f66-2024b10688d2","amount":500.9192305549178}

data:{"id":"5225578c-b104-4b83-8a57-63dabf2d9abd","amount":433.3715192344373}

data:{"id":"1ba07e1b-1eb0-41c1-8150-9ba95b1e9af0","amount":529.312937006811}

data:{"id":"a8919024-cbc0-4561-bf01-5b4255c46460","amount":842.468862496049}
```

▲ 그림 4-3 서버-전달-이벤트 결과

`Content-Type` 헤더에 있는 `text/event-stream`이라는 값이 이벤트 스트림인 것을 나타낸다. 스트림은 열린 상태가 유지돼 이벤트 알림을 수신받을 수 있다. 각각 작성된 객체는 `HttpMessageConverter`를 통해 JSON으로 변환된다. 각각의 객체는 이벤트 데이터로 `data` 태그에 작성된다.

이벤트에 더 많은 정보를 추가하려면(표 4-2에서 언급된 항목 중 하나) `SseEventBuilder`를 사용한다. `SseEmitter`의 `event( )` 팩토리-메소드는 인스턴스를 생성한다. 이 인스턴스를 사용해 `id`와 `event` 항목을 채운다.

```java
@GetMapping("/orders")
public SseEmitter orders() {
    SseEmitter emitter = new SseEmitter();
    ExecutorService executor = Executors.newSingleThreadExecutor();
    executor.execute(() -> {
        var orders = orderService.findAll();
        try {
            for (var order : orders) {
                randomDelay();
                var eventBuilder = event();
                emitter.send(
                    eventBuilder
                        .data(order)
                        .name("order-created")
                        .id(String.valueOf(order.hashCode())));
            }
            emitter.complete();
        } catch (IOException e) {
            emitter.completeWithError(e);
        }
    });
    executor.shutdown();
    return emitter;
}
```

이제 http://localhost:8080/orders URL을 호출하면, 이벤트에 id, event, data 항목
이 포함된다.

```
C:\Windows\System32\cmd.exe
C:\>curl -v http://localhost:8080/orders
*   Trying ::1...
* TCP_NODELAY set
* Connected to localhost (::1) port 8080 (#0)
> GET /orders HTTP/1.1
> Host: localhost:8080
> User-Agent: curl/7.55.1
> Accept: */*
>
< HTTP/1.1 200
< Content-Type: text/event-stream;charset=UTF-8
< Transfer-Encoding: chunked
< Date: Mon, 15 Apr 2019 13:30:34 GMT
<
data:{"id":"aa3a7b5d-9b73-42a8-8c07-ba48c2f498f9","amount":164.20273311748602}
event:order-created
id:1105372385

data:{"id":"5fc1d300-f375-46ee-b9d3-fbeb05415909","amount":553.3800309083306}
event:order-created
id:1845725538

data:{"id":"e6c7b3fc-d0af-472f-bd10-b926383c7343","amount":70.17411780300631}
event:order-created
id:836157813

data:{"id":"14f7c35a-e3f0-4e87-9a73-4f0bd8fbcaaf","amount":127.61094438405574}
event:order-created
id:244204792
```

▲ 그림 4-4 order 엔드포인트 출력

참고   서버-전달-이벤트는 마이크로소프트의 브라우저(인터넷 익스플로러 또는 엣지)를 지원하지 않는다. 마이크로소프트 브라우저에서 동작하게 하려면 폴리필(polyfill)[1]을 사용해야 한다.

4-3 웹 소켓

문제점

웹에서 클라이언트와 서버 간의 양방향 통신을 사용하고 싶다.

---

1   https://github.com/remy/polyfills

해결 방법

클라이언트에서 서버, 그 반대 방향으로 통신하기 위해 웹 소켓을 사용한다. 웹 소켓은 HTTP와 다르게 완벽한 양방향 통신을 제공한다.

예제 구현

웹 소켓에 대한 전체적인 설명은 4장에서는 하지 않는다. 그러나 가장 중요한 것 중 하나는 HTTP와 웹 소켓 사이 관계는 실제로 매우 적다는 것이다. 웹 소켓에서 HTTP의 사용은 초기 핸드셰이크다. 일반 HTTP에서 TCP 소켓 접속으로 연결을 업그레이드한다.

웹 소켓 지원 구성

첫 번째 단계는 spring-boot-starter-websocket 의존성을 추가해, 필요한 의존성을 가져오고 스프링 부트에서 웹 소켓 지원을 자동으로 구성한다.

웹 소켓 사용을 활성화하려면 애플리케이션에 @EnableWebSocket을 추가한다. 이것을 @SpringBootApplication 또는 @Configuration 애노테이션이 붙은 클래스에 추가하면 된다.

```
@SpringBootApplication
@EnableWebSocket
public class EchoApplication implements WebSocketConfigurer { ... }
```

WebSocketHandler 생성

웹 소켓 메시지와 생애주기 이벤트(핸드셰이크, 접속 구성 등)를 처리하기 위해 WebSocket Handler를 생성하고 엔드포인트 URL을 등록해야 한다.

WebSocketHandler는 다섯 개의 메소드를 정의하고(표 4-3 참고) 인터페이스를 직접 구현하려면 전부 구현해야 한다. 그러나 스프링은 장점만 사용할 수 있도록 괜찮은 하위 클래스를 제공한다. 사용자 정의 핸들러를 작성할 때 보통은 TextWebSocketHandler나

BinaryWebSocketHandler를 확장하면 충분하고, 이름에서 알 수 있듯이 이 구현체는 텍스트나 바이너리 메시지를 처리한다.

▼ 표 4-3 WebSocketHandler 메소드

메소드	설명
afterConnectionEstablished	웹 소켓 접속이 열리고 사용 준비가 될 때 호출된다.
handleMessage	웹 소켓 메시지가 핸들러에 도착했을 때 호출된다.
handleTransportError	오류가 발생할 때 호출된다.
afterConnectionClosed	웹 소켓 접속이 종료된 후 호출된다.
supportsPartiaMessages	핸들러가 부분 메시지를 지원할 경우, true로 설정하면 웹 소켓 메시지가 여러 호출을 통해 도착할 수 있다.

TextWebSocketHandler를 확장해 EchoHandler를 만들고 afterConnectionEstablished와 handleTextMessage 메소드를 구현한다.

```java
package com.apress.springbootrecipes.echo;

import org.springframework.web.socket.TextMessage;
import org.springframework.web.socket.WebSocketSession;
import org.springframework.web.socket.handler.TextWebSocketHandler;

public class EchoHandler extends TextWebSocketHandler {
    @Override
    public void afterConnectionEstablished(WebSocketSession session)
    throws Exception {
        session.sendMessage(new TextMessage("CONNECTION ESTABLISHED"));
    }

    @Override
    protected void handleTextMessage(WebSocketSession session,
        TextMessage message) throws Exception {
        var msg = message.getPayload();
        session.sendMessage(new TextMessage("RECEIVED: " + msg));
    }
}
```

접속이 구성되면 TextMessage가 클라이언트에게 접속이 구성됐다는 메시지를 전송한다. TextMessage가 수신되면 페이로드(실제 메시지)는 추출돼 RECEIVED를 접두어로 추가한 후 클라이언트에 전달된다.

그런 다음 URI이 포함된 핸들러를 등록한다. 이를 위해 WebSocketConfigurer를 구현한 @Configuration 클래스를 생성하고 registerWebSocketHandlers 메소드에 등록한다. 이 인터페이스를 EchoApplication 클래스에 추가한다.

```java
package com.apress.springbootrecipes.echo;

import org.springframework.boot.SpringApplication;
import org.springframework.boot.autoconfigure.SpringBootApplication;
import org.springframework.context.annotation.Bean;
import org.springframework.web.socket.config.annotation.EnableWebSocket;
import org.springframework.web.socket.config.annotation.WebSocketConfigurer;
import org.springframework.web.socket.config.annotation.WebSocketHandlerRegistry;

@SpringBootApplication
@EnableWebSocket
public class EchoApplication implements WebSocketConfigurer {

    public static void main(String[] args) {
        SpringApplication.run(EchoApplication.class, args);
    }

    @Bean
    public EchoHandler echoHandler() {
        return new EchoHandler();
    }

    @Override
    public void registerWebSocketHandlers(WebSocketHandlerRegistry registry) {
        registry.addHandler(echoHandler(), "/echo");
    }
}
```

첫 번째로 EchoHandler를 빈으로 등록하고 URI에 연결한다. registerWebSocketHandlers는 핸들러를 등록하도록 WebSocketHandlerRegistry를 사용한다. addHandler 메소드를 사용하면 핸들러를 URI에 등록할 수 있다. 위 경우 /echo이다. 이 구성으로 ws://localhost:8080/echo URL을 클라이언트가 웹 소켓 접속을 여는 데 사용할 수 있다.

서버가 준비되면, 웹 소켓 엔드포인트에 접속할 클라이언트가 필요하다. 이를 위해 일부 자바스크립트와 HTML 리소스가 필요하다. 다음 app.js를 작성해 src/main/resources/static 폴더에 추가한다.

```javascript
var ws = null;
var url = "ws://localhost:8080/echo";

function setConnected(connected) {
    document.getElementById('connect').disabled = connected;
    document.getElementById('disconnect').disabled = !connected;
    document.getElementById('echo').disabled = !connected;
}

function connect() {
    ws = new WebSocket(url);
    ws.onopen = function () {
        setConnected(true);
    };

    ws.onmessage = function (event) {
        log(event.data);
    };
    ws.onclose = function (event) {
        setConnected(false);
        log('Info: Closing Connection.');
    };
}

function disconnect() {
    if (ws != null) {
        ws.close();
```

```
            ws = null;
        }
        setConnected(false);
    }

function echo() {
    if (ws != null) {
        var message = document.getElementById('message').value;
        log('Sent: ' + message);
        ws.send(message);
    } else {
        alert('connection not established, please connect.');
    }
}

function log(message) {
    var console = document.getElementById('logging');
    var p = document.createElement('p');
    p.appendChild(document.createTextNode(message));
    console.appendChild(p);
    while (console.childNodes.length > 12) {
        console.removeChild(console.firstChild);
    }
    console.scrollTop = console.scrollHeight;
}
```

몇 가지 메소드가 있다. 첫 번째 connect 메소드는 Connect 버튼을 누를 때 실행된다. 이전에 만들고 등록한 핸들러 ws://localhost:8080/echo에 웹 소켓 접속이 열린다. 서버에 접속하면 웹 소켓 자바스크립트 객체가 생성되고 클라이언트에 메시지를 수신받을 수 있는 능력을 갖추게 된다. onopen, onmessage, onclose 콜백이 정의돼 있다. 그 중에서 가장 중요한 것은 onmessage인데 서버로부터 메시지가 왔을 경우 실행되기 때문이다. 이 메소드는 간단히 화면의 logging 요소 값에 수신된 메시지를 추가하는 log 메소드를 호출한다.

다음은 disconnect로 웹 소켓 접속이 종료되고 자바스크립트 객체가 소멸할 때 호출된
다. 마지막은 echo 메소드로, Echo Message 버튼을 클릭했을 때 실행된다. 주어진 메시
지는 서버에 전달된다(결국은 반환될 것이다).

app.js를 사용하기 위해 src/main/resources/static에 index.html을 추가하자.

```html
<!DOCTYPE html>
<html>
<head>
    <link type="text/css" rel="stylesheet" href="https://cdnjs.cloudflare.com/
    ajax/libs/semantic-ui/2.2.10/semantic.min.css" />
    <script type="text/javascript" src="app.js"></script>
</head>
<body>
    <div>
        <div id="connect-container" class="ui centered grid">
            <div class="row">
                <button id="connect" onclick="connect();"
                class="ui green button ">Connect</button>
                <button id="disconnect" disabled="disabled"
                onclick="disconnect();" class="ui red button">Disconnect</button>
            </div>
            <div class="row">
                <textarea id="message" style="width: 350px" class="ui input"
                placeholder="Message to Echo"></textarea>
            </div>
            <div class="row">
                <button id="echo" onclick="echo();" disabled="disabled"
                class="ui button">Echo message</button>
            </div>
        </div>
        <div id="console-container">
            <h3>Logging</h3>
            <div id="logging"></div>
        </div>
    </div>
</body>
</html>
```

이제 애플리케이션을 배포하면, `http://localhost:8080`에서 echo 웹 소켓 서비스에 접속할 수 있고 메시지를 전송하고 다시 수신할 수 있다(그림 4-5).

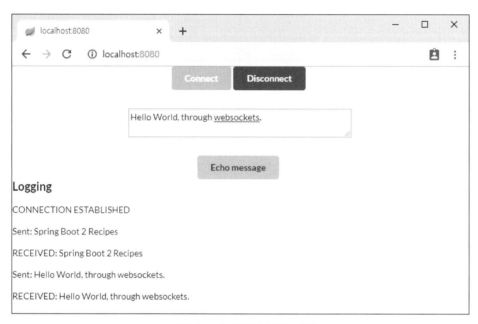

▲ 그림 4-5 웹 소켓 클라이언트 출력

WebSocketHandler 단위 테스트

EchoHandler가 원하는 대로 실제 동작하는지 확인하기 위해 단위 테스트를 작성하려고 한다. EchoHandler의 단위 테스트를 위해 테스트를 작성하고 모키토(또는 다른 목 프레임워크)를 사용해 웹 소켓 부분을 목 객체화한다.

```
package com.apress.springbootrecipes.echo;

import org.junit.Test;
import org.springframework.web.socket.TextMessage;
import org.springframework.web.socket.WebSocketSession;

import static org.mockito.ArgumentMatchers.eq;
import static org.mockito.Mockito.*;
```

```
public class EchoHandlerTest {

    private final EchoHandler handler = new EchoHandler();

    @Test
    public void shouldEchoMessage() throws Exception {
        var mockSession = mock(WebSocketSession.class);
        var msg = new TextMessage("Hello World!");
        handler.handleTextMessage(mockSession, msg);

        verify(mockSession, times(1))
          .sendMessage(eq(new TextMessage("RECEIVED: Hello World!")));
    }
}
```

테스트에서 EchoHandler의 인스턴스를 구성한다. 테스트 메소드에서 WebSocketSession은 목 객체다. TextMessage는 간단하게 구성한다. 목 객체인 WebSocketSession과 TextMessage로 handleTextMessage를 호출한다. 의도한 대로 동작하는지 검증하려면 목 객체인 WebSocketSession에서의 행동을 검증하면 된다.

실제 웹 소켓 통합 테스트

통합 테스트 작성은 조금 어렵다. 웹 소켓 접속은 서버를 필요로 하며, 수동으로 메시지를 전송하여 응답을 확인해야 한다. 그러나 그 전에 서버를 시작해야 한다.

서버를 시작하기 위해, 클래스에 @RunWith(SpringRunner.class)와 @SpringBootTest(webEnvironment = SpringBootTest.WebEnvironment.RANDOM_PORT) 애노테이션을 붙인다. 기본값인 WebEnvironment.MOCK이 아닌 애플리케이션을 실행하고자 한다. 실제 포트값을 가져오려면 int 변수에 @LocalServerPort 애노테이션을 추가해야 한다. 이 값은 접속할 URI를 구성하는 데 필요하다.

```
@RunWith(SpringRunner.class)
@SpringBootTest(webEnvironment = SpringBootTest.WebEnvironment.RANDOM_PORT)
```

```
public class EchoHandlerIntegrationTest {

    @LocalServerPort
    private int port;
}
```

웹 소켓 테스트는 기본 자바 웹 소켓 API를 사용하면 쉽다. 테스트를 위해 수신된 메시지와 세션을 기록하는 기본 웹 소켓 클라이언트를 작성하자. 클래스에 @ClientEndpoint 애노테이션을 추가하고 클래스의 메소드에 @OnOpen, @OnClose, @OnMessage 애노테이션을 추가한다. 애노테이션이 추가된 메소드는 접속이 열릴 때, 닫힐 때, 메시지가 수신될 때 각각 콜백을 수신한다. 다음으로 헬퍼 메소드가 있다. sendTextAndWait와 closeAndWait. sendTextAndWait 메소드는 Session을 이용해 메시지를 전송하고 응답을 기다린다. closeAndWait는 세션을 닫고 처리가 될 때까지 기다린다. 마지막으로 테스트 메소드에서 상태를 받아 검증하는 getter 메소드가 몇 개 있다.

EchoHandlerIntegrationTest에 정적 내장 클래스로 SimpleTestClientEndpoint를 추가한다.

```
@ClientEndpoint
public static class SimpleTestClientEndpoint {

    private List<String> received = new ArrayList<>();
    private Session session;
    private CloseReason closeReason;
    private boolean closed = false;

    @OnOpen
    public void onOpen(Session session) {
        this.session = session;
    }

    @OnClose
    public void onClose(Session session, CloseReason reason) {
        this.closeReason = reason;
        this.closed = true;
```

```java
}

@OnMessage
public void onMessage(String message) {
    this.received.add(message);
}
public void sendTextAndWait(String text, long timeout)
    throws IOException, InterruptedException {
    var current = received.size();
    session.getBasicRemote().sendText(text);
    wait(() -> received.size() == current, timeout);
}

public void closeAndWait(long timeout)
    throws IOException, InterruptedException {
    if (session != null && !closed) {
        session.close();
    }
    wait(() -> closeReason == null, timeout);
}

private void wait(Supplier<Boolean> condition, long timeout)
    throws InterruptedException {
    var waited = 0;
    while (condition.get() && waited < timeout) {
        Thread.sleep(1);
        waited += 1;
    }
}

public CloseReason getCloseReason() {
    return closeReason;
}

public List<String> getReceived() {
    return this.received;
}
```

```
    public boolean isClosed() {
        return closed;
    }
}
```

헬퍼 클래스가 완료되면, 테스트를 작성하자. WebSocketContainer를 얻기 위해 ContainerProvider를 사용한다. 실제 접속을 만들기 전에 port 변수를 사용해 URI를 구성한다. 다음으로 CimpleTestClientEndpoint 인스턴스로 connectToServer 메소드를 사용해 서버에 접속한다. 접속되면, 서버에 텍스트 메시지를 전송하고 잠시 대기한 뒤 접속을 닫는다(리소스 정리 용도). 마지막으로 수신된 메시지로 검증한다. 여기서는 수신될 메시지가 두 개 있다고 예상한다.

```
@Test
public void sendAndReceiveMessage() throws Exception {
    var container = ContainerProvider.getWebSocketContainer();
    var uri = URI.create("ws://localhost:" + port + "/echo");
    var testClient = new SimpleTestClientEndpoint();
    container.connectToServer(testClient, uri);

    testClient.sendTextAndWait("Hello World!", 200);
    testClient.closeAndWait(2);

    assertThat(testClient.getReceived())
      .containsExactly("CONNECTION ESTABLISHED", "RECEIVED: Hello World!");
}
```

4-4 STOMP와 웹 소켓

문제점

서버와의 통신에서 웹 소켓을 통한 STOMP^{Simple/Streaming Text Oriented Message Protocol}를 사용하고자 한다.

해결 방법

메시지 브로커를 구성하고 메시지를 처리할 @Controller 클래스에서 @MessageMapping 애노테이션이 붙은 메소드를 사용한다.

예제 구현

웹 소켓을 사용해 메시징을 사용하는 애플리케이션을 만드는 것에 관해 이야기하자. 기존처럼 웹 소켓 프로토콜을 사용할 수 있을 뿐만 아니라, 하위 프로토콜을 사용하는 것도 가능하다. 스프링 웹 소켓에서 지원하는 프로토콜 중 하나는 STOMP이다.

STOMP는 텍스트 기반의 매우 간단한 프로토콜이다. 루비나 파이선 같은 스크립트 언어에서 메시지 브로커를 만들기 위해 생겨났다. STOMP는 TCP나 웹 소켓 같은 신뢰할 수 있는 양방향 네트워크 프로토콜에서 사용이 가능하다. 프로토콜 자체는 텍스트 기반이나 메시지의 페이로드는 텍스트에 한정적이진 않고 바이너리 데이터도 가능하다.

스프링 웹 소켓 지원과 함께 STOMP를 구성하고 사용하고자 할 때, 웹 소켓 애플리케이션은 모든 접속된 클라이언트의 브로커로 역할을 한다. 브로커는 내장-메모리 브로커 또는 STOMP 프로토콜을 지원하는 실제적인 엔터프라이즈 솔루션(래빗MQ나 액티브MQ 같은)이 될 수 있다. 후자의 경우 스프링 웹 소켓 애플리케이션은 실제 브로커의 전달자 역할을 한다. 스프링은 웹 소켓을 통해 메시지 추가할 때 스프링 메시징 추상화를 사용한다.

STOMP와 MessageMapping 사용하기

메시지를 수신받기 위해, @Controller의 메소드에 @MessageMapping 애노테이션을 추가해 메시지를 수신할 목적지가 어디인지 알려준다. 애노테이션으로 동작하도록 (이전 예제에 작성한) EchoHandler를 수정하자.

```
package com.apress.springbootrecipes.echo;

import org.springframework.messaging.handler.annotation.MessageMapping;
import org.springframework.messaging.handler.annotation.SendTo;
import org.springframework.stereotype.Controller;

@Controller
public class EchoHandler {

    @MessageMapping("/echo")
    @SendTo("/topic/echo")
    public String echo(String msg) {
        return "RECEIVED: " + msg;
    }
}
```

/app/echo에서 메시지를 수신하면 @MessageMapping 애노테이션이 붙은 메소드로 전달된다. 메소드의 @SendTo("/topic/echo")는 스프링에 문자열 결과를 토픽에 넣도록 지시한다.

메시지 브로커를 구성하고 메시지를 수신할 엔드포인트를 추가하자. 이를 위해, EchoApplication에 @EnableWebSocketMessageBroker를 추가하고 WebSocketMessageBrokerConfigurer를 구현하자.

```
package com.apress.springbootrecipes.echo;

import org.springframework.boot.SpringApplication;
import org.springframework.boot.autoconfigure.SpringBootApplication;
import org.springframework.messaging.simp.config.MessageBrokerRegistry;
import org.springframework.web.socket.config.annotation.
EnableWebSocketMessageBroker;
import org.springframework.web.socket.config.annotation.StompEndpointRegistry;
import org.springframework.web.socket.config.annotation.WebSocketMessageBrokerCon
figurer;

@SpringBootApplication
```

```
@EnableWebSocketMessageBroker
public class EchoApplication implements WebSocketMessageBrokerConfigurer {

    @Override
    public void configureMessageBroker(MessageBrokerRegistry registry) {
        registry.enableSimpleBroker("/topic");
        registry.setApplicationDestinationPrefixes("/app");
    }

    @Override
    public void registerStompEndpoints(StompEndpointRegistry registry) {
        registry.addEndpoint("/echo-endpoint");
    }

    public static void main(String[] args) {
        SpringApplication.run(EchoApplication.class, args);
    }
}
```

@EnableWebSocketMessageBroker는 웹 소켓을 통해 메시징을 사용할 수 있도록 한다. 브로커는 configureMessageBroker 메소드로 구성된다. 여기서는 간단한 메시지 브로커를 사용한다. 실제 브로커인 엔터프라이즈 브로커에 접속하기 위해 registry.enableStomp BrokerRelay를 사용한다.

브로커나 애플리케이션에 처리될 메시지를 구분하는 접두어가 여러 개 있다(그림 4-6). /topic으로 시작하는 목적지는 브로커로 전달되고, /app로 시작하는 목적지는 메시지 핸들러(예를 들어, @MessageMapping 애노테이션이 붙은 메소드)로 전달된다.

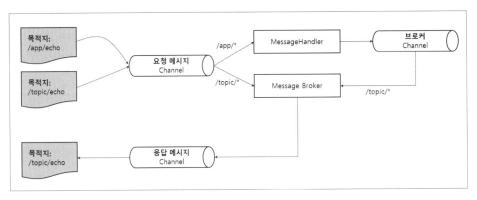

▲ 그림 4-6 웹 소켓 STOMP 채널과 라우팅

마지막 부분은 /echo 엔드포인트로 매핑돼 들어오는 STOMP 메시지를 수신하는 웹 소켓 엔드포인트 등록이다.

일반 웹 소켓 대신 STOMP를 사용하도록 클라이언트를 수정하자. HTML은 그대로 남겨둔다. 브라우저에서 STOMP가 동작하게 하는 라이브러리가 추가로 필요하다. 이번 4장에서는 webstomp-client[2]를 사용하지만 사용할 수 있는 다른 라이브러리도 있다.

```html
<head>
    <link type="text/css" rel="stylesheet" href="https://cdnjs.cloudflare.com/
    ajax/libs/semantic-ui/2.2.10/semantic.min.css" />

    <script type="text/javascript" src="webstomp.js"></script>
    <script type="text/javascript" src="app.js"></script>
</head>
```

app.js에는 큰 변화가 있다.

```javascript
var ws = null;
var url = "ws://localhost:8080/echo";

function setConnected(connected) {
```

---

2   https://github.com/JSteunou/webstomp-client

```
        document.getElementById('connect').disabled = connected;
        document.getElementById('disconnect').disabled = !connected;
        document.getElementById('echo').disabled = !connected;
}

function connect() {
    ws = webstomp.client(url, {protocols: ['v11.stomp', 'v12.stomp']});
    ws.connect({}, function(frame) {
        setConnected(true);
        log(frame);
        ws.subscribe('/topic/echo', function(message){
            log(message.body);
        })
    });
}

function disconnect() {
    if (ws != null) {
        ws.disconnect();
        ws = null;
    }
    setConnected(false);
}

function echo() {
    if (ws != null) {
        var message = document.getElementById('message').value;
        log('Sent: ' + message);
        ws.send("/app/echo", message);
    } else {
        alert('connection not established, please connect.');
    }
}

function log(message) {
    var console = document.getElementById('logging');
    var p = document.createElement('p');
    p.appendChild(document.createTextNode(message));
```

```
        console.appendChild(p);
    while (console.childNodes.length > 12) {
        console.removeChild(console.firstChild);
    }
    console.scrollTop = console.scrollHeight;
}
```

connect 메소드는 webstomp.client를 이용해 브로커에 접속할 STOMP 클라이언트를
만드는 데 사용한다. 접속되면 클라이언트는 /topic/echo를 구독하고 topic에 주입된
메시지를 수신한다. echo 메소드는 클라이언트의 send 메소드를 사용해 /app/echo 목적
지로 메시지를 전달하도록 수정했다. 애플리케이션이 시작하고 클라이언트가 열리면 메
시지를 수신받고 전송할 수 있으나 STOMP를 하위 프로토콜로 사용하게 된다. 다수의
브라우저에서 접속하더라도, 각각의 브라우저에서 /topic/echo 목적지에서의 메시지를
볼 수 있다.

@MessageMapping 애노테이션이 붙은 메소드를 작성할 때, 메시지에 대한 다양한 정보를
수신받기 위해 메소드의 인수와 애노테이션을 사용할 수 있다(표 4-4). 기본적으로 하나
의 인수는 메시지의 페이로드에 매핑된다. 원하는 유형으로 메시지 페이로드를 변환하는
데 MessageConverter가 사용된다.

▼ 표 4-4 지원되는 메소드 인수 및 애노테이션

유형	설명
Message	헤더와 바디를 포함한 실제 기본 메시지
@Payload	메시지의 페이로드(기본값). 인수는 검증을 위해 @Validated 애노테이션을 추가할 수 있다.
@Header	메시지에 주어진 헤더 가져오기
@Headers	메시지의 모든 헤더를 맵 인수로 가져온다.
MessageHeaders	모든 메시지 헤더
Principal	설정된 경우 현재 사용자

핸들러 단위 테스트

핸들러를 위한 단위 테스트를 작성하는 것은 상대적으로 단순하다. 메소드는 문자를 입력받고 결과 문자를 예상한다. 테스트를 위해, 메소드를 호출하고 반환되는 값을 간단하게 검증한다.

```java
package com.apress.springbootrecipes.echo;

import org.junit.Test;

import static org.assertj.core.api.Assertions.assertThat;

public class EchoHandlerTest {

    private final EchoHandler handler = new EchoHandler();

    @Test
    public void shouldEchoMessage() throws Exception {

        var msg = "Hello World!";
        assertThat(handler.echo(msg)).isEqualTo("RECEIVED: " + msg);
    }
}
```

STOMP 통합 테스트

통합 테스트를 하려면, 아마 랜덤 포트로 애플리케이션을 시작하고 STOMP 클라이언트를 구성한 뒤 메시지를 전송해야 한다. 테스트의 마지막 부분은(송신 및 수신) 비동기이며, 테스트하기 조금 어렵게 만든다. 첫 번째로 애플리케이션을 랜덤 포트로 시작하고 테스트 클래스에 랜덤 포트를 가져오자.

```java
@RunWith(SpringRunner.class)
@SpringBootTest(webEnvironment = SpringBootTest.WebEnvironment.RANDOM_PORT)
public class EchoHandlerIntegrationTest {

    @LocalServerPort
```

```
    private int port;
}
```

@RunWith는 JUnit에게 테스트 실행기로 SpringRunner를 사용하도록 지시한다. @Spring
BootTest는 애플리케이션을 시작하고 WebEnvironment.RANDOM_PORT를 통해 랜덤 포트
로 시작한다. @LocalServerPort 애노테이션이 있는 정수 변수는 실제 포트를 가져올 수
있게 한다.

다음으로, 스프링 클라이언트 라이브러리에서 WebSocketStompClient를 사용해서 서버
에 접속하고 주제를 구독한다. 주제에서 메시지를 수신받기 위해 StompSessionHandler
Adapter를 확장한 클래스를 작성하고, getPayloadType과 handleFrame 메소드를 재정의
한다. 재사용하지 않을 이 클래스는 EchoHandlerIntegrationTest 클래스 내부에 정적
중첩 클래스가 된다.

```
private static class TestStompFrameHandler extends StompSessionHandlerAdapter {

    private final CompletableFuture<String> answer;

    private TestStompFrameHandler(CompletableFuture<String> answer) {
        this.answer = answer;
    }

    @Override
    public Type getPayloadType(StompHeaders headers) {
        return byte[].class;
    }

    @Override
    public void handleFrame(StompHeaders headers, Object payload) {
        answer.complete(new String((byte[]) payload));
    }
}
```

웹 소켓의 비동기 부분 때문에 응답을 수신받을 때까지 대기해야 한다. 결과를 전송하기 위해 CompletableFuture를 사용하고 검증할 때 응답을 수신받을 때까지(또는 시간 초과) 대기하려고 get 메소드를 사용한다.

테스트 케이스를 위해 STOMP 클라이언트를 생성하고 STOMP 브로커에 접속해, 메시지 수신을 위한 /topic/echo를 구독하고 마지막으로 메시지를 전달해 결과를 확인한다.

```
@RunWith(SpringRunner.class)
@SpringBootTest(webEnvironment = SpringBootTest.WebEnvironment.RANDOM_PORT)
public class EchoHandlerIntegrationTest {

    @LocalServerPort
    private int port;

    private WebSocketStompClient stompClient;

    private List<StompSession> sessions = new ArrayList<>();

    @Before
    public void setup() {
        var webSocketClient = new StandardWebSocketClient();
        stompClient = new WebSocketStompClient(webSocketClient);
    }

    @After
    public void cleanUp() {
        this.sessions.forEach(StompSession::disconnect);
        this.sessions.clear();
    }

    @Test
    public void shouldSendAndReceiveMessage() throws Exception {
        CompletableFuture<String> answer = new CompletableFuture<>();
        var stompSession = connectAndSubscribe(answer);

        stompSession.send("/app/echo", "Hello World!".getBytes());
```

```
        var result = answer.get(1, TimeUnit.SECONDS);
        assertThat(result).isEqualTo("RECEIVED: Hello World!");
    }

    private StompSession connectAndSubscribe(CompletableFuture<String> answer)
            throws InterruptedException, ExecutionException, TimeoutException {
        var uri = "ws://localhost:" + port + "/echo-endpoint";
        var stompSession = stompClient.connect(uri,
          new StompSessionHandlerAdapter() {}).get(1, TimeUnit.SECONDS);
        stompSession.subscribe("/topic/echo", new TestStompFrameHandler(answer));
        this.sessions.add(stompSession);
        return stompSession;
    }
    ...
}
```

@Before에서 WebSocketStompClient가 생성되고 전송 시 StandardWebSocketClient를
사용한다. @After 메소드에서는 브로커에 접속된 세션을 정리한다(종료 시점에 남기지 않기
위해). connectAndSubscribe 메소드는 WebSocketStompClient로 브로커에 접속하고 접
속될 때까지 1초를 대기하도록 설정돼 있다. StompSession은 이전에 생성된 TestStomp
FrameHandler에 CompletableFuture 인수를 추가해 구독할 때 사용한다. 헬퍼 메소드 없
이 할 수 있지만, 일반적으로 통합 테스트에서는 코드의 일부를 재사용할 수 있게 만들려
면 필요하다. 마지막으로 실제 테스트를 진행한다. 먼저 접속해서 구독하고, Hello
World!를 서버에 전송한 뒤 1초(또는 이내) 후 응답을 예상한다. 그리고 결괏값을 예상된
결과와 비교한다.

## 5장

스프링 웹플럭스

5-1 스프링 웹플럭스로 반응형 애플리케이션 개발하기

문제점

이 프레임워크의 기본 개념과 구성을 배우기 위해 스프링 웹플럭스에서 간단한 반응형 웹 애플리케이션을 개발하려고 한다.

해결 방법

스프링 웹플럭스의 가장 하위 구성 요소는 HttpHandler로, 단일 핸들러 메소드가 있는 인터페이스다.

```
public interface HttpHandler {
    Mono handle(ServerHttpRequest request, ServerHttpResponse response);
}
```

handle 메소드는 Mono<Void>를 반환하는데, 이는 void를 반환하는 반응적인 방법이다. org.springframework.http.server.reactive 패키지에서 ServerHttpRequest와 ServerHttpResonse를 모두 가지고 온다. 이것도 인터페이스이며 실행에 사용되는 컨테이너에 따라 인터페이스 인스턴스가 생성된다. 이를 위해 컨테이너용 어댑터 또는 브리지가 여러 개 있다. 서블릿 3.1 컨테이너(논블로킹 IO 지원)에서 실행될 때 Servlet HttpHandlerAdapter(또는 서브 클래스 중 하나)는 일반 서블릿 세계에서 반응형 세계로 적용하기 위해 사용된다. 네티^Netty 같은 기본 반응형 엔진에서 실행될 때는 Reactor HttpHandlerAdapter가 사용된다.

웹 요청이 스프링 웹플럭스 애플리케이션으로 들어오면, HandlerAdapter가 먼저 요청을 받는다. 그 후 요청을 처리하는 데 필요한 스프링의 애플리케이션 컨텍스트에 설정된 각 구성 요소를 구성한다.

스프링 웹플럭스에서 컨트롤러 클래스를 정의하려면, 클래스는 @Controller 또는 @RestController 애노테이션이 붙어 있어야 한다(스프링 MVC와 마찬가지임, 3장 참고).

@Controller 애노테이션이 있는 클래스(즉, 컨트롤러 클래스)가 요청을 받으면 요청을 처리할 적절한 핸들러 메소드를 찾는다. 이를 위해서는 컨트롤러 클래스가 각 요청을 하나 이상의 핸들러 메소드에 매핑해야 한다. 따라서 컨트롤러 클래스의 메소드는 @RequestMapping 애노테이션을 사용해 핸들러 메소드임을 명시한다.

표준 클래스에서 기대할 수 있는 것처럼 핸들러 메소드의 설정은 자유롭다. 핸들러 메소드에 임의의 이름을 지정하고 다양한 메소드 인수를 정의할 수 있다. 마찬가지로 핸들러 메소드는 수행하는 애플리케이션 로직에 따라 일련의 값(예: String 또는 void)을 반환할 수 있다. 다음은 유효한 인수 유형의 일부 목록이며 아이디어만을 제공한다.

1. ServerHttpRequest 또는 ServerHttpResponse
2. @RequestParam 애노테이션이 붙은 임의 유형의 URL에서의 요청 매개변수
3. @CookieValue 애노테이션이 붙은 요청에 포함된 쿠키 값

4. @RequestHeader 애노테이션이 붙은 임의 유형의 요청 헤더

5. @RequestAttribute 애노테이션이 붙은 임의 유형의 요청 속성

6. 모델에 속성을 추가하는 핸들러 메소드의 Map 또는 ModelMap

7. 세션을 위한 WebSession

컨트롤러 클래스가 적절한 핸들러 메소드를 선택하면 요청과 함께 핸들러 메소드의 로직을 호출한다. 일반적으로 컨트롤러의 로직은 백엔드 서비스를 호출해 요청을 처리한다. 또한, 핸들러 메소드의 로직은 진행 중인 흐름의 일부를 형성할 많은 입력 인수(예: ServerHttpRequest, Map 또는 Errors)에 정보를 추가하거나 제거할 수 있다.

핸들러 메소드가 요청을 모두 처리한 후, 핸들러 메소드의 반환값으로 표시되는 뷰에게 컨트롤을 위임한다. 유연한 접근 방식을 제공하기 위해 핸들러 메소드의 반환값은 뷰의 구현체(예: user.html 또는 report.pdf)가 아니라 확장자가 빠진 논리적인 뷰(예: user 또는 report)다.

핸들러 메소드의 반환 값은 String (논리적 뷰 이름을 표시하는)이나 void가 될 수 있다. 이 경우 기본 논리적인 뷰 이름은 핸들러 메소드 또는 컨트롤러 이름을 기반으로 결정된다.

컨트롤러에서 뷰로 정보를 전달하기 위해서 핸들러 메소드 입력 인자가 뷰에서 사용 가능하므로, String 또는 void로 핸들러 메소드의 논리적인 뷰 이름을 반환하는 것은 중요하지 않다.

예를 들어, 핸들러 메소드가 Map 및 Model 객체를 입력 매개변수로 사용해 핸들러 메소드의 로직 내에서 내용을 수정하는 경우 핸들러 메소드에서 반환된 뷰에서도 동일한 객체에 접근 가능하다.

컨트롤러 클래스가 뷰를 수신하면 뷰 리졸버를 통해 논리적인 뷰 이름을 특정한 뷰 구현체(예: user.html 또는 report.fmt)로 해석한다. 뷰 리졸버는 ViewResolver 인터페이스를 구현한 웹 애플리케이션 컨텍스트에 구성된 빈이다. 이는 논리적인 뷰 이름에 대한 특정 뷰 구현체를 반환하도록 책임진다.

컨트롤러 클래스가 뷰 이름으로 뷰 구현체를 해결하면 뷰 구현체의 디자인에 따라 컨트롤러의 핸들러 메소드에서 전달된 객체(예: ServerHttpRequest, Map, Errors 또는 WebSession)를 렌더링한다. 뷰의 책임은 핸들러 메소드의 로직에 추가된 객체를 사용자에게 보여주는 것이다.

예제 구현

예제 4-1의 HelloWorldApplication의 반응형 버전을 작성해보자.

```
package com.apress.springbootrecipes.helloworld;

import org.springframework.web.bind.annotation.GetMapping;
import org.springframework.web.bind.annotation.RestController;
import reactor.core.publisher.Mono;

@RestController
public class HelloWorldController {

    @GetMapping
    public Mono<String> hello() {
        return Mono.just("Hello World, from Spring Boot 2!");
    }
}
```

Mono<String>은 일반 String을 대신하는 hello 메소드 반환 형식이다. Mono 객체가 반응형으로 만들어준다.

스프링 웹플럭스 애플리케이션 설정

반응형으로 요청을 처리하려면 웹플럭스가 가능해야 한다. 이는 spring-boot-starter-webflux에 의존성을 추가하면 된다.

```
<dependency>
    <groupId>org.springframework.boot</groupId>
```

```
    <artifactId>spring-boot-starter-webflux</artifactId>
</dependency>
```

위 설정은 spring-webflux와 프로젝트 Reactor(http://www.projectreactor.io) 의존성 같은 필요한 의존성을 가져온다. 또한 반응형 실행의 기본 모듈인 네티가 포함돼 있다.

이제 모든 구성이 완료됐으므로, 마지막으로 해야 할 일은 애플리케이션 클래스를 만드는 것이다.

```
package com.apress.springbootrecipes.library;

import org.springframework.boot.SpringApplication;
import org.springframework.boot.autoconfigure.SpringBootApplication;

@SpringBootApplication
public class HelloWorldApplication {

    public static void main(String[] args) {
        SpringApplication.run(HelloWorldApplication.class, args);
    }
}
```

스프링 부트는 반응형 실행을 감지하고 server.*properties을 사용해 구성한다(예제 3-7 참고).

스프링 웹플럭스 컨트롤러 생성

애노테이션 기반 컨트롤러 클래스는 특정 인터페이스를 구현하지 않거나 특정 기본 클래스를 확장하는 임의의 클래스가 될 수 있다. @Controller 또는 @RestController 애노테이션을 붙여 사용한다. 하나 또는 그 이상의 조치를 처리하기 위해 컨트롤러에 정의된 하나 이상의 핸들러 메소드가 있을 수 있다. 핸들러 메소드는 다양한 인수를 허용할 만큼 충분히 유연하다.

```
package com.apress.springbootrecipes.helloworld;

import org.springframework.web.bind.annotation.GetMapping;
import org.springframework.web.bind.annotation.RestController;
import reactor.core.publisher.Mono;

@RestController
public class HelloWorldController {

    @GetMapping("/hello")
    public Mono<String> hello() {
        return Mono.just("Hello World, from Reactive Spring Boot 2!");
    }
}
```

@GetMapping 애노테이션은 hello 메소드를 컨트롤러의 HTTP GET 핸들러 메소드로 만드는 데 사용된다. 기본 HTTP GET 메소드가 선언되지 않으면 ServletException이 발생하므로 컨트롤러는 반드시 최소한 하나의 URL 경로와 하나의 핸들러 메소드를 갖고 있어야 한다. 메소드는 @GetMapping의 표현식으로 인해 /hello에 바인딩된다.

/hello에 대한 요청이 있다면 클라이언트가 이것을 알아채지 못하더라도 반응적으로 Hello World, from Reactive Spring Boot 2!를 반환한다. 클라이언트의 경우 여전히 일반 HTTP 요청이다.

반응형 컨트롤러의 단위 테스트

반응형 컨트롤러를 테스트하는 방법에는 두 가지가 있다. 첫 번째 방법은 HelloWorldController 인스턴스를 생성하고 메소드를 호출한 다음 결과에 대한 기대값을 테스트하는 것이다. 두 번째 방법은 @WebFluxTest 애노테이션을 사용해 테스트를 만드는 것이다. 후자는 웹 인프라가 포함된 최소한의 애플리케이션 컨텍스트를 시작하고, MockMvc를 사용해 컨트롤러를 테스트할 수 있다. 이 접근 방식은 일반적인 단위 테스트와 완전한 통합 테스트의 사이에 있다.

```
package com.apress.springbootrecipes.helloworld;

import org.junit.Test;
import reactor.core.publisher.Mono;
import reactor.test.StepVerifier;

public class HelloWorldControllerTest {

    private final HelloWorldController controller = new HelloWorldController();

    @Test
    public void shouldSayHello() {
        Mono<String> result = controller.hello();

        StepVerifier.create(result)
            .expectNext("Hello World, from Reactive Spring Boot 2!")
            .verifyComplete();
    }
}
```

위 코드는 첫 번째 방법인 기본 단위 테스트다. 컨트롤러를 인스턴스화하고 간단히 테스트할 메소드를 호출한다. 테스트를 쉽게 하기 위해 반응형 테스트 모듈 StepVerifier를 사용한다. hello 메소드가 호출되고 결과는 StepVerifier를 사용해 검증된다.

반응형 테스트 모듈 의존성을 추가하려면 다음 의존성을 추가한다.

```
<dependency>
    <groupId>io.projectreactor</groupId>
    <artifactId>reactor-test</artifactId>
    <scope>test</scope>
</dependency>
```

두 번째 방법은 특정 컨트롤러에 @WebFluxTest를 사용하는 것이다.

```
@RunWith(SpringRunner.class)
@WebFluxTest(HelloWorldController.class)
public class HelloWorldControllerSliceTest {
```

```
    @Autowired
    private WebTestClient webClient;

    @Test
    public void shouldSayHello() {
        webClient.get().uri("/hello").accept(MediaType.TEXT_PLAIN)
            .exchange()
                .expectStatus().isOk()
                .expectBody(String.class)
                    .isEqualTo("Hello World, from Reactive Spring Boot 2!");
    }
}
```

이 테스트는 최소한의 스프링 부트 컨텍스트를 시작하고 @ControllerAdvice, @Controller 등의 프로젝트 내 모든 웹 관련 빈을 자동으로 찾는다. 이제 HelloWorldController를 직접 호출하는 대신, 특정 WebTestClient를 사용해 요청을 선언할 수 있다. .get().uri("/hello") 요청을 선언하고 exchange()를 사용해 논블로킹으로 보낸다. 마지막으로, 투입과 기댓값이 확인된다. 요청은 OK 상태를 기대하고, 지정된 본문이 포함돼야 한다.

반응형 컨트롤러의 통합 테스트

통합 테스트는 이전 예제인 @WebFluxTest 예제와 매우 비슷하다. 가장 큰 차이점은 @WebFluxTest 대신 @SpringBootTest를 사용하는 것이다. @SpringBootTest를 사용하면 다른 모든 빈(서비스, 리포지토리 등)을 포함한 전체 애플리케이션 테스트가 가능해진다. webEnvironment로 원하는 환경을 만들 수 있다. 값은 RANDOM_PORT, MOCK(기본값), DEFINED_PORT, NONE이다. 예제에서는 임의의 포트를 사용하고 요청을 시작하기 위해 다시 WebTestClient를 사용한다.

```
@RunWith(SpringRunner.class)
@SpringBootTest(webEnvironment = SpringBootTest.WebEnvironment.RANDOM_PORT)
public class HelloWorldControllerIntegrationTest {
```

```
    @Autowired
    private WebTestClient webClient;

    @Test
    public void shouldSayHello() {
        webClient.get().uri("/hello").accept(MediaType.TEXT_PLAIN)
            .exchange()
                .expectStatus().isOk()
                .expectBody(String.class)
                    .isEqualTo("Hello World, from Reactive Spring Boot 2!");
    }
}
```

요청이 내장된 서버로 전송되면, 그 후 결과가 올바른지와 본문 내용을 확인한다.

참고 webEnvironment로 MOCK(기본값)을 사용할 때, 테스트를 위해 WebTestClient를 가져오려면
@AutoConfigureWebTestClient 애노테이션을 추가해야 한다.

5-2 반응형 REST 서비스의 배포와 사용하기

문제점

JSON을 만드는 반응형 REST 엔드포인트를 만들려고 한다.

해결 방법

일반 @RestController와 마찬가지로, 일반 객체 또는 리스트 객체를 반환할 수 있으며
그 객체는 클라이언트에 전송된다. 반응형으로 만들려면, 응답 값을 Mono 또는 Flux로 래
핑해야 한다.

예제 구현

반응형으로 `OrderService`를 작성하여 시작해보자. 각 메소드는 `Mono<Order>` 또는 `Flux<Order>` 중 하나를 반환한다.

```java
package com.apress.springbootrecipes.order;

@Service
public class OrderService {

    private final Map<String, Order> orders = new ConcurrentHashMap<>(10);

    @PostConstruct
    public void init() {
        OrderGenerator generator = new OrderGenerator();
        for (int i = 0; i < 25; i++ ) {
            var order = generator.generate();
            orders.put(order.getId(), order);
        }
    }

    public Mono<Order> findById(String id) {
        return Mono.justOrEmpty(orders.get(id));
    }

    public Mono<Order> save(Mono<Order> order) {
        return order.map(this::save);
    }

    private Order save(Order order) {
        orders.put(order.getId(), order);
        return order;
    }

    public Flux<Order> orders() {
        return Flux.fromIterable(orders.values()).delayElements(Duration.
          ofMillis(128));
    }
}
```

OrderService는 시작 시 25개의 임의 주문을 만든다. 주문을 얻거나 저장하는 간단한 메소드가 있다. 모든 주문을 검색할 때, 128밀리초 동안 지연된다. 다음으로, 기본 Order 클래스와 OrderGenerator를 만든다.

```
package com.apress.springbootrecipes.order;
// 임포트 코드 생략
public class Order {

    private String id;
    private BigDecimal amount;

    public Order() {
    }

    public Order(String id, BigDecimal amount) {
        this.id=id;
        this.amount = amount;
    }

    public String getId() {
        return id;
    }

    public void setId(String id) {
        this.id = id;
    }

    public BigDecimal getAmount() {
        return amount;
    }

    public void setAmount(BigDecimal amount) {
        this.amount = amount;
    }

    @Override
    public String toString() {
```

```
        return String.format("Order [id='%s', amount=%4.2f]", id, amount);
    }

    @Override
    public boolean equals(Object o) {
        if (this == o) return true;
        if (o == null || getClass() != o.getClass()) return false;
        Order order = (Order) o;
        return Objects.equals(id, order.id) &&
                Objects.equals(amount, order.amount);
    }

    @Override
    public int hashCode() {
        return Objects.hash(id, amount);
    }
}
```

전체 Order 클래스다. id와 총금액 정보만 있다. OrderGenerator는 Order 인스턴스를 작성하는 간단한 컴포넌트다.

```
package com.apress.springbootrecipes.order;

import java.math.BigDecimal;
import java.util.UUID;
import java.util.concurrent.ThreadLocalRandom;

public class OrderGenerator {

    public Order generate() {
        var amount = ThreadLocalRandom.current().nextDouble(1000.00);
        return new Order(UUID.randomUUID().toString(),
            BigDecimal.valueOf(amount));
    }
}
```

Order 클래스를 REST 리소스로 노출하려면, OrderController가 필요하다.

```java
package com.apress.springbootrecipes.order.web;

import com.apress.springbootrecipes.order.Order;
import com.apress.springbootrecipes.order.OrderService;
import org.springframework.web.bind.annotation.*;
import reactor.core.publisher.Flux;
import reactor.core.publisher.Mono;

@RestController
@RequestMapping("/orders")
public class OrderController {

    private final OrderService orderService;

    OrderController(OrderService orderService) {
        this.orderService = orderService;
    }

    @PostMapping
    public Mono<Order> store(@RequestBody Mono<Order> order) {
        return orderService.save(order);
    }

    @GetMapping("/{id}")
    public Mono<Order> find(@PathVariable("id") String id) {
        return orderService.findById(id);
    }

    @GetMapping
    public Flux<Order> list() {
        return orderService.orders();
    }
}
```

OrderController는 /orders에 매핑되며 모든 주문 리스트 또는 하나의 주문을 나열하고 주문을 추가/수정할 수 있다. 모든 기능을 구동하려면 간단한 OrderApplication이 필요하다.

```
package com.apress.springbootrecipes.order;

import org.springframework.boot.SpringApplication;
import org.springframework.boot.autoconfigure.SpringBootApplication;

@SpringBootApplication
public class OrderApplication {
    public static void main(String[] args) {
        SpringApplication.run(OrderApplication.class, args);
    }
}
```

cUrl 또는 httpie 같은 도구를 사용해 엔드포인트를 조회할 수 있다. http http://localhost:8080/orders --stream은 시스템의 모든 주문 목록을 나열(그림 5-1)하고, http http://localhost:8080/orders/{some-id}는 하나만 나열한다.

▲ 그림 5-1 모든 주문 조회 결과

JSON 스트리밍

/orders의 호출 결과는 스트리밍이 아니고 블로킹 형태다. 먼저 모든 결과를 보내기 전에 결과를 수집한다. 그림 5-1의 Content-Type 헤더도 참조하자. application/json으로 설정돼 있다. 결과를 스트리밍하려면 application/stream+json 형태여야 한다. 이를 위해 컨트롤러의 list 메소드를 수정한다.

```
@GetMapping(produces = MediaType.APPLICATION_STREAM_JSON_VALUE)
public Flux<Order> list() {
    return orderService.orders();
}
```

produce = MediaType.APPLICATION_STREAM_JSON_VALUE를 확인해보면, 일부 결과가 준비됐을 때 스프링에 결과를 스트리밍하도록 지시한다. 애플리케이션을 다시 시작하고 http http://localhost:8080/orders --stream을 다시 실행해보면, 결과는 더 출력할 것이 없을 때까지 부드럽게 스트리밍될 것이다(그림 5-2).

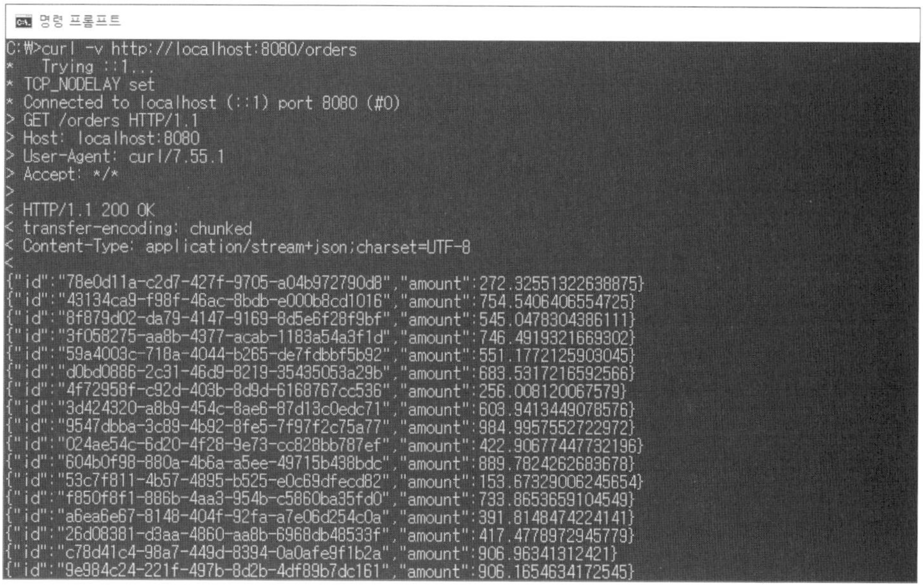

▲ 그림 5-2 모든 주문 스트리밍 결과

결과가 약간 변경되었다. 주문을 배열로 반환하는 대신(그림 5-1), 단일 주문을 반환한다 (그림 5-2).

서버에서 이벤트 보내기

JSON 스트림을 사용하는 대신 서버에서 이벤트를 보내게 할 수 있다. 웹플럭스를 사용하면 @GetMapping의 produces를 MediaType.TEXT_EVENT_STREAM_VALUE로 변경한다. 그러면 이벤트가 작성된다.

```
@GetMapping(produces = MediaType.TEXT_EVENT_STREAM_VALUE)
public Flux<Order> list() {
    return orderService.orders();
}
```

애플리케이션을 다시 시작하고 http http://localhost:8080/orders --stream을 다시 실행하면, 결과는 더 결과가 없을 때까지 부드럽게 스트리밍된다(그림 5-3). Content-Type이 text/event-stream으로 변경됐다.

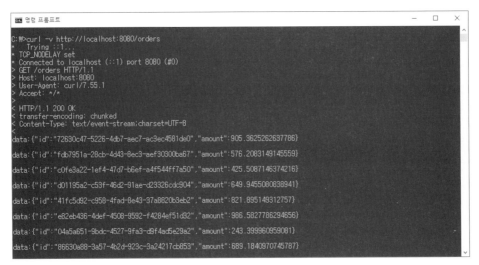

▲ 그림 5-3 모든 주문의 이벤트로 스트리밍 결과

통합 테스트 작성

OrderController의 통합 테스트는 WebTestClient와 목 웹 환경을 사용해 매우 쉽게 작성할 수 있다(MOCK 대신 RANDOM_PORT를 사용).

```
package com.apress.springbootrecipes.order.web;

import com.apress.springbootrecipes.order.Order;
import org.junit.Test;
import org.junit.runner.RunWith;
import org.springframework.beans.factory.annotation.Autowired;
import org.springframework.boot.test.autoconfigure.web.reactive.
AutoConfigureWebTestClient;
import org.springframework.boot.test.context.SpringBootTest;
import org.springframework.test.annotation.DirtiesContext;
import org.springframework.test.context.junit4.SpringRunner;
import org.springframework.test.web.reactive.server.WebTestClient;

import java.math.BigDecimal;

@RunWith(SpringRunner.class)
@SpringBootTest(webEnvironment = SpringBootTest.WebEnvironment.MOCK)
@AutoConfigureWebTestClient
@DirtiesContext(classMode = DirtiesContext.ClassMode.AFTER_EACH_TEST_METHOD)
public class OrderControllerIntegrationTest {

    @Autowired
    private WebTestClient webTestClient;

    @Test
    public void listOrders() {

        webTestClient.get().uri("/orders")
            .exchange()
                .expectStatus().isOk()
                .expectBodyList(Order.class).hasSize(25);
    }
```

```
@Test
public void addAndGetOrder() {
    var order = new Order("test1", BigDecimal.valueOf(1234.56));
    webTestClient.post().uri("/orders").syncBody(order)
        .exchange()
            .expectStatus().isOk()
            .expectBody(Order.class).isEqualTo(order);

    webTestClient.get().uri("/orders/{id}", order.getId())
        .exchange()
        .expectStatus().isOk()
        .expectBody(Order.class).isEqualTo(order);
    }
}
```

OrderService는 상태유지 빈이므로 @DirtiesContext가 필요하다. 그래서 컬렉션에 Order를 추가한 후, 다음 테스트를 위해 재설정해야 한다. 테스트는 모의 환경의 @SpringBootTest로 인해 전체 애플리케이션을 시작한다. @AutoConfigureWebTest Client는 목 환경에서 WebTestClient를 가져오기 위해 필요하다. WebTestClient를 사용하면 요청을 쉽게 작성해 서버로 보낼 수 있다. 응답을 보낸 후에 결과에 대한 기댓값도 확인할 수 있다.

5-3 템플릿 엔진으로 타임리프 사용하기

문제점

웹플럭스 기반 애플리케이션에서 뷰를 렌더링하려고 한다.

해결 방법

타임리프를 사용해 뷰를 생성하고 반응형으로 뷰 이름을 반환하고 모델을 채운다.

예제 구현

spring-boot-starter-webflux 및 spring-boot-starterthymeleaf 의존성을 추가하면, 스프링 부트가 웹플럭스 애플리케이션에서 사용하는 타임리프를 자동으로 구성해준다.

```xml
<dependency>
    <groupId>org.springframework.boot</groupId>
    <artifactId>spring-boot-starter-webflux</artifactId>
</dependency>
<dependency>
    <groupId>org.springframework.boot</groupId>
    <artifactId>spring-boot-starter-thymeleaf</artifactId>
</dependency>
```

의존성을 추가하면 Thymeleaf 라이브러리뿐만 아니라 Thymeleaf Spring Dialect도 추가돼 잘 통합된다. 이 두 라이브러리가 있기 때문에 스프링 부트는 ThymeleafReactive ViewResolver를 자동으로 구성할 수 있다.

ThymeleafReactiveViewResolver가 뷰를 분석하고 렌더링하려면 ThymeleafISpringWeb FluxTemplateEngine이 필요하다. 이 특별한 SpringWebFluxTemplateEngine은 SpringDialect로 사전 구성돼 타임리프 페이지에서 SpEL을 사용할 수 있다.

타임리프를 설정하기 위해 스프링 부트는 spring.thymeleaf와 spring.thymeleaf. reactive 네임스페이스(표 5-1)에 속성을 몇 가지 노출한다.

▼ 표 5-1 일반 타임리프 속성

속성	설명
spring.thymeleaf.prefix	ViewResolver를 사용하기 위한 접두사. 기본값은 classpath :/templates/이다.
spring.thymeleaf.suffix	ViewResolver를 사용하기 위한 접미사. 기본값은 .html이다.
spring.thymeleaf.encoding	template의 인코딩. 기본값은 UTF-8이다.
spring.thymeleaf.check-template	렌더링되기 전에 템플릿이 존재하는지 확인. 기본값은 true 이다.
spring.thymeleaf.check-template-location	템플릿 위치가 존재하는지 확인. 기본값은 true이다.
spring.thymeleaf.mode	타임리프를 사용하기 위한 TeamplateMode. 기본값은 HTML 이다.
spring.thymeleaf.cache	템플릿을 캐시할 것인지 아닌지 설정. 기본값은 true이다.
spring.thymeleaf.template-resolver-order	ViewResolver의 순서. 기본값은 1이다.
spring.thymeleaf.view-names	ViewResolver로 해결할 수 있는 뷰 이름. 쉼표로 구분한다.
spring.thymeleaf.exclude-view-names	제외시켜야 할 뷰 이름. 쉼표로 구분한다.
spring.thymeleaf.enabled	타임리프 동작 유무. 기본값은 true이다.
spring.thymeleaf.enable-spring-el-compiler	SpEL 표현법의 컴파일 사용 여부. 기본값은 false이다.
spring.thymeleaf.reactive.max-chunk-size	응답을 쓰는 데 사용할 데이터 버퍼의 최대 크기. 기본값은 0 이다.
spring.thymeleaf.reactive.media-types	text/html과 같은 뷰 기술에 의해 지원되는 미디어 유형이다.
spring.thymeleaf.reactive.full-mode-view-names	FULL 모드에서 동작해야 하는 쉼표로 구분된 목록의 뷰 이름. 기본값은 없고 FULL 모드는 기본적으로 차단 모드를 의미한다.
spring.thymeleaf.reactive.chunked-mode-view-names	chunked 모드에서 동작해야 하는 쉼표로 구분된 목록의 뷰 이름이다.

타임리프 뷰 사용

먼저 src/main/resources/templates 폴더에 index.html을 만든다.

```html
<!DOCTYPE html>
<html xmlns:th="http://www.thymeleaf.org">
<head>
    <meta charset="UTF-8">
    <title>Spring Boot - Orders</title>
</head>
<body>

<h1>Order Management System</h1>

<a th:href="@{/orders}" href="#">List of orders</a>

</body>
</html>
```

이 페이지는 /orders를 가리키는 단일 링크가 있는 간단한 페이지를 렌더링한다. 이 URL은 th:href 태그를 사용해 렌더링된다. 이 태그는 적절한 URL로 /orders를 확장한다. 그런 다음 렌더링할 페이지를 선택할 컨트롤러를 작성한다.

```java
package com.apress.springbootrecipes.order.web

@Controller
class IndexController {

    @GetMapping
    public String index() {
        return "index";
    }
}
```

orders/list를 뷰의 이름으로 반환하고 Flux<Order>를 모델에 추가하는 Order Controller를 작성한다.

```
package com.apress.springbootrecipes.order.web

@Controller
@RequestMapping("/orders")
class OrderController {

    private final OrderService orderService;

    OrderController(OrderService orderService) {
        this.orderService = orderService;
    }

    @GetMapping
    public Mono<String> list(Model model) {
        var orders = orderService.orders();
        model.addAttribute("orders", orders);
        return Mono.just("orders/list");
    }
}
```

Order 및 OrderService 및 관련 객체에 대해서는 예제 5-2를 참고한다.

이제 컨트롤러와 그 밖의 필요한 구성 요소가 준비됐으므로 뷰가 필요하다. src/main/
resources/templates/orders 폴더에 list.html을 만든다. 이 페이지는 주문 아이디와
수량을 보여주는 주문표를 렌더링한다.

```
<!DOCTYPE html>
<html xmlns:th="http://www.thymeleaf.org">
<head>
    <meta charset="UTF-8">
    <title>Orders</title>
</head>
<body>
<h1>Orders</h1>

    <table>
        <thead>
```

```html
                    <tr>
                        <th></th>
                        <th>Id</th>
                        <th>Amount</th>
                    </tr>
                </thead>
                <tbody>
                    <tr th:each="order : ${orders}">
                        <td th:text="${orderStat.count}">1</td>
                        <td th:text="${order.id}"></td>
                        <td th:text="${#numbers.formatCurrency(order.amount)}"
                            style="text-align: right"></td>
                    </tr>
                </tbody>
            </table>
        </body>
</html>
```

마지막으로 OrderApplication을 사용해 애플리케이션을 시작한다.

```java
@SpringBootApplication
public class OrderApplication {

    public static void main(String[] args) {
        SpringApplication.run(OrderApplication.class, args);
    }
}
```

이제 애플리케이션을 실행하고 링크를 클릭하면 주문을 표시하는 페이지가 표시된다. 그림 5-4를 참고한다.

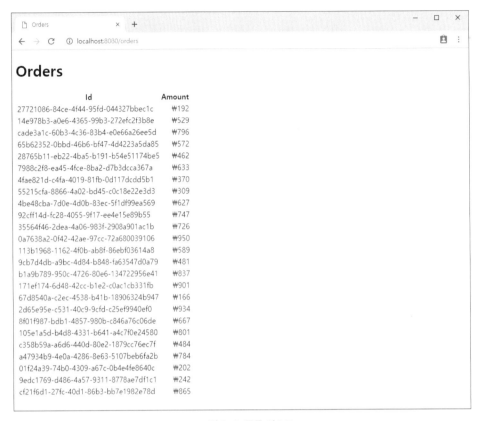

▲ 그림 5-4 주문 리스트

조금 더 반응형으로 만들기

애플리케이션을 실행하고 페이지를 열 때, 페이지가 렌더링되기 전까지 잠시 기다려야
한다. 페이지를 렌더링하고 모델에 Flux가 있으면 Flux가 전체 소비될 때까지 대기한다.
그 후 페이지 렌더링이 시작된다. Flux 대신 Collection을 검색하는 것처럼 기본적으로
동작한다. 페이지를 빠르게 렌더링하고 페이지 스트리밍을 시작하려면 Flux를 Reactive
DataDriverContextVariable에 래핑하면 된다.

```
@GetMapping
public Mono<String> list(Model model) {
    var orders = orderService.orders();
    model.addAttribute("orders", new ReactiveDataDriverContextVariable(orders, 5));
    return Mono.just("orders/list");
}
```

list 메소드는 같아 보이지만, Flux가 ReactiveDataDriverContextVariable에 래핑된
것을 확인할 수 있다. 다섯 개의 요소를 받자마자 렌더링을 시작하고 모든 값이 수신될
때까지 페이지를 렌더링한다. 이제 주문 페이지를 열면, 모든 주문을 읽을 때까지 테이블
이 커지는 것을 볼 수 있다.

5-4 웹플럭스와 웹 소켓

문제점

반응형 애플리케이션에서 웹 소켓을 사용하고자 한다.

해결 방법

의존성으로 javax.websocket-api를 추가하고 핸들러를 구현하는 반응형 WebSocket
Handler 인터페이스를 사용한다.

예제 구현

spring-boot-starter-webflux 다음에 javax.websocket-api의 의존성을 추가하면 반응
형 애플리케이션에서 웹 소켓을 사용할 수 있다.

```
<dependency>
    <groupId>org.springframework.boot</groupId>
    <artifactId>spring-boot-starter-webflux</artifactId>
    </dependency>
<dependency>
    <groupId>javax.websocket</groupId>
    <artifactId>javax.websocket-api</artifactId>
    <version>1.1</version>
</dependency>
```

스프링 웹플럭스는 웹 소켓 1.1 버전을 사용해야 한다. 1.0 버전을 사용하면 코드가 실행
되지 않는다.

그런 다음 WebSocketHandler를 사용해 반응형 핸들러를 구현한다.

```
package com.apress.springbootrecipes.echo;

import org.springframework.web.reactive.socket.WebSocketHandler;
import org.springframework.web.reactive.socket.WebSocketSession;
import reactor.core.publisher.Mono;

public class EchoHandler implements WebSocketHandler {

    @Override
    public Mono<Void> handle(WebSocketSession session) {
        return session.send(
                session.receive()
                        .map( msg -> "RECEIVED: " + msg.getPayloadAsText())
                        .map(session::textMessage));
    }
}
```

EchoHandler는 메시지를 받고 "RECEIVED :" 접두어를 반환한다(비반응형 버전의 경우에는
예제 4-4 참고)

웹플럭스를 사용한 웹 소켓을 설정하려면 몇 가지 구성 요소를 등록해야 한다. 먼저 핸들
러가 필요하다. 핸들러는 SimpleUrlHandlerMapping을 사용해 URL에 매핑돼야 한다. 예

제에서는 핸들러를 호출할 수 있는 어떤 것, 여기서는 WebSocketHandlerAdapter가 필요하다. 마지막으로 WebSocketHandlerAdapter가 들어오는 반응형 런타임 요청을 이해하게 해야 한다. 네티(기본값)를 사용하기 때문에 ReactorNettyRequestUpgradeStrategy를 사용해 WebSocketService를 구성해야 한다.

```java
package com.apress.springbootrecipes.echo;

import org.springframework.boot.SpringApplication;
import org.springframework.boot.autoconfigure.SpringBootApplication;
import org.springframework.context.annotation.Bean;
import org.springframework.core.Ordered;
import org.springframework.web.reactive.HandlerMapping;
import org.springframework.web.reactive.handler.SimpleUrlHandlerMapping;
import org.springframework.web.reactive.socket.WebSocketHandler;
import org.springframework.web.reactive.socket.server.WebSocketService;
import org.springframework.web.reactive.socket.server.support.
HandshakeWebSocketService;
import org.springframework.web.reactive.socket.server.support.
WebSocketHandlerAdapter;
import org.springframework.web.reactive.socket.server.upgrade.ReactorNettyRequest
UpgradeStrategy;

import java.util.HashMap;
import java.util.Map;

@SpringBootApplication
public class EchoApplication {

    public static void main(String[] args) {
        SpringApplication.run(EchoApplication.class, args);
    }

    @Bean
    public EchoHandler echoHandler() {
        return new EchoHandler();
    }
```

```java
@Bean
public HandlerMapping handlerMapping() {
    Map<String, WebSocketHandler> map = new HashMap<>();
    map.put("/echo", echoHandler());

    var mapping = new SimpleUrlHandlerMapping();
    mapping.setUrlMap(map);
    mapping.setOrder(Ordered.HIGHEST_PRECEDENCE);
    return mapping;
}

@Bean
public WebSocketHandlerAdapter handlerAdapter() {
    return new WebSocketHandlerAdapter(webSocketService());
}

@Bean
public WebSocketService webSocketService() {
    var strategy = new ReactorNettyRequestUpgradeStrategy();
    return new HandshakeWebSocketService(strategy);
}
}
```

이제 서버를 시작해 웹플럭스를 사용하고 웹 소켓 메시지를 처리할 수 있다.

HTML과 자바스크립트 Echo 클라이언트

이제 서버가 준비됐으므로, 웹 소켓 엔드포인트에 연결할 클라이언트가 필요하다. 이를 위해서는 자바스크립트와 HTML이 필요하다. 그다음 app.js를 작성하고 src/main/resources/static 폴더에 위치시킨다.

```javascript
var ws = null;
var url = "ws://localhost:8080/echo";

function setConnected(connected) {
    document.getElementById('connect').disabled = connected;
    document.getElementById('disconnect').disabled = !connected;
```

```
        document.getElementById('echo').disabled = !connected;
}

function connect() {
    ws = new WebSocket(url);

    ws.onopen = function () {
        setConnected(true);
    };

    ws.onmessage = function (event) {
        log(event.data);
    };

    ws.onclose = function (event) {
        setConnected(false);
        log('Info: Closing Connection.');
    };
}

function disconnect() {
    if (ws != null) {
        ws.close();
        ws = null;
    }
    setConnected(false);
}

function echo() {
    if (ws != null) {
        var message = document.getElementById('message').value;
        log('Sent: ' + message);
        ws.send(message);
    } else {
        alert('connection not established, please connect.');
    }
}
```

```
function log(message) {
    var console = document.getElementById('logging');
    var p = document.createElement('p');
    p.appendChild(document.createTextNode(message));
    console.appendChild(p);
    while (console.childNodes.length > 12) {
        console.removeChild(console.firstChild);
    }
    console.scrollTop = console.scrollHeight;
}
```

위 코드에는 몇 가지 메소드가 있다. 먼저 Connect 버튼을 누를 때 connect 메소드가 호출된다. 그러면 이전에 생성하고 등록된 핸들러인 ws://localhost:8080/echo의 웹 소켓 연결이 열린다. 서버에 연결하면 웹 소켓 자바스크립트 객체가 만들어지고 클라이언트에서 메시지 및 이벤트를 수신할 수 있다. 여기에 onopen, onmessage, onclose 콜백 메소드가 정의된다. onmessage는 메시지가 서버에서 들어올 때마다 호출되기 때문에 가장 중요하다. 이 메소드는 로그 메소드를 호출하고, 수신된 메시지를 화면의 logging 요소에 추가한다.

다음으로 disconnect 메소드에서는 웹 소켓 연결이 닫히고 자바스크립트 객체가 정리된다. 마지막으로 echo 메소드는 Echo message 버튼을 누를 때마다 호출된다. 주어진 메시지는 서버로 보내진다(그리고 결국 반환된다).

app.js를 사용하기 위해 다음 index.html을 추가하자.

```
<!DOCTYPE html>
<html>
<head>
    <link type="text/css" rel="stylesheet" href="https://cdnjs.cloudflare.
    com/ajax/libs/semantic-ui/2.2.10/semantic.min.css" />
    <script type="text/javascript" src="app.js"></script>
</head>
<body>
```

```
<div>
    <div id="connect-container" class="ui centered grid">
        <div class="row">
            <button id="connect" onclick="connect();" class="ui green
            button ">Connect</button>
            <button id="disconnect" disabled="disabled"
            onclick="disconnect();" class="ui red button">Disconnect
            </button>
        </div>
        <div class="row">
            <textarea id="message" style="width: 350px" class="ui input"
            placeholder="Message to Echo"></textarea>
        </div>
        <div class="row">
            <button id="echo" onclick="echo();" disabled="disabled"
            class="ui button">Echo message</button>
        </div>
    </div>
    <div id="console-container">
        <h3>Logging</h3>
        <div id="logging"></div>
    </div>
</div>
</body>
</html>
```

이제 애플리케이션을 배포하면, echo 웹 소켓 서비스에 연결할 수 있고 메시지를 주고 받을 수 있다(그림 5-5).

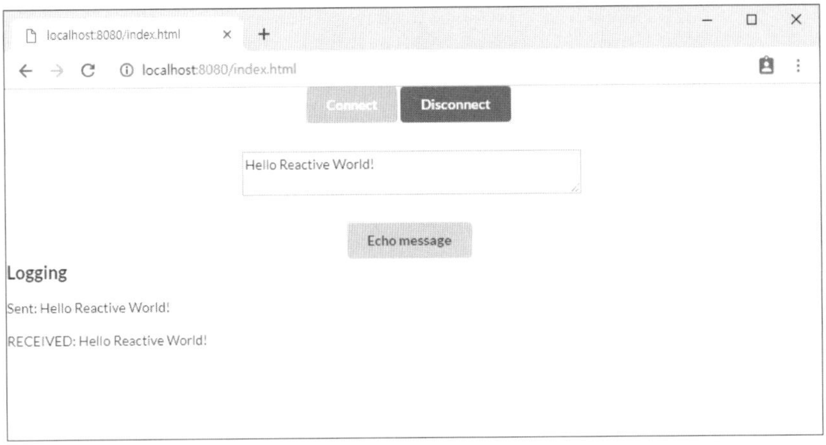

▲ 그림 5-5 웹 소켓 클라이언트 출력

통합 테스트 작성

통합 테스트를 작성하려면 몇 가지 작업이 필요하다. 웹 소켓 연결은 서버에 연결돼야 하며, 수동으로 메시지를 보내고 응답을 확인해야 한다. 그러나 그 전에 먼저 서버를 시작해야 한다. 서버를 시작하려면 클래스에 @RunWith (SpringRunner.class)와 @Spring BootTest (webEnvironment = SpringBootTest.WebEnvironment.RANDOM_PORT) 애노테이션을 추가해야 한다. 실제로 기본 WebEnvironment.MOCK 대신 애플리케이션을 시작하려고 한다. @LocalServerPort 애노테이션을 int 필드에 사용해 실제 포트값을 가져온다. 이 값은 연결할 URI를 구성하는 데 필요하다.

```
package com.apress.springbootrecipes.echo;

@RunWith(SpringRunner.class)
@SpringBootTest(webEnvironment = SpringBootTest.WebEnvironment.RANDOM_PORT)
public class EchoHandlerIntegrationTest {
    @LocalServerPort
    private int port;
}
```

기본 자바 웹 소켓 API를 사용하면 웹 소켓을 테스트하기가 매우 쉽다. 테스트를 위해 수신된 메시지와 세션을 저장하는 기본 웹 소켓 클라이언트를 작성할 수 있다. 이를 위해서 톰캣과 같은 웹 소켓 클라이언트가 필요하다.

```
<dependency>
    <groupId>org.apache.tomcat.embed</groupId>
    <artifactId>tomcat-embed-websocket</artifactId>
    <scope>test</scope>
</dependency>
```

그러나 이 클라이언트를 추가하면 우리가 원하는 반응형 네티가 아닌 톰캣 서버가 구동된다. 이를 우회하기 위해 EchoHandlerIntegrationTest를 다음과 같이 추가한다.

```
public class EchoHandlerIntegrationTest {

    // 일부 내용 생략

    @Configuration
    @Import(EchoApplication.class)
    public static class EchoHandlerIntegrationTestConfiguratation {

        @Bean
        public NettyReactiveWebServerFactory webServerFactory() {
            return new NettyReactiveWebServerFactory();
        }
    }
}
```

추가된 @Configuration 클래스는 톰캣 대신 네티를 명시적으로 시작한다. 이 방법으로 우리는 애플리케이션을 정상적으로 실행할 때와 같은 런타임을 테스트할 수 있다. 클라이언트(또는 테스트 방법)에 따라 필요하지 않을 수도 있다.

클래스에 @ClientEndpoint 애노테이션을 추가하고, 메소드로 @OnOpen, @OnClose, @OnMessage를 추가한다. 이렇게 애노테이션이 붙은 메소드는 연결이 열리거나 닫히거나

메시지가 수신될 때 각각 콜백을 수신한다. 다음으로 helper 메소드인 sendTextAndWait
와 closeAndWait가 있다. sendTextAndWait 메소드는 세션을 사용해 메시지를 보내고 응
답을 기다린다. closeAndWait 메소드는 세션을 닫고 확인될 때까지 기다린다. 마지막으
로 상태를 받고 테스트 메소드에서 유효성을 검사하는 getter 메소드가 몇 가지 있다.

```java
@ClientEndpoint
public static class SimpleTestClientEndpoint {

    private List<String> received = new ArrayList<>();
    private Session session;
    private CloseReason closeReason;
    private boolean closed = false;

    @OnOpen
    public void onOpen(Session session) {
        this.session = session;
    }

    @OnClose
    public void onClose(Session session, CloseReason reason) {
        this.closeReason = reason;
        this.closed = true;
    }

    @OnMessage
    public void onMessage(String message) {
        this.received.add(message);
    }

    public void sendTextAndWait(String text, long timeout)
            throws IOException, InterruptedException {
        var current = received.size();
        session.getBasicRemote().sendText(text);
        wait(() -> received.size() == current, timeout);
    }

    public void closeAndWait(long timeout)
```

```
        throws IOException, InterruptedException {
    if (session != null && !closed) {
        session.close();
    }
    wait(() -> closeReason == null, timeout);
}

private void wait(Supplier<Boolean> condition, long timeout)
        throws InterruptedException {
    var waited = 0;
    while (condition.get() && waited < timeout) {
        Thread.sleep(1);
        waited += 1;
    }
}

public CloseReason getCloseReason() {
    return closeReason;
}

public List<String> getReceived() {
    return this.received;
}

public boolean isClosed() {
    return closed;
}
}
```

이제 헬퍼 클래스가 준비됐으므로 테스트를 작성하자. 웹 소켓 ContainerProvider를 사용해 컨테이너를 가져온다. 실제 연결을 하기 전에, port 필드를 사용해 URI를 구성해야한다. 그런 다음 connectToServer 메소드로 SimpleTestClientEndpoint 인스턴스를 사용해 서버에 연결한다. 연결된 후, 서버에 텍스트 메시지를 보내고 잠시 기다렸다가 연결을 종료한다(리소스만 정리). 마지막으로 실제로 수신된 메시지의 결과 판정을 수행한다.

```java
@Test
public void sendAndReceiveMessage() throws Exception {
    var container = ContainerProvider.getWebSocketContainer();
    var uri = URI.create("ws://localhost:" + port + "/echo");
    var testClient = new SimpleTestClientEndpoint();
    container.connectToServer(testClient, uri);

    testClient.sendTextAndWait("Hello World!", 200);
    testClient.closeAndWait(2);

    assertThat(testClient.getReceived())
            .containsExactly("RECEIVED: Hello World!");
}
```

스프링 보안

6장에서는 스프링 부트용 스프링 보안[1] 통합에 대해 살펴보자. 스프링 보안은 애플리케이션의 사용자 인증 및 권한 부여에 모두 사용될 수 있다. 스프링 보안에는 인증 및 권한 부여 프로세스를 위한 플러그인 메커니즘이 있으며, 기본적으로 차별화된 메커니즘을 지원한다. 인증을 위해 스프링 보안은 JDBC, LDAP 및 설정 파일을 지원한다.

6-1 스프링 부트 애플리케이션에서 보안 사용하기

문제점

스프링 부트 애플리케이션을 보유하고 있고, 그 애플리케이션에서 보안을 사용하려고 한다.

---

1   https://projects.spring.io/spring−security

해결 방법

spring-boot-starter-security를 의존성으로 추가해 자동으로 보안을 구성하고 애플리케이션을 설정하자.

예제 구현

시작하기 위해 애플리케이션에 스프링 보안용 라이브러리를 가져와야 한다. 그렇기 위해 의존성 목록에 spring-boot-starter-security를 추가한다.

```
<dependency>
    <groupId>org.springframework.boot</groupId>
    <artifactId>spring-boot-starter-security</artifactId>
</dependency>
```

이렇게 하면 spring-security-core, spring-security-config, springsecurity-web 의존성이 프로젝트에 추가된다. 스프링 부트는 이러한 JAR 파일 내부 일부 클래스의 가용성을 감지하고 자동으로 보안을 가능하게 한다.

스프링 부트는 스프링 보안을 기본 인증과 폼 로그인으로 인증, 보안을 위한 HTTP 헤더 활용, 서블릿 API 통합, 익명 로그인, 리소스 캐싱 방지 등을 설정한다.

경고 스프링 부트는 시작 로그에 user라는 기본 사용자와 임의로 생성된 암호를 추가함을 표시한다. 이 기능은 테스트, 프로토타이핑 또는 데모용으로만 사용되므로 운영 시스템에서는 사용하지 않도록 해야 한다!

의존성 spring-boot-starter-security를 예제 3-2에 추가하면 모든 엔드포인트를 자동으로 보호한다. 시작할 때 생성된 암호로 로그인된다(그림 6-1).

```
2018-09-23 19:58:38.882  INFO 58204 --- [          main] .s.s.UserDetailsServiceAutoConfiguration :

Using generated security password: 033397ce-d724-4c7a-a717-edab7747f99d

2018-09-23 19:58:38.932 DEBUG 58204 --- [          main] s.s.c.a.w.c.WebSecurityConfigurerAdapter  :
```

▲ 그림 6-1 생성된 암호 출력

스프링 부트는 기본 사용자를 설정하기 위해 일부 속성을 노출한다. 이는 spring.
security 네임스페이스(표 6-1)에서 찾을 수 있다.

▼ 표 6-1 기본 사용자 속성

속성	설명
spring.security.user.name	기본 사용자 이름. 기본값은 user이다.
spring.security.user.password	기본 사용자의 암호. 기본값은 생성된 UUID이다.
spring.security.user.roles	기본 사용자의 권한. 기본값은 없다.

의존성을 추가하고 LibraryApplication을 시작하면 엔드포인트가 보호된다. http://
localhost:8080/books로부터 책 목록을 가져오려고 하면 상태가 401 - Unauthorized인
HTTP 결과가 출력된다(그림 6-2).

```
code/ch06/recipe_6_1_i  master x
▸ http :8080/books
HTTP/1.1 401
Cache-Control: no-cache, no-store, max-age=0, must-revalidate
Content-Type: application/json;charset=UTF-8
Date: Sun, 23 Sep 2018 18:08:46 GMT
Expires: 0
Pragma: no-cache
Set-Cookie: JSESSIONID=EB5370933EB2198BE3B766B4F9A2C339; Path=/; HttpOnly
Transfer-Encoding: chunked
WWW-Authenticate: Basic realm="Realm"
X-Content-Type-Options: nosniff
X-Frame-Options: DENY
X-XSS-Protection: 1; mode=block

{
    "error": "Unauthorized",
    "message": "Unauthorized",
    "path": "/books",
    "status": 401,
    "timestamp": "2018-09-23T18:08:46.032+0000"
}
```

▲ 그림 6-2 비인가 접근 결과

올바른 인증 헤더(사용자 이름 user, 로깅에서의 암호 또는 spring.security.user.password 등록 정보에 설정된 정보)를 추가하면 책 목록이 출력된다(그림 6-3).

```
~/Repositories/spring-boot-recipes  master ✗
▶ http -a user:033397ce-d724-4c7a-a717-edab7747f99d :8080/books
HTTP/1.1 200
Cache-Control: no-cache, no-store, max-age=0, must-revalidate
Content-Type: application/json;charset=UTF-8
Date: Mon, 24 Sep 2018 17:41:50 GMT
Expires: 0
Pragma: no-cache
Set-Cookie: JSESSIONID=D434219EEF940FB083C1DC2B44BB1717; Path=/; HttpOnly
Transfer-Encoding: chunked
X-Content-Type-Options: nosniff
X-Frame-Options: DENY
X-XSS-Protection: 1; mode=block

[
    {
        "authors": [
            "J.R.R. Tolkien"
        ],
        "isbn": "9780618260300",
        "title": "The Hobbit"
    },
    {
        "authors": [
            "George Orwell"
        ],
        "isbn": "9780451524935",
        "title": "1984"
    },
```

▲ 그림 6-3 인가된 접근 결과

보안 테스트

스프링 보안을 사용해 @WebMvcTest와 함께 엔드포인트를 보호할 때에는 보안 인프라가 자동으로 적용된다. 스프링 보안은 테스트 작성에 도움이 되는 애노테이션을 제공한다(표 6-2).

참고 보안 없이 컨트롤러를 테스트하려면 @WebMvcTest의 secure 속성을 false로 설정한다. 기본값은 true다.

▼ 표 6-2 스프링 보안 테스트 애노테이션

애노테이션	설명
@WithMockUser	주어진 username, password와 roles/authorities를 사용자로 실행한다.
@WithAnonymousUser	익명 사용자로 실행한다.
@WithUserDetails	UserDetailService에서의 설정된 이름의 사용자로 실행한다.

이러한 애노테이션을 사용하려면 spring-security-test 의존성을 추가해야 한다.

```
<dependency>
    <groupId>org.springframework.security</groupId>
    <artifactId>spring-security-test</artifactId>
    <scope>test</scope>
</dependency>
```

이 의존성으로 예제 3-2의 BookControllerTest를 다시 확장하고 수정할 수 있다. 보안 테스트를 하지 않으려면 @WebMvcTest(value = BookController.class, secure = false)를 테스트 클래스에 추가한다. 이 경우 보안 필터가 추가되지 않으므로 보안이 적용되지 않는다. 다만 테스트는 실행돼 성공할 것이다.

```
@RunWith(SpringRunner.class)
@WebMvcTest(value = BookController.class, secure = false)
public class BookControllerUnsecuredTest { ... }
```

그러나 보안을 사용하도록 설정해 테스트하려면 테스트 클래스를 약간 수정해야 한다. 먼저 @WithMockUser를 추가해 인증된 사용자로 실행한다. 다음으로 스프링 보안이 기본적으로 CSRF[2] 보호가 가능하기 때문에 헤더 또는 매개변수를 요청에 추가해야 한다. 목 MVC를 사용할 때 스프링 보안은 CsrfRequestPostProcessor에 대한 Request PostProcessor를 제공한다. SecurityMockMvcRequestPostProcessors는 쉽게 사용할 수 있는 팩토리 메소드를 포함한다.

2　　Cross Site Request Forgery

```
@RunWith(SpringRunner.class)
@WebMvcTest(BookController.class)
@WithMockUser
public class BookControllerSecuredTest {

    @Test
    public void shouldAddBook() throws Exception {

        when(bookService.create(any(Book.class))).thenReturn(new
        Book("123456789", "Test Book Stored", "T. Author"));

        mockMvc.perform(post("/books")
                .contentType(MediaType.APPLICATION_JSON)
                .content("{ \"isbn\" : \"123456789\"}, \"title\" : \"Test
                  Book\", \"authors\" : [\"T. Author\"]")
                .with(csrf()))
                .andExpect(status().isCreated())
                .andExpect(header()
                .string("Location", "http://localhost/books/123456789"));
    }
}
```

위 테스트에서는 @WithMockUser에 지정된 사용자를 사용한다. 여기에서는 기본 사용자
인 사용자 이름에는 user, 암호는 password를 사용한다. with(csrf())가 있는 행은
CSRF 토큰을 요청에 추가하는 작업을 수행한다.

사용하고 싶은 옵션을 사용하면 된다. 예를 들어 컨트롤러에 현재 사용자가 필요한 경우
보안을 활성화하고 @WithMockUser 또는 @WithUserDetails를 사용한다. 그렇지 않은 경
우에는 보안 없이(추가 보안 규칙 필요 없이, 예제 6-2 참고) 컨트롤러를 테스트할 수 있고, 비
활성화된 보안으로 실행할 수 있다.

보안 통합 테스트

@SpringBootTest 애노테이션을 사용해 통합 테스트를 작성하는 방법은 @ With* 애노테이션 사용 여부에 따라 다르다. 먼저 기본 목 환경에서는 잘 동작한다.

```
@RunWith(SpringRunner.class)
@SpringBootTest
@WithMockUser
@AutoConfigureMockMvc
public class BookControllerIntegrationMockTest { ... }
```

위 테스트는 거의 완전한 애플리케이션을 생성하지만, 목 MVC를 사용해 엔드포인트에 접속한다. 테스트와 동일한 프로세스에서 실행되므로 @WithMockUser와 with(csrf())가 여전히 작동한다. 외부 포트에서 테스트를 실행하면 더 동작하지 않는다.

외부 포트에서 애플리케이션을 테스트하려면 테스트 클라이언트인 TestRestTemplate나 WebTestClient를 통해 테스트를 실행하고 통합 테스트에서 먼저 폼 기반 로그인을 수행해 인증 헤더를 전달하거나 플로우를 구현해야 한다. 좋은 통합 테스트를 작성하려면 TestRestTemplate을 작성하고 실제 요청을 수행하기 전에 withBasicAuth 헬퍼 메소드를 사용해 기본 인증 헤더를 설정해야 한다.

팁   테스트를 작성하고 기본 사용자를 사용하려면 spring.security.user.password를 사용해 기본 암호를 설정할 수 있다. 6장에서는 @TestPropertySource를 사용하지만 application.properties에도 추가할 수 있다.

```
@RunWith(SpringRunner.class)
@SpringBootTest(webEnvironment = SpringBootTest.WebEnvironment.RANDOM_PORT)
@TestPropertySource(properties = "spring.security.user.password=s3cr3t")
public class BookControllerIntegrationTest {

    @Autowired
    private TestRestTemplate testRestTemplate;
```

```
@MockBean
private BookService bookService;

@Test
public void shouldReturnListOfBooks() throws Exception {

    when(bookService.findAll()).thenReturn(Arrays.asList(
        new Book("123", "Spring 5 Recipes", "Marten Deinum", "Josh Long"),
        new Book("321", "Pro Spring MVC", "Marten Deinum", "Colin Yates")));

    ResponseEntity<Book[]> books = testRestTemplate
                .withBasicAuth("user", "s3cr3t")
                .getForEntity("/books", Book[].class);

    assertThat(books.getStatusCode()).isEqualTo(HttpStatus.OK);
    assertThat(books.getBody()).hasSize(2);
    }
}
```

위 테스트는 기본 구성된 TestRestTemplate을 사용해 요청을 보낸다. withBasicAuth는 기본 user와 미리 설정된 s3cr3t를 사용자 이름과 암호로 사용해 서버에 전송한다. getForEntity를 사용해 응답에 대한 추가 정보뿐 아니라 결과도 얻을 수 있다. ResponseEntity를 사용해 상태 코드 등을 검증할 수도 있다.

TestRestTemplate 대신 웹플럭스 기반 애플리케이션을 테스트할 때는 WebTest Client(스프링 웹플럭스에 대한 자세한 내용은 5장 참고)가 필요하다. WebTestClient에는 요청에 헤더를 추가하는 headers() 함수가 있다. 그것은 HttpHeaders로부터 기본 인증을 적용하기 위해 편리한 setBasicAuth 메소드를 갖고 있다.

```
@RunWith(SpringRunner.class)
@SpringBootTest(webEnvironment = SpringBootTest.WebEnvironment.RANDOM_PORT)
@TestPropertySource(properties = "spring.security.user.password=s3cr3t")
public class BookControllerIntegrationWebClientTest {
```

```java
    @Autowired
    private WebTestClient webTestClient;

    @MockBean
    private BookService bookService;

    @Test
    public void shouldReturnListOfBooks() throws Exception {

        when(bookService.findAll()).thenReturn(Arrays.asList(
            new Book("123", "Spring 5 Recipes", "Marten Deinum", "Josh Long"),
            new Book("321", "Pro Spring MVC", "Marten Deinum", "Colin Yates")));

        webTestClient
            .get()
            .uri("/books")
            .headers( headers -> headers.setBasicAuth("user", "s3cr3t"))
            .exchange()
            .expectStatus().isOk()
            .expectBodyList(Book.class).hasSize(2);
    }
}
```

요청은 Exchange( )를 사용해 빌드하고 실행된다. 결과는 HTTP 200(OK)가 될 것이며, 결과에는 두 권의 책 정보가 포함된다.

6-2 웹 애플리케이션 로그인

문제점

보안 애플리케이션은 사용자가 특정 보안 기능에 접근하기 전에 로그인해야 한다. 해커가 쉽게 접근할 수 있기 때문에 개방형 인터넷에서 실행되는 애플리케이션에서 특히 중요하다. 애플리케이션이라면 사용자가 로그인할 때 자격 증명을 입력하는 방법을 제공해야 한다.

해결 방법

스프링 보안은 사용자가 웹 애플리케이션에 로그인하는 여러 가지 방법을 지원한다. 로그인 양식이 있는 기본 웹 페이지를 제공하여 폼 기반 로그인을 지원한다. 사용자 정의 웹 페이지를 로그인 페이지로 제공할 수도 있다. 또한 스프링 보안은 HTTP 요청 헤더에 제시된 기본 인증 자격 증명을 처리해 HTTP 기본 인증을 지원한다. HTTP 기본 인증은 원격 프로토콜 및 웹 서비스로 이뤄진 요청을 인증하는 데에도 사용된다.

애플리케이션의 일부는 익명 접근(예: 웰컴 페이지 접속)을 허용할 수도 있다. 스프링 보안은 보안 정책을 정의할 때 일반 사용자처럼 익명 사용자를 처리할 수 있도록 보안 주체와 권한을 익명 사용자에게 할당할 수 있는 익명 로그인 서비스를 제공한다.

또한 스프링 보안은 여러 브라우저 세션에서 사용자 신원을 기억할 수 있는 Remember-Me 로그인을 지원하므로, 사용자가 처음 로그인한 후 다시 로그인할 필요가 없다.

예제 구현

스프링 부트는 WebSecurityConfigurerAdapter가 없을 때 기본 보안 설정을 한다. 하나 이상이 발견되면 설정된 보안 설정을 사용한다.

독립적으로 동작하는 다양한 로그인 메커니즘을 좀 더 잘 이해하기 위해 기본 보안 구성부터 비활성화시켜 보자.

주의사항   일반적으로 기본값을 고정하고 모든 보안 기본값을 비활성화하는 대신 httpBasic( ).disable( )과 같이 원하지 않는 기능만을 비활성화한다.

```
@Configuration
public class LibrarySecurityConfig extends WebSecurityConfigurerAdapter {

    public LibrarySecurityConfig() {
        super(true); // disable default configuration
    }
}
```

HTTP 자동 설정을 사용하면 다음에 소개할 로그인 서비스가 자동으로 등록된다. 그러나 기본 구성을 사용하지 않거나 이러한 서비스를 사용자 지정하려는 경우 해당 기능을 명시적으로 구성해야 한다.

인증 기능을 활성화하기 전에 기본 스프링 보안 요구 사항을 활성화해야 한다. 최소 예외 처리와 보안 컨텍스트 통합을 구성해야 한다.

```
@Override
protected void configure(HttpSecurity http) {

    http.securityContext()
            .and()
        .exceptionHandling();
}
```

이러한 기본 사항이 없다면, 스프링 보안은 로그인 후에 사용자를 저장하지 않을 것이고 보안 관련 예외(단순한 오류로 내부를 외부로 노출할 수 있음)를 적절하게 처리하지 못할 것이다. 또한 서블릿 API 통합을 사용할 수 있게 하여 HttpServletRequest의 메소드를 사용해 화면에서 점검할 수도 있다.

```
@Override
protected void configure(HttpSecurity http) {
    http.servletApi();
}
```

HTTP 기본 인증

HTTP 기본 인증은 httpBasic() 메소드를 통해 구성할 수 있다. HTTP 기본 인증이 필요한 경우, 브라우저는 일반적으로 사용자가 로그인할 수 있는 로그인 대화상자 또는 브라우저별 로그인 페이지를 표시한다.

```
@Configuration
public class LibrarySecurityConfig extends WebSecurityConfigurerAdapter {

    @Override
    protected void configure(HttpSecurity http) throws Exception {
        http
            ...
            .httpBasic();
    }
}
```

폼 기반 로그인

폼 기반 로그인 서비스는 사용자가 로그인 폼이 포함된 웹 페이지를 렌더링해 로그인 세부 정보를 입력하고 로그인 폼을 처리한다. formLogin 메소드로 구성된다.

```
@Configuration
public class LibrarySecurityConfig extends WebSecurityConfigurerAdapter {

    @Override
    protected void configure(HttpSecurity http) throws Exception {
        http
            ...
            .formLogin();
    }
}
```

기본적으로 스프링 보안은 로그인 페이지를 자동 생성해 URL/login에 매핑한다. 따라서 로그인할 때 이 URL을 참조해 애플리케이션에 링크를 추가할 수 있다(예: 예제 3-3의 index.html).

```
<a th:href="/login" href="#">Login</a>
```

기본 로그인 페이지가 마음에 들지 않으면 자신만의 고유한 로그인 페이지를 제공할 수 있다. 예를 들면 src/main/resources/templates(타임리프 사용 시)에 다음 login.html 파일을 생성할 수 있다. 기본적으로 CSRF 보호가 설정돼 있으므로 CSRF 토큰을 폼에 추가해야 한다. CSRF 토큰은 숨겨진 필드로 표현한다. CSRF를 비활성화한 경우(권장하지 않음), CSRF 토큰이 있는 숨은 필드를 제거해야 한다.

```
<!DOCTYPE html>
<html xmlns:th="http://www.thymeleaf.org">
<head>
    <title>Login</title>
    <link type="text/css" rel="stylesheet"
            href="https://cdnjs.cloudflare.com/ajax/libs/semantic-ui/2.2.10/
            semantic.min.css">
    <style type="text/css">
        body {
            background-color: #DADADA;
        }
        body > .grid {
            height: 100%;
        }
        .column {
            max-width: 450px;
        }
    </style>
</head>

<body>
<div class="ui middle aligned center aligned grid">
    <div class="column">
        <h2 class="ui header">Log-in to your account</h2>
        <form method="POST" th:action="@{/login}" class="ui large form">
            <input type="hidden"
                th:name="${_csrf.parameterName}" th:value="${_csrf.token}"/>
            <div class="ui stacked segment">
```

```
            <div class="field">
                <div class="ui left icon input">
                    <i class="user icon"></i>
                    <input type="text" name="username"
                      placeholder="Email address">
                </div>
            </div>
            <div class="field">
                <div class="ui left icon input">
                    <i class="lock icon"></i>
                    <input type="password" name="password"
                      placeholder="Password">
                </div>
            </div>
            <button class="ui fluid large submit green button">Login</button>
        </div>
    </form>
  </div>
</div>
</body>
</html>
```

로그인을 요청할 때 스프링 보안이 사용자 정의 로그인 페이지를 표시하려면 loginPage
설정 메소드에서 해당 URL을 지정해야 한다.

```
@Configuration
public class LibrarySecurityConfig extends WebSecurityConfigurerAdapter {

    @Override
    protected void configure(HttpSecurity http) throws Exception {
        http
            ...
            .formLogin().loginPage("/login");
    }
}
```

마지막으로 뷰 리졸버를 추가해 /login을 login.html 페이지에 매핑하자. 이렇게 하려면 LibrarySecurityConfig에 WebMvcConfigurer를 구현하고 addViewControllers 메소드를 재정의한다.

```
@Configuration
public class LibrarySecurityConfig extends WebSecurityConfigurerAdapter
                                implements WebMvcConfigurer {
    ...
    public void addViewControllers(ViewControllerRegistry registry) {
        registry.addViewController("/login").setViewName("login");
    }
}
```

사용자가 보안 URL을 요청할 때 스프링 보안이 로그인 페이지를 표시하면 로그인이 성공할 경우 사용자는 대상 URL로 리디렉션된다. 그러나 사용자가 URL을 통해 직접 로그인 페이지를 요청하면 기본적으로 로그인 성공 후 사용자는 컨텍스트 경로의 루트(예: http://localhost:8080/)로 리디렉션된다. 웹 배포 디스크립터에 웰컴 페이지를 정의하지 않은 경우에는, 로그인이 성공하면 사용자를 기본 URL로 리디렉션할 수 있다.

```
@Configuration
public class LibrarySecurityConfig extends WebSecurityConfigurerAdapter
                                implements WebMvcConfigurer {
    @Override
    protected void configure(HttpSecurity http) throws Exception {
        http
            ...
            .formLogin().loginPage("/login").defaultSuccessUrl("/books");
    }
}
```

스프링 보안이 생성한 기본 로그인 페이지를 사용하면, 로그인이 실패했을 때 오류 메시지와 함께 로그인 페이지를 다시 렌더링한다. 그러나 사용자 정의 로그인 페이지를 지정하는 경우에는 인증 실패 URL을 구성해 로그인 오류 시 리디렉션할 URL을 지정해야 한다. 예를 들어 오류 요청 매개변수를 사용해 사용자 정의 로그인 페이지로 다시 리디렉션할 수도 있다.

```
@Configuration
public class LibrarySecurityConfig extends WebSecurityConfigurerAdapter
                                   implements WebMvcConfigurer {
    @Override
    protected void configure(HttpSecurity http) throws Exception {
        http
            ...
            .formLogin()
                .loginPage("/login.html")
                .defaultSuccessUrl("/books")
                .failureUrl("/login.html?error=true");
    }
}
```

그런 다음 로그인 페이지는 오류 요청 매개변수가 있는지를 테스트해야 한다. 오류가 발생했다면, 현재 사용자의 스프링 보안에 의해 전달된 예외를 저장하는 세션 범위 속성인 SPRING_SECURITY_LAST_EXCEPTION을 사용해 오류 메시지를 표시해야 한다.

```
<form>
    ...
    <div th:if="${param.error}">
        <div class="ui error message" style="display: block;">
            Authentication Failed<br/>
            Reason :
            <span th:text="${session.SPRING_SECURITY_LAST_EXCEPTION.message}" />
        </div>
    </div>

</form>
```

로그아웃 서비스

로그아웃 서비스는 로그아웃 요청을 처리하는 핸들러를 제공한다. logout() 구성 메소드를 통해 구성할 수 있다.

```
@Configuration
public class LibrarySecurityConfig extends WebSecurityConfigurerAdapter
                                   implements WebMvcConfigurer {
    @Override
    protected void configure(HttpSecurity http) throws Exception {
        http
            ...
            .and()
            .logout();
    }
}
```

기본적으로 URL/logout에 매핑되며 POST 요청에만 반응한다. 페이지에 작은 html 양식을 추가해 로그아웃할 수도 있다.

```
<form th:action="/logout" method="post"><button>Logout</button><form>
```

참고   CSRF 보호를 사용하는 경우 CSRF 토큰을 양식에 추가하는 것을 기억해야 한다. 그렇지 않으면 로그아웃이 실패한다.

기본적으로 로그아웃이 성공하면 사용자는 컨텍스트 경로의 루트로 리디렉션되지만 logoutSuccessUrl 구성 메소드를 사용해 다른 URL로 사용자를 안내할 수도 있다.

```
@Configuration
public class LibrarySecurityConfig extends WebSecurityConfigurerAdapter
                                   implements WebMvcConfigurer {
    @Override
    protected void configure(HttpSecurity http) throws Exception {
        http
```

```
            ...
            .and()
                .logout().logoutSuccessUrl("/");
    }
}
```

로그아웃 후 브라우저의 뒤로 가기 버튼을 사용하면 로그아웃이 성공하더라도 이전 페이지를 계속 볼 수 있다. 이는 브라우저가 페이지를 캐시한다는 사실과 관련이 있다. headers() 구성 메소드로 보안 헤더를 활성화하면 브라우저가 페이지를 캐시하지 않도록 지시한다.

```
@Configuration
public class LibrarySecurityConfig extends WebSecurityConfigurerAdapter
                                   implements WebMvcConfigurer {
    @Override
    protected void configure(HttpSecurity http) throws Exception {
        http
            ...
            .and()
                .headers();
    }
}
```

그러면 no-cache 헤더 옆에서 콘텐츠 스니핑이 비활성화되고 x-frame 보호가 활성화된다. 이 기능을 사용하고 브라우저의 뒤로 가기 버튼을 사용하면 로그인 페이지로 리디렉션된다.

익명 로그인

익명 로그인 서비스는 자바 구성의 anonymous() 메소드를 통해 구성할 수 있다. 이 메소드에서는 익명 사용자의 사용자 이름과 권한을 사용자 정의할 수 있다. 기본값은 anonymousUser와 ROLE_ANONYMOUS이다.

```
@Configuration
public class LibrarySecurityConfig extends WebSecurityConfigurerAdapter
                                    implements WebMvcConfigurer {
    @Override
    protected void configure(HttpSecurity http) throws Exception {
        http
                ...
                .and()
                    .anonymous().principal("guest").authorities("ROLE_GUEST");
    }
}
```

Remember-Me 지원

Remember-Me 지원은 자바 구성의 rememberMe( ) 메소드를 통해 구성할 수 있다. 기본적으로 사용자 이름, 암호, remember-me 만료 시간 및 개인 키를 토큰으로 인코딩하고 쿠키로 사용자의 브라우저에 저장한다. 다음에 사용자가 동일한 웹 애플리케이션에 액세스하면 이 토큰이 감지돼 사용자가 자동으로 로그인할 수 있다.

```
@Configuration
public class LibrarySecurityConfig extends WebSecurityConfigurerAdapter
                                    implements WebMvcConfigurer {
    @Override
    protected void configure(HttpSecurity http) throws Exception {
        http
                ...
                .and()
                    .rememberMe();
    }
}
```

그러나 정적 Remember-Me 토큰은 해커가 캡처할 수 있기 때문에 보안 문제를 일으킬 수 있다. 스프링 보안은 고급 보안 요구를 위해 롤링 토큰을 지원하지만, 토큰을 유지하려면 데이터베이스가 필요하다. 롤링 Remember-Me 토큰 배치에 대한 자세한 내용은 스프링 보안 참조 문서를 참고하자.

6-3 인증 사용자

문제점

사용자가 보안 리소스에 접근하기 위해 애플리케이션에 로그인하려면 해당 사용자에게 필요한 권한을 부여해 인증할 수 있도록 해야 한다.

해결 방법

스프링 보안에서 인증은 체인으로 연결된 하나 이상의 AuthenticationProvider에 의해 수행된다. 이 중 하나가 사용자를 성공적으로 인증하면 해당 사용자는 애플리케이션에 로그인할 수 있다. 어느 인증 제공자라도 사용자가 비활성화됐거나 잠겼거나 자격 증명이 잘못됐다고 기록되거나 인증 제공자가 사용자를 인증할 수 없는 경우에는 사용자는 애플리케이션에 로그인할 수 없다.

스프링 보안은 사용자를 인증하는 다양한 방법을 지원하며, 내장된 인증 제공자 구현체가 들어 있다. 내장 XML 요소를 사용해 이러한 인증 제공자를 쉽게 구성할 수 있다. 가장 일반적인 인증 제공자는 사용자 세부 정보(예: 애플리케이션의 메모리, 관계형 데이터베이스 또는 LDAP 저장소)를 저장하는 사용자 리포지토리로 사용자를 인증한다.

저장소에 사용자 정보를 저장하는 경우에는 해커에게 취약해질 수 있으므로 사용자 암호를 일반 텍스트로 저장하지 않고 항상 암호화된 비밀번호를 저장해야 한다. 암호를 암호화하는 일반적인 방법은 단방향 해시 함수를 사용해 암호를 인코딩하는 것이다. 사용자가 로그인할 암호를 입력하면 이 암호에 동일한 해시 함수를 적용하고 결과를 저장소에 저장된 것과 비교한다. 스프링 보안은 암호(BCrypt와 SCrypt 포함)를 암호화하는 여러 가지 알고리즘을 지원하며 이러한 알고리즘을 위한 기본 암호 인코더를 제공한다.

예제 구현

인메모리 기반 사용자 인증

애플리케이션에 소수의 사용자만 있고 세부 사항을 거의 수정할 필요가 없다면 스프링 보안 구성 파일에서 사용자 세부 사항을 정의해 애플리케이션 메모리에 로드할 수 있다.

```java
@Configuration
public class LibrarySecurityConfig extends WebSecurityConfigurerAdapter {
...
    @Override
    protected void configure(AuthenticationManagerBuilder auth)
    throws Exception {
        UserDetails adminUser = User.withDefaultPasswordEncoder()
                    .username("admin@books.io")
                    .password("secret")
                    .authorities("ADMIN","USER").build();

        UserDetails normalUser = User.withDefaultPasswordEncoder()
                    .username("marten@books.io")
                    .password("user")
                    .authorities("USER").build();

        UserDetails disabledUser = User.withDefaultPasswordEncoder()
                    .username("jdoe@books.net")
                    .password("user")
                    .disabled(true)
                    .authorities("USER").build();

        auth.inMemoryAuthentication()
                    .withUser(adminUser)
                    .withUser(normalUser)
                    .withUser(disabledUser);
    }
}
```

`User.withDefaultPasswordEncoder( )`[3]를 통해 얻은 `UserBuild`를 사용해, 암호화된 암호로 사용자를 구성할 수 있다. 인코딩된 스프링 보안 기본 암호(기본적으로 BCrypt로 인코딩)를 사용한다. `inMemoryAuthentication( )` 메소드로 사용자 정보를 추가할 수 있다. `withUser` 메소드로 사용자를 정의한다. 사용자마다 사용자 이름, 암호, 사용 불가능 상태 및 허가된 권한들을 지정할 수 있다. 비활성화된 사용자[4]는 애플리케이션에 로그인할 수 없다.

데이터베이스 기반 사용자 인증

좀 더 일반적으로, 사용자 세부 정보는 유지보수가 용이하도록 데이터베이스에 저장해야 한다. 스프링 보안은 데이터베이스에서 사용자 세부 정보를 조회하는 지원 기능을 기본으로 제공한다. 기본적으로 다음 SQL 문으로 권한을 포함시켜 사용자 세부 정보를 조회한다.

```sql
SELECT username, password, enabled
FROM users
WHERE username = ?

SELECT username, authority
FROM authorities
WHERE username = ?
```

스프링 보안이 SQL 문으로 사용자 세부 정보를 조회하기 위해서는 데이터베이스에 해당 테이블을 생성해야 한다. 예를 들어, 다음 SQL 문을 사용해 데이터베이스에 테이블을 생성할 수 있다.

```sql
CREATE TABLE USERS (
    USERNAME VARCHAR(50)     NOT NULL,
    PASSWORD VARCHAR(50)     NOT NULL,
```

---

3 withDefaultPasswordEncoder( ) 메소드는 Deprecated 메소드로서 테스트, 학습을 위한 용도로만 사용이 가능하다. – 옮긴이

4 비활성된 사용자도 일반 사용자의 사용자 이름(username)과 중복되면 안 된다. – 옮긴이

```
    ENABLED SMALLINT        NOT NULL,
    PRIMARY KEY (USERNAME)
);

CREATE TABLE AUTHORITIES (
    USERNAME VARCHAR(50)    NOT NULL,
    AUTHORITY VARCHAR(50)   NOT NULL,
    FOREIGN KEY (USERNAME) REFERENCES USERS
);
```

그런 다음 테스트 목적으로 이 테이블에 사용자 세부 정보를 입력할 수 있다. 이 두 테이블의 데이터는 표 6-3와 표 6-4에 나와 있다.

▼ 표 6-3 USERS 테이블의 테스트 사용자 정보

USERNAME	PASSWORD	ENABLED
admin@books.io	{noop}secret	1
marten@books.io	{noop}user	1
jdoe@books.net	{noop}unknown	0

참고 PASSWORD 필드의 {noop}은 저장된 암호에 암호화가 적용되지 않았음을 나타낸다. 스프링 보안은 위임을 사용해 사용할 인코딩 방법을 결정한다. 값은 {bcrypt}, {scrypt}, {pbkdf2}, {sha256}이될 수 있다. {sha256}은 주로 호환성을 이유로 존재하며 비보안으로 간주해야 한다.

▼ 표 6-4 AUTHORITIES 테이블의 테스트 사용자 정보

USERNAME	AUTHORITY
admin@books.io	ADMIN
admin@books.io	USER
marten@books.io	USER
jdoe@books.net	USER

스프링 보안이 테이블에 접근하려면 데이터베이스 연결을 생성할 수 있는 데이터 소스를 선언해야 한다.

자바 Config에서는 jdbcAuthentication( ) 구성 메소드를 사용하고 DataSource를 전달하자. 일반적으로 이는 스프링 부트에 구성된 DataSource이며 spring.datasource 등록 정보를 통해 구성할 수 있다(자세한 내용은 예제 7-1 참고).

```
@Configuration
public class LibrarySecurityConfig extends WebSecurityConfigurerAdapter {

    @Autowired
    private DataSource dataSource;

    @Override
    protected void configure(AuthenticationManagerBuilder auth)
    throws Exception {
        auth.jdbcAuthentication().dataSource(dataSource);
    }
}
```

그러나 어떤 경우에는 기존 데이터베이스에 사용자 저장소가 있는 경우도 있다. 예를 들어, 테이블이 다음 SQL 문으로 작성되고 MEMBER 테이블의 모든 사용자가 사용 가능한 상태라고 가정해보자.

```
CREATE TABLE MEMBER (
    ID          BIGINT       NOT NULL,
    USERNAME    VARCHAR(50)  NOT NULL,
    PASSWORD    VARCHAR(32)  NOT NULL,
    PRIMARY KEY (ID)
);

CREATE TABLE MEMBER_ROLE (
    MEMBER_ID   BIGINT       NOT NULL,
    ROLE        VARCHAR(10)  NOT NULL,
    FOREIGN KEY (MEMBER_ID) REFERENCES MEMBER
);
```

표 6-5와 표 6-6에 표시된 대로 이러한 테이블에 기존 사용자 데이터가 저장돼 있다고 가정한다.

▼ 표 6-5 MEMBER 테이블의 기존 사용자 정보

ID	USERNAME	PASSWORD
1	admin@ya2do.io	{noop}secret
2	marten@ya2do.io	{noop}user

▼ 표 6-6 MEMBER_ROLE 테이블의 기존 사용자 정보

MEMBER_ID	ROLE
1	ROLE_ADMIN
1	ROLE_USER
2	ROLE_USER

다행히도 스프링 보안은 사용자 정의 SQL 문을 사용해 기존 데이터베이스에 사용자 세부 정보를 조회하도록 지원한다. usersByUsernameQuery(), authoritiesByUsernameQuery() 구성 메소드를 사용해 사용자 정보 및 권한을 조회하는 SQL 문을 지정할 수 있다.

```
@Configuration
public class LibrarySecurityConfig extends WebSecurityConfigurerAdapter {
    ...

    @Override
    protected void configure(AuthenticationManagerBuilder auth)
    throws Exception {
        auth.jdbcAuthentication()
            .dataSource(dataSource)
            .usersByUsernameQuery(
              "SELECT username, password, 'true' as enabled " +
              "FROM member WHERE username = ?")
            .authoritiesByUsernameQuery(
              "SELECT member.username, member_role.role as authorities " +
```

```
            "FROM member, member_role " +
            "WHERE member.username = ? AND member.id = member_role.member_id");
    }
}
```

암호의 암호화

지금까지는 일반 텍스트 암호로 사용자 세부 정보를 저장했다. 그러나 이 접근법은 해커 공격에 취약하기 때문에 암호를 저장하기 전에 암호화해야 한다. 스프링 보안은 암호를 암호화하는 여러 가지 알고리즘을 지원한다. 예를 들면 단방향 해시 알고리즘인 BCrypt 를 선택해 암호를 암호화할 수 있다.

참고 암호에 대해 BCypt 해시를 계산할 때 도움이 필요할 수 있다. 예를 들어 www.browserling. com/tools/bcrypt를 통해 온라인으로 이 작업을 수행할 수 있고, 스프링 보안의 BCrypt PasswordEncoder를 사용하는 기본 메소드로 클래스를 간단히 만들 수도 있다.

물론 표 6-7에서와 같이 일반 텍스트 암호 대신 데이터베이스 테이블에 암호화된 암호 를 저장해야 한다. PASSWORD 필드에 BCrypt 해시를 저장하려면 필드 길이가 최소 68 자(즉, BCrypt 해시 길이 + 암호화 유형 {bcrypt})여야 한다.

▼ 표 6-7 USER 테이블의 암호화된 암호가 포함된 테스트 사용자 정보

USERNAME	PASSWORD	ENABLED
admin@ya2do.io	{bcrypt}$2a$10$E3mPTZb50e7sSW15fDx8Ne7hDZpfDjrmMPTTUp8wVjLTu.G5oPYCO	1
marten@ya2do.io	{bcrypt}$2a$10$5VWqjwoMYnFRTTmbWCRZT.iY3WW8ny27kQuUL9yPK1/WJcPcBLFWO	1
jdoe@does.net	{bcrypt}$2a$10$cFKh0.XCUOA9L.in5smliO2QlOT8.6ufQSwllC.AVz26WctxhSWC6	0

6-4 접근 제어 설정

문제점

인증 프로세스에서 애플리케이션은 인증된 사용자에게 권한 집합을 부여한다. 이 사용자가 애플리케이션의 리소스에 접근하려고 하면 애플리케이션은 권한이 부여된 권한 또는 다른 특성으로 리소스에 접근할 수 있는지를 결정해야 한다.

해결 방법

사용자가 애플리케이션에서 리소스에 접근할 수 있는지를 결정하는 것을 접근 제어라고 한다. 이것은 사용자의 인증 상태와 리소스의 특성 및 접근 속성을 기반으로 만들어진다.

예제 구현

스프링 보안을 사용하면 SpEL^{Spring Expression Language}을 사용해 강력한 접근 제어 규칙을 만들 수 있다. 스프링 보안은 두 가지 표현식(표 6-8 참고)을 즉시 지원한다. and, or, not 같은 구문을 사용하면 매우 강력하고 유연한 표현식을 만들 수 있다.

▼ 표 6-8 스프링 보안에서 지원하는 표현식

표현식	설명
hasRole('role') or hasAuthority('authority')	현재 사용자가 권한이 있을 경우 true를 반환한다.
hasAnyRole('role1', 'role2') / hasAnyAuthority('auth1', 'auth2')	현재 사용자가 최소 하나라도 권한이 있을 경우 true를 반환한다.
hasIpAddress('ip-address')	현재 사용자가 IP 주소를 갖고 있을 경우 true를 반환한다.
principal	현재 사용자
Authentication	스프링 보안 인증 객체에 접근
permitAll	항상 true를 반환한다.

(이어짐)

표현식	설명
denyAll	항상 false를 반환한다.
isAnonymous()	현재 사용자가 익명일 경우 true를 반환한다.
isRememberMe()	현재 사용자가 Remember-Me 기능으로 로그인한 경우 true를 반환한다.
isAuthenticated()	익명 사용자가 아닐 경우 true를 반환한다.
isFullyAuthenticated()	사용자가 익명이 아니고 Remember-Me 사용자도 아닌 경우 true를 반환한다.

주의사항 역할과 권한은 거의 동일하지만 처리 방법에는 약간의 차이가 중요하다. hasRole을 사용할 때 역할에 전달된 값이 ROLE_(기본 역할 접두사)로 시작하면 그대로의 값으로 확인하고, 그렇지 않은 경우에는 권한을 확인하기 전에 추가로 ROLE_로 시작하는 값을 먼저 확인한다. 따라서 hasRole('ADMIN')은 현재 사용자에게 ROLE_ADMIN 권한이 있는지를 먼저 확인한다. hasAuthority를 사용할 때에는 전달된 값을 그대로 확인한다.

다음 표현식은 누군가가 ADMIN 역할을 했거나 로컬 시스템에 로그인한 경우 책 삭제 기능에 대한 접근 권한을 제공한다. Matcher를 정의할 때 has* 메소드 대신 access 메소드를 이용해 표현식을 작성할 수 있다.

```
@Configuration
public class LibrarySecurityConfig extends WebSecurityConfigurerAdapter {

    ...

    @Override
    protected void configure(HttpSecurity http) throws Exception {
        http
            .authorizeRequests()
                .antMatchers(HttpMethod.GET, "/books*").hasAnyRole("USER", "GUEST")
                .antMatchers(HttpMethod.POST, "/books*").hasRole("USER")
                .antMatchers(HttpMethod.DELETE, "/books*")
                    .access("hasRole('ROLE_ADMIN') or hasIpAddress('127.0.0.1') " +
```

```
                    "or hasIpAddress('0:0:0:0:0:0:0:1')")
                ...
    }
}
```

스프링 빈을 사용한 접근 제어 표현식 만들기

표현식에서 @ 기호를 사용하면 애플리케이션 컨텍스트에서 모든 빈을 호출할 수 있다.
따라서 @accessChecker.hasLocalAccess(authentication)와 같은 표현식을 작성하고
AccessChecker라는 빈을 제공할 수 있다. 이 빈에는 Authentication 객체를 사용하는
hasLocalAccess 메소드가 있다.

```
package com.apress.springbootrecipes.library.security;

import org.springframework.security.core.Authentication;
import org.springframework.security.web.authentication.
WebAuthenticationDetails;

@Component
public class AccessChecker {

    public boolean hasLocalAccess(Authentication authentication) {
        boolean access = false;
        if (authentication.getDetails() instanceof WebAuthenticationDetails) {
            WebAuthenticationDetails details =
               (WebAuthenticationDetails) authentication.getDetails();
            String address = details.getRemoteAddress();
            access = address.equals("127.0.0.1") ||
                    address.equals("0:0:0:0:0:0:0:1");
        }
        return access;
    }
}
```

AccessChecker는 이전에 작성된 사용자 정의 표현식 핸들러와 동일한 검사를 수행하지
만, 스프링 보안 클래스는 확장하지 않는다.

```
@Override
protected void configure(HttpSecurity http) throws Exception {

    http.authorizeRequests()
        .antMatchers(HttpMethod,POST, "/books*").hasAuthority("USER")
        .antMatchers(HttpMethod.DELETE, "/books*")
            .access("hasAuthority('ADMIN') " +
                    "or @accessChecker.hasLocalAccess(authentication)");
    ...
}
```

애노테이션과 표현식을 사용한 보안 메소드

@PreAuthorize와 @PostAuthorize 애노테이션을 사용하면 URL 보안만 하는 것이 아니라 메소드 호출을 보호할 수도 있다. 메소드가 호출되기 전에 @PreAuthorize로 정의한 권한을 확인하고, 메소드 호출 후에 @PostAuthorize가 반환된 값의 보안 검사를 수행하는 데 사용된다. 이들을 사용해 URL 기반 보안과 마찬가지로 보안 기반 표현식을 작성할 수 있다. 애노테이션 처리를 사용하려면 @EnableGlobalMethodSecurity 애노테이션을 보안 구성에 추가하고 prePostEnabled 속성을 true로 설정하자.

```
@Configuration
@EnableGlobalMethodSecurity(prePostEnabled = true)
public class LibrarySecurityConfig extends WebSecurityConfigurerAdapter {
... }
```

이제 @PreAuthorize 애노테이션을 사용해 애플리케이션을 보호할 수 있다.

```
package com.apress.springbootrecipes.library;

import org.springframework.security.access.prepost.PreAuthorize;
import org.springframework.stereotype.Service;

import java.util.Map;
import java.util.Optional;
import java.util.concurrent.ConcurrentHashMap;
```

```
@Service
class InMemoryBookService implements BookService {

    private final Map<String, Book> books = new ConcurrentHashMap<>();

    @Override
    @PreAuthorize("isAuthenticated()")
    public Iterable<Book> findAll() {
        return books.values();
    }

    @Override
    @PreAuthorize("hasAuthority('USER')")
    public Book create(Book book) {
        books.put(book.getIsbn(), book);
        return book;
    }

    @Override
    @PreAuthorize("hasAuthority('ADMIN') or
      @accessChecker.hasLocalAccess(authentication)")
    public void remove(Book book) {
        books.remove(book.getIsbn());
    }

    @Override
    @PreAuthorize("isAuthenticated()")
    public Optional<Book> find(String isbn) {
        return Optional.ofNullable(books.get(isbn));
    }
}
```

@PreAuthorize 애노테이션은 스프링 보안을 트리거해 거기에서 표현식의 유효성을 검사한다. 성공하면 액세스가 허용되고, 그렇지 않으면 예외가 발생하고 액세스 권한이 없음을 사용자에게 표시한다.

6-5 웹플럭스 애플리케이션에 보안 추가하기

문제점

스프링 웹플럭스(5장 참고)로 빌드된 애플리케이션을 보유하고 있으며 스프링 보안을 사용해 애플리케이션을 보호하고자 한다.

해결 방법

웹플럭스 기반 애플리케이션의 의존성으로 스프링 보안을 추가할 때 스프링 부트는 자동으로 보안을 활성화한다. @EnableWebFluxSecurity 애노테이션이 달린 구성 클래스를 애플리케이션에 추가한다. 그런 다음 @EnableWebFluxSecurity 애노테이션은 기본 스프링 보안 WebFluxSecurityConfiguration을 가져오게 된다.

예제 구현

스프링 웹플럭스 애플리케이션은 일반적인 스프링 MVC 애플리케이션과 매우 다르다. 그런데도 스프링 부트와 스프링 보안은 안전한 웹플럭스 기반 애플리케이션을 더욱 쉽게 만들 수 있도록 해준다.

보안을 활성화하려면 웹플럭스 애플리케이션(예제 5.3 참고)에 spring-boot-starter-security를 추가하자.

```
<dependency>
    <groupId>org.springframework.boot</groupId>
    <artifactId>spring-boot-starter-security</artifactId>
</dependency>
```

그러면 spring-security-core, spring-security-config, spring-securiy-web 의존성이 프로젝트에 추가된다. 스프링 부트는 이러한 JAR 파일 내부 일부 클래스의 가용성을 감지하고 자동으로 보안을 활성화한다.

스프링 부트는 스프링 보안을 다음과 같이 설정한다. 기본 인증으로 인증하고 폼 로그인은 보안을 위해 HTTP 헤더를 사용한다. 모든 리소스에 접근하려면 로그인해야 한다.

경고   스프링 부트는 시작 로그에 user라는 기본 사용자와 임의로 생성된 암호를 추가함을 표시한다. 이 기능은 테스트, 프로토타이핑 또는 데모용으로만 사용되므로 운영 시스템에서는 사용하지 않도록 주의해야 한다!

의존성 spring-boot-starter-security를 예제 5–3에 추가하면 모든 엔드포인트를 자동으로 보호한다. 시작할 때 생성된 암호가 출력된다(그림 6–4).

▲ 그림 6-4 웹플럭스 보안 출력

이제 http://localhost:8080/에 접속하면 로그인 페이지가 나타난다(그림 6-5).

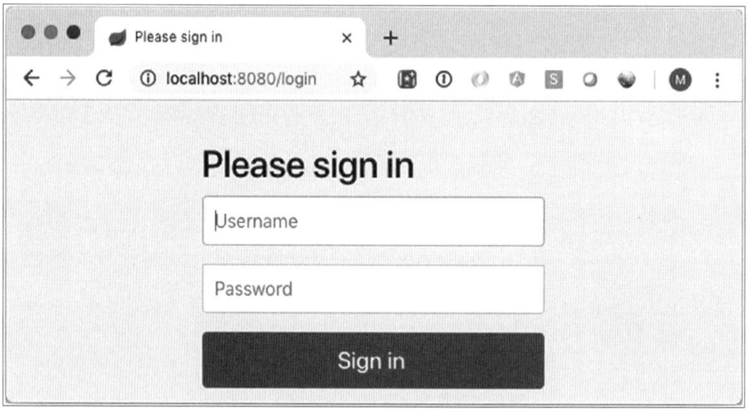

▲ 그림 6-5 기본 로그인 페이지

URL 접근 보안

접근 규칙은 사용자 정의 SecurityWebFilterChain을 추가해 구성할 수 있다. 먼저 OrdersSecurityConfiguration을 생성하자.

```
@Configuration
public class OrdersSecurityConfiguration { ... }
```

스프링 보안의 WebFluxSecurityConfiguration 클래스는 보안 구성을 포함하는 SecurityWebFilterChain의 인스턴스를 감지한다. 이 인스턴스는 WebFilter로 감싸져서 웹플럭스가 들어오는 요청에 정상적인 서블릿 필터처럼 동작을 추가하는 데 사용된다.

현재 구성은 보안만 가능하게 한다. 몇 가지 보안 규칙을 추가해보자.

```
@Bean
SecurityWebFilterChain springWebFilterChain(ServerHttpSecurity http) throws
Exception {
    return http
            .authorizeExchange()
```

```
                    .pathMatchers("/").permitAll()
                    .pathMatchers("/orders*").hasRole("USER")
                    .anyExchange().authenticated()
                .and().build();
}
```

ServerHttpSecurity는 이제 익숙하듯(6장의 다른 예제 참고) 보안 규칙을 추가하고 추가
구성(예: 헤더 추가/제거, 로그인 방법 구성)에 사용된다. authorizeExchange를 사용하면 규
칙을 작성할 수 있다. 보안 URL을 사용하면 모든 사용자에게 /가 허용되고 /orders URL
은 USER 역할에만 사용 가능하다. 그 외 요청의 경우에는 최소한의 인증을 받아야 한다.
마지막으로 build()를 호출해 실제로 SecurityWebFilterChain을 빌드한다.

authorizeExchange 옆에 headers() 구성 메소드를 사용해 요청에 보안 헤더를 추가하거
나 CSRF 보호 추가를 위한 csrf() 등을 사용할 수도 있다.

웹플럭스 애플리케이션에 로그인

기본 구성의 일부를 명시적으로 변경 구성할 수도 있고, 보안 컨텍스트를 저장하는 데 사
용된 인증 관리자와 저장소를 변경할 수도 있다. 인증 관리자가 자동으로 감지되는데,
ReactiveAuthenticationManager 또는 UserDetailsRepository 유형의 빈을 등록하기
만 하면 된다.

ServerSecurityContextRepository를 구성해 SecurityContext가 저장되는 위치를 설정
할 수도 있다. 기본 구현 방법은 WebSession에 컨텍스트를 저장하는 WebSessionServerS
ecurityContextRepository이다. 또 다른 구현 방법으로는 NoOpServerSecurityContext
Repository이 있는데, Stateless 애플리케이션에서 사용된다.

```
@Bean
SecurityWebFilterChain springWebFilterChain(HttpSecurity http) throws Exception {
    return http
            .httpBasic().
            .and().formLogin().
        .authenticationManager(new CustomReactiveAuthenticationManager())
```

```
    .securityContextRepository(
      new ServerWebExchangeAttributeSecurityContextRepository())
    .and().build();
}
```

CustomReactiveAuthenticationManager와 Stateless NoOpServerSecurityContextRepository를 사용해 기본값을 대체할 수도 있지만, 예제 애플리케이션에서는 기본값으로 설정할 것이다.

사용자 인증

스프링 웹플럭스 기반 애플리케이션에서 사용자 인증은 ReactiveAuthentication Manager를 통해 수행된다. 이것은 단일 인증 메소드가 있는 인터페이스다. 직접 구현체를 만들거나 제공된 두 구현체 중 하나를 사용할 수 있다. 첫 번째는 ReactiveUser DetailsService의 인스턴스를 감싸는 UserDetailsRepositoryAuthenticationManager 이다.

참고   ReactiveUserDetailsService에는 인메모리 구현인 MapReactiveUserDetailsService라는 단일 구현체만 있다. 반응형 데이터 저장소(몽고DB 또는 카우치베이스(Couchbase) 같은)를 기반으로 자신만의 구현체를 만들 수도 있다.

또 다른 구현체 ReactiveAuthenticationManagerAdapter는 실제로 일반 Authenti cationManager를 감싼 클래스다. ReactiveAuthenticationManagerAdapter는 일반 인스턴스를 감싸 반응형으로 차단 기능을 구현하는 데 사용할 수 있다. 여전히 블로킹 형태의 인스턴스지만 반응형으로 재사용이 가능하게 해준다. 마찬가지로 JDBC, LDAP 등을 반응형 애플리케이션에서도 활용할 수 있다.

스프링 웹플럭스 애플리케이션에서 스프링 보안을 구성할 때 자바 구성 클래스 또는 UserDetailsRepository에 ReactiveAuthenticationManager 인스턴스를 추가할 수 있다. 후자의 경우 UserDetailsRepositoryAuthenticationManager를 자동으로 감싼다.

```
@Bean
public MapUserDetailsRepository userDetailsRepository() {
    UserDetails marten =
        User.withUsername("marten").password("secret")
                .roles("USER").build();
    UserDetails admin =
        User.withUsername("admin").password("admin")
                .roles("USER","ADMIN").build();
    return new MapUserDetailsRepository(marten, admin);
}
```

이제 애플리케이션을 실행하면 / 페이지에 자유롭게 접근할 수 있지만 /orders로 시작하는 URL에 접근하면 로그인 폼으로 이동한다(그림 6-5 참고). 미리 정의된 사용자 중 하나의 자격 증명을 입력할 때 요청된 URL에 액세스할 수 있다.

접근 제어 설정

애플리케이션의 어떤 시점에서 사용자가 가지고 있는 권한이나 역할에 따라 접근 권한을 부여해야 한다. 스프링 보안은 접근 권한을 부여하는 내장된 표현식(표 6-9)을 몇 가지 제공한다.

▼ 표 6-9 스프링 보안 웹플럭스에서 지원하는 표현식

표현식	설명
hasRole('role') or hasAuthority('authority')	현재 사용자가 권한이 있을 경우 true를 반환한다.
permitAll()	항상 true를 반환한다.
denyAll()	항상 false를 반환한다.
authenticated()	사용자가 인증된 경우 true를 반환한다.
access()	액세스 허용 여부를 결정하는 함수를 사용한다.

```
@Bean
SecurityWebFilterChain springWebFilterChain(HttpSecurity http) throws Exception {
    return http
        .authorizeExchange()
            .pathMatchers("/").permitAll()
            .pathMatchers("/orders*").access(this::ordersAllowed)
            .anyExchange().authenticated()
        .and()
        .build();
}

private Mono<AuthorizationDecision> ordersAllowed(Mono<Authentication>
authentication, AuthorizationContext context) {
    return authentication
        .map( a.getAuthorities().contains(new SimpleGrantedAuthority("ROLE_
ADMIN")))
        .map( AuthorizationDecision::new);
}
```

access() 표현식은 매우 강력한 표현식을 작성하는 데 사용된다. 이전 스니펫은 현재 사용자가 ROLE_ADMIN 권한을 가지고 있는 경우 액세스를 허용한다. 인증에는 ROLE_ADMIN을 확인할 수 있는 GrantedAuthorities 집합이 포함돼 있다. 물론 복잡한 표현을 원하는 만큼 작성할 수도 있다. IP 주소, 헤더 등을 확인할 수 있다.

6-6 요약

6장에서는 스프링 보안으로 스프링 부트 애플리케이션을 보호하는 방법을 배웠다. 모든 자바 애플리케이션을 보호하는 데 사용할 수 있지만 주로 웹 기반 애플리케이션에 사용된다. 보안 영역에서는 인증, 권한 부여, 접근 제어의 개념이 반드시 사용되므로 이를 명확하게 이해해야 한다.

중요한 URL은 무단으로 액세스하는 것을 방지해 보호해야 하는 경우가 많다. 스프링 보안은 선언적인 방식으로 보호할 수 있도록 도와준다. 간단한 자바 기반 구성으로 서블릿 필터를 적용해 보안을 처리한다. 스프링 보안은 기본 보안 서비스를 자동으로 구성하고 가능한 한 기본적으로 보안을 유지한다.

스프링 보안은 사용자가 폼 기반 로그인이나 HTTP 기본 인증 등 웹 애플리케이션에 로그인하는 여러 가지 방법을 지원한다. 또한 일반 사용자와 마찬가지로 익명 사용자를 처리할 수 있는 익명 로그인 서비스도 제공한다. Remember-Me 지원을 통해 애플리케이션은 여러 브라우저 세션에서 사용자의 신원을 기억하게 할 수도 있다.

스프링 보안은 내장된 인증 제공자의 구현을 통해 사용자를 인증하는 여러 가지 방법을 지원한다. 예를 들어, 인메모리 정의, 관계형 데이터베이스, LDAP 저장소의 사용자 인증을 지원하고, 일반 텍스트 암호는 해커 공격에 취약하기 때문에 항상 암호화된 암호를 사용자 저장소에 저장해야 한다. 또한 스프링 보안은 원격 질의 수행의 오버헤드를 줄이기 위해 사용자 세부 정보를 로컬에 캐싱하는 기능도 지원한다.

사용자가 주어진 리소스에 접근할 수 있는지 여부는 접근 관리자가 결정한다. 스프링 보안에는 투표 접근법을 기반으로 하는 3명의 접근 관리자가 있는데, 그들 모두 한 그룹의 유권자가 출입 통제 결정에 투표하도록 구성돼야 한다.

스프링 보안을 사용하면 @PreAuthorize와 @PostAuthorize 애노테이션을 사용해 선언적 방법으로 메소드 호출을 보호할 수 있다.

스프링 보안은 또한 스프링 웹플럭스 기반 애플리케이션의 보안을 지원한다. 마지막 예제에서는 그런 애플리케이션에 보안을 추가하는 방법에 대해 살펴봤다.

## 7장

데이터 처리

데이터베이스로 작업을 할 때 가장 먼저 할 일은 데이터베이스에 연결하는 것이다. 자바에서는 javax.sql.DataSource를 사용해 연결한다. 스프링은 DriverManagerDataSource나 SimpleDriverDataSouce처럼 독창적인 DataSource 구현체를 몇 가지 제공한다. 그러나 이런 객체들은 연결 풀이 구현돼 있지 않아서 주로 테스트용으로만 사용하고 실제 상품 단계의 애플리케이션에는 적합하지 않다. 실제 시스템에서는 히카리CP^{HikariCP}[1] 같은 적절한 연결 풀을 사용하는 것이 좋다.

팁　db 폴더에 Dockerfile을 생성하고 포스트그레SQL[2] 설정을 추가하면 데이터베이스가 자동으로 생성된다. docker build -t sb2r-postgres 명령으로 빌드하고 docker run -p 5432:5342 -it sb2r-postgres 명령으로 실행한다.

---

[1]　https://brettwooldridge.github.io/HikariCP/

[2]　https://www.postgresql.org

7-1 데이터소스 설정

문제점

애플리케이션에서 데이터베이스에 접속해야 한다.

해결 방법

spring.datasource.url, spring.datasource.username, spring.datasource.password
속성을 사용해 스프링 부트에 DataSource를 설정한다.

예제 구현

DataSource를 설정하려면, 스프링 부트에서는 연결 풀이 있거나 H2, HSQLDB, 또는 더
비^{Derby} 등 내장형 데이터베이스가 필요하다. 스프링 부트는 히카리CP나 톰캣 JDBC, 커
먼즈 DBCP2 기반의 연결 풀을 순서대로 자동 탐지한다. 연결 풀을 사용할 때는 spring.
datasource.url, spring.datasource.username, spring.datasource.password 속성을
설정해야 한다. JDBC 기능을 사용하려면 spring-boot-starter-jdbc 의존성을 추가해
야 한다. 다음과 같이 의존성을 추가하면 JDBC와 관련된 모든 의존성을 내려받는다.

```
<dependency>
    <groupId>org.springframework.boot</groupId>
    <artifactId>spring-boot-starter-jdbc</artifactId>
</dependency>
```

spring-jdbc, spring-tx 관련 의존성을 포함하고, 기본 연결 풀은 히카리CP다.

내장 데이터소스 사용

스프링 부트가 H2나 HSQLDB, 또는 더비 등을 발견하면 기본적으로 발견한 내장 데이터베이스의 내장 연결 풀 구현체를 사용해 기동한다. 이는 테스트 코드를 작성하거나 데모 혹은 시연을 준비할 때 매우 유용하다. 스프링 부트가 관련 의존성을 포함한 필요한 내장 데이터베이스를 생성하도록 하는 것은 매우 간단한 일이다.

```
<dependency>
    <groupId>org.apache.derby</groupId>
    <artifactId>derby</artifactId>
    <scope>runtime</scope>
</dependency>
```

스프링 부트는 더비 데이터베이스를 발견하고 내장 데이터소스를 부트스트랩으로 사용한다. 데이터베이스의 테이블을 나열하는 애플리케이션을 작성해보자.

```java
package com.apress.springboot2recipes.jdbc;

import org.slf4j.Logger;
import org.slf4j.LoggerFactory;
import org.springframework.boot.ApplicationArguments;
import org.springframework.boot.ApplicationRunner;
import org.springframework.boot.SpringApplication;
import org.springframework.boot.autoconfigure.SpringBootApplication;
import org.springframework.stereotype.Component;

import javax.sql.DataSource;

@SpringBootApplication
public class JdbcApplication {

    public static void main(String[] args) {
        SpringApplication.run(JdbcApplication.class, args);
    }
}
```

```
@Component
class TableLister implements ApplicationRunner {

    private final Logger logger = LoggerFactory.getLogger(getClass());
    private final DataSource dataSource;

    TableLister(DataSource dataSource) {
        this.dataSource = dataSource;
    }

    @Override
    public void run(ApplicationArguments args) throws Exception {
        try (var con = dataSource.getConnection();
            var rs = con.getMetaData().getTables(null, null, "%", null)) {
        while (rs.next()) {
                logger.info("{}", rs.getString(3));
            }
        }
    }
}
```

애플리케이션이 동작할 때 TableLister의 인스턴스를 생성하고, 생성한 인스턴스에서 이미 설정된 데이터소스를 받는다. 스프링 부트는 ApplicationRunner의 구현체인 TableLister를 탐지 후 run 메소드를 호출할 것이다. run 메소드는 데이터소스로부터 Connection 객체를 얻고 DatabaseMetaData(JDBC로부터)를 사용해 데이터베이스에 있는 테이블 목록을 가져온다. 애플리케이션을 실행하면 그림 7-1과 유사한 형태의 결과가 나타낸다.

```
2018-09-10 19:27:18.543  WARN 96243 --- [      main] com.zaxxer.hikari.util.DriverDataSource  : Registered driver with driverClass
2018-09-10 19:27:18.946  INFO 96243 --- [      main] com.zaxxer.hikari.pool.PoolBase          : HikariPool-1 - Driver does not sup
2018-09-10 19:27:18.949  INFO 96243 --- [      main] com.zaxxer.hikari.HikariDataSource       : HikariPool-1 - Start completed.
2018-09-10 19:27:19.192  INFO 96243 --- [      main] c.a.springboot2recipes.jdbc.TableLister  : SYSALIASES
2018-09-10 19:27:19.192  INFO 96243 --- [      main] c.a.springboot2recipes.jdbc.TableLister  : SYSCHECKS
2018-09-10 19:27:19.192  INFO 96243 --- [      main] c.a.springboot2recipes.jdbc.TableLister  : SYSCOLPERMS
2018-09-10 19:27:19.193  INFO 96243 --- [      main] c.a.springboot2recipes.jdbc.TableLister  : SYSCOLUMNS
2018-09-10 19:27:19.193  INFO 96243 --- [      main] c.a.springboot2recipes.jdbc.TableLister  : SYSCONGLOMERATES
2018-09-10 19:27:19.193  INFO 96243 --- [      main] c.a.springboot2recipes.jdbc.TableLister  : SYSCONSTRAINTS
2018-09-10 19:27:19.193  INFO 96243 --- [      main] c.a.springboot2recipes.jdbc.TableLister  : SYSDEPENDS
2018-09-10 19:27:19.193  INFO 96243 --- [      main] c.a.springboot2recipes.jdbc.TableLister  : SYSFILES
2018-09-10 19:27:19.196  INFO 96243 --- [      main] c.a.springboot2recipes.jdbc.TableLister  : SYSFOREIGNKEYS
2018-09-10 19:27:19.197  INFO 96243 --- [      main] c.a.springboot2recipes.jdbc.TableLister  : SYSKEYS
2018-09-10 19:27:19.197  INFO 96243 --- [      main] c.a.springboot2recipes.jdbc.TableLister  : SYSPERMS
2018-09-10 19:27:19.197  INFO 96243 --- [      main] c.a.springboot2recipes.jdbc.TableLister  : SYSROLES
2018-09-10 19:27:19.197  INFO 96243 --- [      main] c.a.springboot2recipes.jdbc.TableLister  : SYSROUTINEPERMS
2018-09-10 19:27:19.197  INFO 96243 --- [      main] c.a.springboot2recipes.jdbc.TableLister  : SYSSCHEMAS
2018-09-10 19:27:19.197  INFO 96243 --- [      main] c.a.springboot2recipes.jdbc.TableLister  : SYSSEQUENCES
2018-09-10 19:27:19.197  INFO 96243 --- [      main] c.a.springboot2recipes.jdbc.TableLister  : SYSSTATEMENTS
2018-09-10 19:27:19.197  INFO 96243 --- [      main] c.a.springboot2recipes.jdbc.TableLister  : SYSSTATISTICS
2018-09-10 19:27:19.197  INFO 96243 --- [      main] c.a.springboot2recipes.jdbc.TableLister  : SYSTABLEPERMS
2018-09-10 19:27:19.197  INFO 96243 --- [      main] c.a.springboot2recipes.jdbc.TableLister  : SYSTABLES
2018-09-10 19:27:19.197  INFO 96243 --- [      main] c.a.springboot2recipes.jdbc.TableLister  : SYSTRIGGERS
2018-09-10 19:27:19.198  INFO 96243 --- [      main] c.a.springboot2recipes.jdbc.TableLister  : SYSUSERS
2018-09-10 19:27:19.198  INFO 96243 --- [      main] c.a.springboot2recipes.jdbc.TableLister  : SYSVIEWS
2018-09-10 19:27:19.198  INFO 96243 --- [      main] c.a.springboot2recipes.jdbc.TableLister  : SYSDUMMY1
```

▲ 그림 7-1 더비 데이터베이스를 사용한 TableLister 결과 출력

외부 데이터베이스 활용

데이터베이스에 연결하려면 JDBC 드라이버가 필요하다. 이번 예제에서는 포스트그레
SQL을 사용할 것이며, 포스트그레SQL의 JDBC 드라이버가 필요하다.

```xml
<dependency>
    <groupId>org.postgresql</groupId>
    <artifactId>postgresql</artifactId>
</dependency>
```

이제 application.properties에 필요한 설정을 추가해 단일 데이터소스 설정을 진행하
자. 도커 컨테이너 형태의 포스트그레SQL을 데이터베이스로 사용할 것이고, 데이터소스
설정은 아래와 같다. 필요한 경우 상황에 맞게 바꿔 쓰자.

```
spring.datasource.url=jdbc:postgresql://localhost:5432/customers
spring.datasource.username=customers
spring.datasource.password=customers
```

spring.datasource.url 속성은 데이터소스가 연결해야 할 대상 주소를 설정한다.
spring.datasource.username과 spring.datasource.password는 연결 시 필요한 사용
자 정보를 설정한다. 또한 spring.datasource.driver-class-name 속성을 사용해 JDBC

드라이버 클래스를 명시할 수도 있다. 일반적으로 스프링 부트는 URL 정보에서 자동으로 필요한 드라이버를 발견한다. 따라서 (성능이나 로깅 목적으로) 기본 제공 드라이버가 아닌 드라이버를 사용할 경우 별도로 명시하면 된다.

JdbcApplication을 실행할 때 결과는 그림 7-2와 비슷한 형태일 것이다. 이제 이름이 다른 테이블들이 출력되는 것을 볼 수 있다(더비 데이터베이스와 테이블 이름이 다르다).

```
2018-09-10 19:30:15.711 INFO 97421 --- [    main] com.zaxxer.hikari.HikariDataSource       : HikariPool-1 - Starting...
2018-09-10 19:30:15.996 INFO 97421 --- [    main] com.zaxxer.hikari.HikariDataSource       : HikariPool-1 - Start completed.
2018-09-10 19:30:16.012 INFO 97421 --- [    main] c.a.springboot2recipes.jdbc.TableLister  : pg_aggregate_fnoid_index
2018-09-10 19:30:16.012 INFO 97421 --- [    main] c.a.springboot2recipes.jdbc.TableLister  : pg_am_name_index
2018-09-10 19:30:16.012 INFO 97421 --- [    main] c.a.springboot2recipes.jdbc.TableLister  : pg_am_oid_index
2018-09-10 19:30:16.012 INFO 97421 --- [    main] c.a.springboot2recipes.jdbc.TableLister  : pg_amop_fam_strat_index
2018-09-10 19:30:16.012 INFO 97421 --- [    main] c.a.springboot2recipes.jdbc.TableLister  : pg_amop_oid_index
2018-09-10 19:30:16.012 INFO 97421 --- [    main] c.a.springboot2recipes.jdbc.TableLister  : pg_amop_opr_fam_index
2018-09-10 19:30:16.013 INFO 97421 --- [    main] c.a.springboot2recipes.jdbc.TableLister  : pg_amproc_fam_proc_index
2018-09-10 19:30:16.013 INFO 97421 --- [    main] c.a.springboot2recipes.jdbc.TableLister  : pg_amproc_oid_index
2018-09-10 19:30:16.013 INFO 97421 --- [    main] c.a.springboot2recipes.jdbc.TableLister  : pg_attrdef_adrelid_adnum_index
2018-09-10 19:30:16.013 INFO 97421 --- [    main] c.a.springboot2recipes.jdbc.TableLister  : pg_attrdef_oid_index
2018-09-10 19:30:16.013 INFO 97421 --- [    main] c.a.springboot2recipes.jdbc.TableLister  : pg_attribute_relid_attnam_index
2018-09-10 19:30:16.013 INFO 97421 --- [    main] c.a.springboot2recipes.jdbc.TableLister  : pg_attribute_relid_attnum_index
2018-09-10 19:30:16.013 INFO 97421 --- [    main] c.a.springboot2recipes.jdbc.TableLister  : pg_auth_members_member_role_index
2018-09-10 19:30:16.013 INFO 97421 --- [    main] c.a.springboot2recipes.jdbc.TableLister  : pg_auth_members_role_member_index
2018-09-10 19:30:16.013 INFO 97421 --- [    main] c.a.springboot2recipes.jdbc.TableLister  : pg_authid_oid_index
2018-09-10 19:30:16.013 INFO 97421 --- [    main] c.a.springboot2recipes.jdbc.TableLister  : pg_authid_rolname_index
2018-09-10 19:30:16.013 INFO 97421 --- [    main] c.a.springboot2recipes.jdbc.TableLister  : pg_cast_oid_index
2018-09-10 19:30:16.013 INFO 97421 --- [    main] c.a.springboot2recipes.jdbc.TableLister  : pg_cast_source_target_index
2018-09-10 19:30:16.013 INFO 97421 --- [    main] c.a.springboot2recipes.jdbc.TableLister  : pg_class_oid_index
2018-09-10 19:30:16.014 INFO 97421 --- [    main] c.a.springboot2recipes.jdbc.TableLister  : pg_class_relname_nsp_index
2018-09-10 19:30:16.014 INFO 97421 --- [    main] c.a.springboot2recipes.jdbc.TableLister  : pg_class_tblspc_relfilenode_index
2018-09-10 19:30:16.014 INFO 97421 --- [    main] c.a.springboot2recipes.jdbc.TableLister  : pg_collation_name_enc_nsp_index
2018-09-10 19:30:16.014 INFO 97421 --- [    main] c.a.springboot2recipes.jdbc.TableLister  : pg_collation_oid_index
```

▲ 그림 7-2 포스트그레SQL을 사용한 TableLister 결과

JNDI로부터 데이터소스 생성하기

스프링 부트 애플리케이션을 애플리케이션 서버에 배포할 때 이미 애플리케이션 서버에 설정된 데이터소스를 사용하고 싶을 경우(혹은 원격 JNDI 서버가 있을 경우), spring. datasource.jndi-name 속성을 사용해 스프링 부트가 JNDI를 사용해 데이터소스를 설정할 수 있다.

spring.datasource.jndi-name=java:jdbc/customers

연결 풀 설정

스프링 부트가 사용하는 기본 연결 풀은 히카리CP이다. 히카리CP 연결 풀은 spring-boot-starter-jdbc 의존성(또는 데이터베이스 관련 의존성 중 하나)을 추가하면 자동으로 설

정된다. 스프링 부트는 기본값으로 연결 풀을 설정하는데, 상황에 따라 이 설정을 재정의 (최대 연결 풀 개수를 늘리거나 줄이기, 타임아웃 설정 등)해야 할 수도 있다. 히카리CP 설정은 spring.datasource.hikari 네임스페이스의 속성을 사용한다(표 7-1).

▼ 표 7-1 히카리CP 일반 연결 풀 설정

속성	설명
spring.datasource.hikari.connection-timeout	클라이언트가 풀에 접속할 때 대기하는 최대 시간으로, 밀리초 단위다. 기본값은 30초(30000밀리초)다.
spring.datasource.hikari.leak-detection-threshold	연결 풀의 연결 객체가 고갈되기 전에 메시지를 출력해 가능한 연결 누수를 알려주는 시간으로, 밀리초 단위다. 기본값은 0으로 사용 안 함 설정이다.
spring.datasource.hikari.idle-timeout	연결 풀의 연결 객체가 대기 상태로 변경될 때까지 기다리는 시간으로, 밀리초 단위다. 기본값은 10분(600000밀리초)이다.
spring.datasource.hikari.validation-timeout	연결 객체가 살아 있는지 검증할 때까지 기다리는 시간으로, 밀리초 단위다. 기본값은 5초(5000밀리초)다.
spring.datasource.hikari.connection-tesy-query	연결을 검증할 때 사용하는 SQL 구문을 설정한다. 주의: 일반적으로 JDBC 4.0 이상 버전에서는 필요하지 않다. 기본값은 none으로 설정하지 않는다는 의미다.
spring.datasource.hikari.maximum-pool-size	풀에 보관할 최대 연결 개수다. 기본값은 10개다.
spring.datasource.hikari.minimum-idle	풀에 유지할 최소 대기 연결 객체의 수다. 기본값은 10개다.

사용할 수 있는 속성은 더 많이 있으나, 표 7-1에서는 가장 일반적으로 사용되는 속성만 정리했다.

참고 톰캣 JDBC 관련 설정은 spring.datasource.tomcat 네임스페이스을 사용하고, 커먼즈 DBCP2는 spring.datasource.dbcp2 네임스페이스을 사용한다.

살아 있는 연결을 최대 5개에서 최소 2개로 유지하고 누수 탐지 시간을 20초로 설정하려면 다음 속성을 추가한다.

```
spring.datasource.hikari.maximum-pool-size=5
spring.datasource.hikari.minimum-idle=2
spring.datasource.hikari.leak-detection-threshold=20000
```

스프링 부트에서 데이터베이스 초기화하기

기존 데이터베이스를 사용한다면, 데이터베이스에는 테이블, 뷰, 프로시저 등이 있을 것이다. 그러나 데이터베이스를 생성하면 비어 있는 상태로 직접 테이블을 만들어야 한다. 스프링 부트를 사용하면 그런 작업을 별도로 제공한다. schema.sql에 초기 스키마(테이블, 뷰 등)를 정의하고, data.sql에 테이블에 입력할 데이터를 정의한다. 또한 schema-<데이터베이스 플랫폼 이름>.sql과 data-<데이터베이스 플랫폼 이름>.sql을 사용해 특정 데이터베이스에 특화된 초기 데이터를 설정할 수도 있다. <데이터베이스 플랫폼> 값은 spring. datasource.platform 속성(표 7-2 참고)에서 읽는다. 더비를 사용한다면 schema-derby. sql 파일을 생성해 설정하면 되는 방식이다. 스키마 파일 이름과 데이터 파일 이름은 spring.datasource.schema와 spring.datasource.data 속성을 사용해 변경할 수 있다. 사용 가능한 속성값은 표 7-2를 참고하라.

▼ 표 7-2 데이터베이스 초기화 속성

속성	설명
spring.datasource.continue-on-error	데이터베이스 초기화 오류가 발생했을 때 계속 진행할지 여부를 설정한다. 기본값은 false로 진행을 멈춘다.
spring.datasource.data	데이터 스크립트(DML[3]) 참조 리소스 이름, 기본값은 classpath:data이다.
spring.datasource.data-password	DML을 실행할 데이터베이스 비밀번호, 기본값은 일반적인 비밀번호다.

(이어짐)

---

3   Data Manipulation Language, 데이터 조작어 – 옮긴이

속성	설명
spring.datasource.data-username	DML을 실행할 데이터베이스 사용자 이름, 기본값은 일반적인 사용자 이름이다.
spring.datasource.initialization-mode	사용 가능한 DDL[4]과 DML 스크립트를 사용해 데이터베이스를 초기화하는 방식, 기본값은 EMBEDDED로 내장된 데이터베이스에서만 초기화를 실행한다. NEVER(초기화 실행 안 함), ALWAYS(모든 데이터베이스에서 실행)로 변경할 수 있다.
spring.datasource.platform	DDL 혹은 DML 스크립트(schema-${플랫폼}.sql 혹은 data-${플랫폼}.sql)을 사용할 플랫폼을 설정한다. 기본값은 all이다.
spring.datasource.schema	데이터(DDL) 스크립트를 참조할 리소스 위치, 기본값은 classpath:schema이다.
spring.datasource.schema-password	DDL 스크립트를 실행할 데이터베이스 비밀번호, 기본값은 일반적인 비밀번호다.
spring.datasource.schema-username	DDL 스크립트를 실행할 데이터베이스 사용자 이름, 기본값은 일반적인 사용자 이름이다.
spring.datasource.separator	SQL 초기화 스크립트에서 구문을 나눌 구분자로, 기본값은 ;(세미콜론)이다.
spring.datasource.sql-script-encoding	SQL 스크립트의 인코딩 방식을 설정한다. 기본값은 플랫폼의 인코딩 방식을 따른다.

customer 테이블을 생성하고 몇 가지 데이터를 입력해보자. 테이블을 생성하려면 다음과 같이 schema.sql 스크립트를 만들어 src/main/resources 폴더에 저장한다.

```
DROP TABLE IF EXISTS customer;

CREATE TABLE customer (
    id SERIAL PRIMARY KEY,
    name VARCHAR(100) NOT NULL,
    email VARCHAR(255) NOT NULL,
```

---

4 Data Definition Language, 데이터 정의어 – 옮긴이

```
    UNIQUE(name)
);
```

데이터를 삽입하려면 data.sql 스크립트를 만들어 src/main/resources 폴더에 저장한다.

```
INSERT INTO customer (name, email) VALUES
    ('Marten Deinum', 'marten.deinum@conspect.nl'),
    ('Josh Long', 'jlong@pivotal.com'),
    ('John Doe', 'john.doe@island.io'),
    ('Jane Doe', 'jane.doe@island.io');
```

정상 동작함을 확인하려면 별도의 ApplicationRunner를 생성해 데이터 소스를 사용해 customer 테이블의 내용을 출력해본다.

```
package com.apress.springboot2recipes.jdbc;

// 임포트 구문은 생략

@SpringBootApplication
public class JdbcApplication {

    public static void main(String[] args) {
        SpringApplication.run(JdbcApplication.class, args);
    }
}

... // 일부 코드 생략
@Component
class CustomerLister implements ApplicationRunner {

    private final Logger logger = LoggerFactory.getLogger(getClass());
    private final DataSource dataSource;

    CustomerLister(DataSource dataSource) {
        this.dataSource = dataSource;
    }

    @Override
```

```java
public void run(ApplicationArguments args) throws Exception {
    var query = "SELECT id, name, email FROM customer";
    try (var con = dataSource.getConnection();
        var stmt = con.createStatement();
        var rs = stmt.executeQuery(query)) {
        while (rs.next()) {
            logger.info("Customer [id={}, name={}, email={}]",
                rs.getLong(1), rs.getString(2), rs.getString(3));
        }
    }
}
```

데이터베이스의 초기화는 기본적으로 더비나 H2, HSQLDB 등 내장 데이터베이스를 대상으로 진행된다. 외부 데이터베이스를 사용하는 경우에는 기본 설정으로는 초기화되지 않는다. 이 설정을 바꾸려면 spring.datasource.initialization-mode 속성을 always 로 변경한다. 그러면 초기화가 진행될 것이다.

spring.datasource.initialization-mode=always

애플리케이션이 시작될 때, 데이터베이스를 조회해 로그로 출력한 고객 정보를 확인할 수 있을 것이다.

플라이웨이로 데이터베이스 초기화

애플리케이션을 개발할 때, 데이터베이스 통합 작업을 좀 더 상세히 관리하고 싶을 것이다. schema.sql과 data.sql을 사용하면 쉽고 빠르게 초기화 작업을 진행할 수 있지만, 유지보수하기에 성가신 작업이 생길 수도 있다. 스프링 부트는 플라이웨이[Flyway5]라 하는 데이터베이스 형상 및 버전 관리 도구를 사용해 데이터베이스 관리 작업을 지원한다. 플라이웨이는 데이터베이스 스키마의 변경 사항을 체계적으로 관리한다. 먼저 플라이웨이 의존성을 추가해 시작해보자.

---

5   https://flywaydb.org

```
<dependency>
    <groupId>org.flywaydb</groupId>
    <artifactId>flyway-core</artifactId>
</dependency>
```

스프링 부트는 플라이웨이를 발견하면 사용자가 데이터베이스 통합 작업을 관리하고 싶어 하는 것으로 간주한다. 통합 스크립트는 src/main/resources 폴더 하위의 db/migration 폴더에 위치해야 한다.

```
CREATE TABLE customer (
    id SERIAL PRIMARY KEY,
    name VARCHAR(100) NOT NULL,
    email VARCHAR(255) NOT NULL,
    UNIQUE(name)
);

INSERT INTO customer (name, email) VALUES
    ('Marten Deinum', 'marten.deinum@conspect.nl'),
    ('Josh Long', 'jlong@pivotal.com'),
    ('John Doe', 'john.doe@island.io'),
    ('Jane Doe', 'jane.doe@island.io');
```

위 SQL을 db/migration 폴더에 V1_first.sql 이름으로 저장하면 애플리케이션이 시작될 때 실행될 것이다(데이터베이스가 비어 있다고 가정하자). 이름 명명 규칙은 기본적으로 V<순서>_<이름>.sql이며, 이름에 따라 실행할 SQL을 결정한다. 스크립트가 한 번 실행되면, 스크립트를 더이상 수정할 수 없고, 수정해서도 안 된다. 수정하면 플라이웨이가 애플리케이션 시작을 막을 것이다. 플라이웨이는 실행된 스크립트의 변경 내용을 감지한다.

애플리케이션이 구동되면 위 예제에서와 마찬가지로 고객 정보 목록이 출력된다. 다만, 처음 보는 테이블(그림 7-3)이 생겼을텐데, flyway_schema_history 테이블이 그것이다. 이 테이블은 플라이웨이가 감지한(혹은 보호된) 데이터베이스 변화 데이터를 사용해 테이블의 메타데이터를 관리한다.

```
2018-09-10 19:57:22.714  INFO 98933 --- [      main] c.a.springboot2recipes.jdbc.TableLister   : pg_user
2018-09-10 19:57:22.714  INFO 98933 --- [      main] c.a.springboot2recipes.jdbc.TableLister   : pg_user_mappings
2018-09-10 19:57:22.714  INFO 98933 --- [      main] c.a.springboot2recipes.jdbc.TableLister   : pg_views
2018-09-10 19:57:22.714  INFO 98933 --- [      main] c.a.springboot2recipes.jdbc.TableLister   : customer
2018-09-10 19:57:22.714  INFO 98933 --- [      main] c.a.springboot2recipes.jdbc.TableLister   : flyway_schema_history
2018-09-10 19:57:22.714  INFO 98933 --- [      main] c.a.springboot2recipes.jdbc.TableLister   : pg_toast_12242
2018-09-10 19:57:22.714  INFO 98933 --- [      main] c.a.springboot2recipes.jdbc.TableLister   : pg_toast_12247
2018-09-10 19:57:22.715  INFO 98933 --- [      main] c.a.springboot2recipes.jdbc.TableLister   : pg_toast_12252
```

▲ 그림 7-3 플라이웨이를 사용해 테이블 목록 보기

스프링 부트에서 플라이웨이를 사용할 때 설정할 수 있는 속성이 몇 가지 있는데, 표 7-3 에서 가장 많이 쓰이는 설정 및 내용을 확인할 수 있다.

▼ 표 7-3 일반적인 플라이웨이 관련 속성

속성	설명
spring.flyway.enabled	플라이웨이를 사용할 것인지 여부, 기본값은 true로 사용한다는 설정이다.
spring.flyway.location	통합 작업 스크립트의 위치를 지정한다. 기본값은 classpath:db/migration 이다.
spring.flyway.url	데이터베이스 통합 작업을 진행할 JDBC 주소다. 별도 설정이 없다면 데이터 소스에 설정된 값을 사용한다.
spring.flyway.user	플라이웨이에서 자체 설정 시 사용하는 사용자 이름이다.
spring.flyway.password	플라이웨이에서 자체 설정 시 사용하는 비밀번호다.

7-2 JdbcTemplate 사용

문제점

JdbcTemplate이나 NamedParameterJdbcTemplate을 사용해 더 나은 방식으로 JDBC를 활용하고 싶다.

해결 방법

자동으로 설정되는 JdbcTemplate나 NamedParameterJdbcTemplate을 사용해 SQL 질의를 수행하고 결과를 처리할 수 있다.

예제 구현

스프링 부트는 단일 데이터 소스 후보군이 발견됐을 때, 기본적으로 JdbcTemplate과 NamedParameterJdbcTemplate을 설정한다. 단일 데이터 소스 후보군이 의미하는 바는 하나의 데이터 소스만 존재하거나, 하나의 데이터 소스에 @Primary 애노테이션을 사용해 주 사용 리소스로 설정한 경우를 말한다. JdbcTemplate이 이미 사용 가능한 상태이므로 JDBC 코드를 작성해 JdbcTemplate을 사용할 수 있다. CustomerLister를 평범한 DataSource를 사용하는 대신 JdbcTemplate을 사용해 재작성하고, 얼마나 가독성이 향상되고 처리가 쉬운지 확인해보자.

참고   NamedParameterJdbcTemplate은 JdbcTemplate과 비슷하지만, 일반적인 JDBC 플레이스홀더를 사용하는 대신 쿼리에 이름을 지정한 매개변수를 사용할 수 있는 이점이 있다.

```
@Component
class CustomerLister implements ApplicationRunner {

    private final Logger logger = LoggerFactory.getLogger(getClass());
    private final JdbcTemplate jdbc;

    CustomerLister(JdbcTemplate jdbc) {
        this.jdbc = jdbc;
    }

    @Override
    public void run(ApplicationArguments args) {
```

```
        var query = "SELECT id, name, email FROM customer";
        jdbc.query(query, rs -> {
            logger.info("Customer [id={}, name={}, email={}]",
                rs.getLong(1), rs.getString(2), rs.getString(3));
            });
    }
}
```

JdbcTemplate은 query 메소드를 사용해 SQL 쿼리를 실행할 수 있다. 이 메소드는 String 객체와 RowCallbackHandler 객체를 입력값으로 받는다. JdbcTemplate은 쿼리를 실행한 후 각 결과 행이 RowCallbackHandler를 호출하는데, 예제에서는 RowCallbackHandler가 행 값을 로그로 출력하도록 만들었다. 애플리케이션 실행 결과는 이전 예제와 다르지 않으나, 프로그램 코드가 훨씬 간결해졌다.

또한 JdbcTemplate은 좀 더 친숙한 면도 있다. RowMapper 인터페이스는 ResultSet으로부터 각 행을 매핑해 자바 객체로 변환한다. Customer 클래스를 만들고 RowMapper를 사용해 데이터베이스 값으로 Customer 인스턴스를 생성해보자.

```
package com.apress.springboot2recipes.jdbc;

import java.util.Objects;

public class Customer {

    private final long id;
    private final String name;
    private final String email;

    Customer(long id, String name, String email) {
        this.id = id;
        this.name = name;
        this.email = email;
    }

    public long getId() {
```

```
        return id;
    }

    public String getName() {
        return name;
    }

    public String getEmail() {
        return email;
    }

    @Override
    public boolean equals(Object o) {
        if (this == o) return true;
        if (o == null || getClass() != o.getClass()) return false;
        Customer customer = (Customer) o;
        return id == customer.id &&
            Objects.equals(name, customer.name) &&
            Objects.equals(email, customer.email);
    }

    @Override
    public int hashCode() {
        return Objects.hash(id, name, email);
    }

    @Override
    public String toString() {
        return "Customer [" +
            "id=" + id +", name='" + name + '\"' +
            ", email='" + email + '\"' + ']';
    }
}
```

다음으로 리포지토리 인터페이스를 생성하고 구현 메소드를 정의해 JDBC 기반의 구현
을 정의하자.

```
package com.apress.springboot2recipes.jdbc;

import java.util.List;

public interface CustomerRepository {
    List<Customer> findAll();
    Customer findById(long id);
    Customer save(Customer customer);
}
```

그리고 JdbcTemplate과 RowMapper를 사용해 결과를 Customer 객체로 변환하는 작업을
구현한다.

```
package com.apress.springboot2recipes.jdbc;

import org.springframework.jdbc.core.JdbcTemplate;
import org.springframework.jdbc.support.GeneratedKeyHolder;
import org.springframework.stereotype.Repository;
import java.sql.PreparedStatement;
import java.sql.ResultSet;
import java.sql.SQLException;
import java.util.List;

@Repository
class JdbcCustomerRepository implements CustomerRepository {

    private static final String ALL_QUERY =
        "SELECT id, name, email FROM customer";
    private static final String BY_ID_QUERY =
        "SELECT id, name, email FROM customer WHERE id=?";
    private static final String INSERT_QUERY =
        "INSERT INTO customer (name, email) VALUES (?,?)";
    private final JdbcTemplate jdbc;

    JdbcCustomerRepository(JdbcTemplate jdbc) {
        this.jdbc = jdbc;
    }
```

```
    @Override
    public List<Customer> findAll() {
        return jdbc.query(ALL_QUERY, (rs, rowNum) -> toCustomer(rs));
    }

    @Override
    public Customer findById(long id) {
        return jdbc.queryForObject(BY_ID_QUERY, (rs, rowNum) -> toCustomer(rs), id);
    }

    @Override
    public Customer save(Customer customer) {
        var keyHolder = new GeneratedKeyHolder();
        jdbc.update(con -> {
            var ps = con.prepareStatement(INSERT_QUERY);
            ps.setString(1, customer.getName());
            ps.setString(2, customer.getEmail());
            return ps;
        }, keyHolder);
        return new Customer(keyHolder.getKey().longValue(),
                customer.getName(), customer.getEmail());
    }

    private Customer toCustomer(ResultSet rs) throws SQLException {
        var id = rs.getLong(1);
        var name = rs.getString(2);
        var email = rs.getString(3);
        return new Customer(id, name, email);
    }
}
```

JdbcCustomerRepository는 JdbcTemplate과 RowMapper(람다 표현식을 사용함)를 사용해
ResultSet을 Customer로 변환했다. CustomerLister는 이제 CustomerRepository를 사
용해 데이터베이스로부터 모든 Customer 값을 얻어와 콘솔에 출력할 수 있다.

```
@Component
class CustomerLister implements ApplicationRunner {

    private final Logger logger = LoggerFactory.getLogger(getClass());
    private final CustomerRepository customers;

    CustomerLister(CustomerRepository customers) {
        this.customers = customers;
    }

    @Override
    public void run(ApplicationArguments args) {
        customers.findAll()
            .forEach( customer -> logger.info("{}", customer));
    }
}
```

JDBC 관련 코드는 모두 JdbcCustomerRepository로 옮겨 갔기 때문에 클래스가 매우 단순해졌다. CustomerRepository를 의존성 주입하고 findAll 메소드를 사용하면 데이터베이스의 모든 내용을 가져와 각 고객 정보가 행마다 출력될 것이다.

JDBC 코드 테스트

JDBC 코드를 테스트하려면 당연히 데이터베이스가 필요하다. 이때 종종 H2나 더비, HSQLDB 같은 내장 데이터베이스를 사용해 테스트하게 된다. 스프링 부트는 JDBC 코드 테스트를 매우 쉽게 할 수 있도록 지원한다. @JdbcTest 애노테이션을 사용해 JDBC 기반의 테스트를 진행하면 스프링 부트는 데이터 소스나 트랜잭션 매니저 같은 JDBC 관련된 빈만을 사용해 최소한의 애플리케이션을 구성한다.

JdbcCustomerRepository를 H2 내장 데이터베이스를 사용해 테스트해보자. 먼저 H2 데이터베이스를 의존성에 추가하자.

```
<dependency>
    <groupId>com.h2database</groupId>
    <artifactId>h2</artifactId>
```

```
    <scope>test</scope>
</dependency>
```

다음으로 JdbcCustomerRepositoryTest를 만들자.

```
@RunWith(SpringRunner.class)
@JdbcTest(includeFilters =
    @ComponentScan.Filter(
        type= FilterType.REGEX,
        pattern = "com.apress.springboot2recipes.jdbc.*Repository"))
@TestPropertySource(properties = "spring.flyway.enabled=false")
public class JdbcCustomerRepositoryTest {

    @Autowired
    private JdbcCustomerRepository repository;
}
```

@RunWith(StringRunner.class)는 스프링 테스트 컨텍스트 프레임워크를 부트스트랩으로 사용해 특별한 JUnit 실행기로 테스트 코드를 수행하게 해 준다. @JdbcTest는 미리 설정된 DataSource를 내장된 데이터베이스(여기서는 H2) 형태로 구성한다. 또한 리포지토리 인스턴스를 생성해야 하므로 includeFilters 속성을 사용해 정규식으로 JdbcCustomer Repository를 매칭한다.

마지막으로 @TestPropertySource(properties = "spring.flyway.enabled=false") 속성을 사용해 플라이웨이를 사용하지 않도록 설정한다. 애플리케이션이 플라이웨이를 사용해 스키마를 관리하지만 포스트그레SQL 형태로 관리되지 H2 형태는 아니기 때문이다. 테스트를 진행하려면 플라이웨이를 사용 안 함으로 설정하고 H2 기반의 schema.sql 을 만들어 스키마를 생성한다.

참고 한 가지 약점은 테스트에는 H2 데이터베이스를 사용하고 실제로는 포스트그레SQL을 사용하는 경우처럼 다른 데이터베이스를 사용할 때 발생한다. 실제 시스템에서 같은 데이터베이스를 테스트하려면 두 종류의 스키마 스크립트를 관리해야 한다.

---

src/test/resource 폴더에 schema.sql 파일을 생성해 DDL 스크립트를 작성한다.

```sql
CREATE TABLE customer (
    id BIGINT AUTO_INCREMENT PRIMARY KEY,
    name VARCHAR(100) NOT NULL,
    email VARCHAR(255) NOT NULL,
    UNIQUE(name)
);
```

이제 테스트 코드를 작성하고 데이터가 정확히 입력되는지 확인하는 테스트를 수행한다.

```java
@Test
public void insertNewCustomer() {
    assertThat(repository.findAll()).isEmpty();

    Customer customer = repository.save(new Customer(-1, "T. Testing",
    "t.testing@test123.tst"));

    assertThat(customer.getId()).isGreaterThan(-1L);
    assertThat(customer.getName()).isEqualTo("T. Testing");
    assertThat(customer.getEmail()).isEqualTo("t.testing@test123.tst");

    assertThat(repository.findById(customer.getId())).isEqualTo(customer);
}
```

위 테스트는 데이터베이스가 비어 있는지부터 확인한다. 이 단계는 꼭 필요한 단계는 아니지만, 데이터베이스가 다른 테스트로 인해 데이터 오염이 발생했는지 확인하는 데 유용하다. 다음으로 Customer를 데이터베이스에 추가하는 save 메소드를 JdbcCustomerRepository에서 호출하는 테스트다. 결과는 Customer 객체가 유효한 id 값을 가지고 name과 email 속성이 있는지 확인한다. 마지막으로 Customer를 다시 조회해 같은 값인지 확인한다.

또 findAll 메소드를 추가해 진행하는 테스트도 있다. 두 개의 값을 입력했을 경우 findAll 메소드를 호출하면 두 건의 결과가 조회된다.

```
@Test
public void findAllCustomers() {
    assertThat(repository.findAll()).isEmpty();

    repository.save(new Customer(-1, "T. Testing1", "t.testing@test123.tst"));
    repository.save(new Customer(-1, "T. Testing2", "t.testing@test123.tst"));

    assertThat(repository.findAll()).hasSize(2);
}
```

물론 추가 검증 코드를 넣을 수도 있지만, 데이터 저장 관련 검증은 이미 다른 테스트 메소드에서 진행했다.

7-3 JPA 사용

문제점

스프링 부트 애플리케이션에서 JPA[6]를 사용하길 원한다.

해결 방법

스프링 부트는 하이버네이트를 자동으로 감지해 JPA 관련 필요한 클래스를 생성한다. 생성된 클래스는 EntityManagerFactory를 설정하는 정보를 제공한다.

---

6   Java Persistent API – 옮긴이

예제 구현

스프링 부트는 하이버네이트[7]를 사용해 바로 쓸 수 있는 기능을 제공한다. 하이버네이트가 발견되면 EntityManagerFactory는 미리 설정된 데이터 소스(예제 7–1 참고)를 사용해 자동으로 설정된다.

먼저 hibernate-core와 spring-orm을 프로젝트의 의존성에 추가해야 한다. 그러나 spring-boot-starter-data-jpa 의존성을 추가하는 방법이 더 쉽다(spring-data-jpa 의존성을 가져올 것이다).

```
<dependency>
    <groupId>org.springframework.boot</groupId>
    <artifactId>spring-boot-starter-data-jpa</artifactId>
</dependency>
```

위 설정을 추가하면 필요한 의존성이 클래스패스에 추가된다.

일반적인 JPA 리포지토리 클래스 사용하기

JPA 사용의 첫 단계는 시스템의 엔티티를 표현하는 클래스에 애노테이션을 추가해 구분하는 것이다. 즉 데이터베이스로부터 Customer 형태의 데이터를 조회하고 적재하는 기능을 시스템에 구현하려면, 먼저 엔티티 객체를 찾아 @Entity 애노테이션을 달아줘야 한다. JPA 엔티티 클래스는 인자가 없는 생성자(비록 private 패키지일 수도 있지만)와 @id 애노테이션이 달린 주키를 표현하는 필드 변수가 있어야 한다.

```
@Entity
public class Customer {

    @Id
    @GeneratedValue(strategy = GenerationType.IDENTITY)
    private long id;
```

---

7 https://www.hibernate.org

```java
    @Column(nullable = false)
    private final String name;

    @Column(nullable = false)
    private final String email;

    Customer() {
        this(null,null);
    }
    // 일부 코드 생략
}
```

다음은 CustomerRepository(예제 7-2 참고)의 JPA 구현체를 생성한다. JPA를 사용하려면 EntityManager를 가져와야 한다. 이 작업은 @PersistenceContext 애노테이션을 선언하면 된다.

```java
package com.apress.springboot2recipes.jpa;

import org.springframework.stereotype.Repository;

import javax.persistence.EntityManager;
import javax.persistence.PersistenceContext;
import java.util.List;

@Repository
class JpaCustomerRepository implements CustomerRepository {

    @PersistenceContext
    private EntityManager em;

    @Override
    public List<Customer> findAll() {
        var query = em.createQuery("SELECT c FROM Customer c", Customer.class);
        return query.getResultList();
    }

    @Override
```

```
    public Customer findById(long id) {
        return em.find(Customer.class, id);
    }


    @Override
    public Customer save(Customer customer) {
        em.persist(customer);
        return customer;
    }
}
```

아래 애플리케이션 클래스(예제 7-2와 비슷하다)는 데이터베이스로부터 Customer 데이터를 읽고 로그에 출력한다(그림 7-4).

```
package com.apress.springboot2recipes.jpa;

import org.slf4j.Logger;
import org.slf4j.LoggerFactory;
import org.springframework.boot.ApplicationArguments;
import org.springframework.boot.ApplicationRunner;
import org.springframework.boot.SpringApplication;
import org.springframework.boot.autoconfigure.SpringBootApplication;
import org.springframework.stereotype.Component;

@SpringBootApplication
public class JpaApplication {

    public static void main(String[] args) {
        SpringApplication.run(JpaApplication.class, args);
    }
}

@Component
class CustomerLister implements ApplicationRunner {

    private final Logger logger = LoggerFactory.getLogger(getClass());
    private final CustomerRepository customers;
```

```
    CustomerLister(CustomerRepository customers) {
        this.customers = customers;
    }

    @Override
    public void run(ApplicationArguments args) {

        customers.findAll()
            .forEach( customer -> logger.info("{}", customer));
    }
}
```

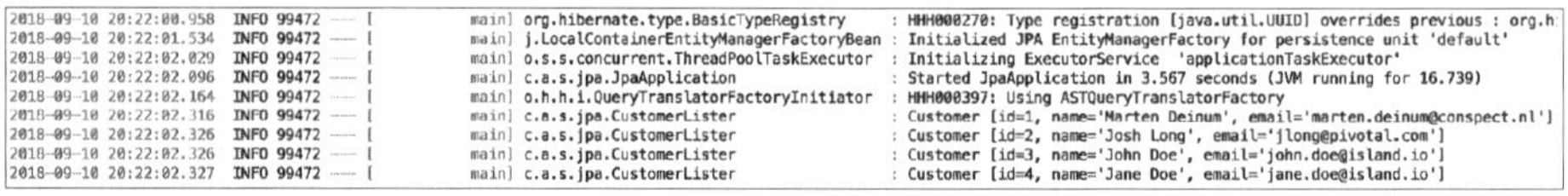

```
2018-09-10 20:22:00.958  INFO 99472 --- [           main] org.hibernate.type.BasicTypeRegistry     : HHH000270: Type registration [java.util.UUID] overrides previous : org.h
2018-09-10 20:22:01.534  INFO 99472 --- [           main] j.LocalContainerEntityManagerFactoryBean : Initialized JPA EntityManagerFactory for persistence unit 'default'
2018-09-10 20:22:02.029  INFO 99472 --- [           main] o.s.s.concurrent.ThreadPoolTaskExecutor  : Initializing ExecutorService  'applicationTaskExecutor'
2018-09-10 20:22:02.096  INFO 99472 --- [           main] c.a.s.jpa.JpaApplication                 : Started JpaApplication in 3.567 seconds (JVM running for 16.739)
2018-09-10 20:22:02.164  INFO 99472 --- [           main] o.h.h.i.QueryTranslatorFactoryInitiator  : HHH000397: Using ASTQueryTranslatorFactory
2018-09-10 20:22:02.316  INFO 99472 --- [           main] c.a.s.jpa.CustomerLister                 : Customer [id=1, name='Marten Deinum', email='marten.deinum@conspect.nl']
2018-09-10 20:22:02.326  INFO 99472 --- [           main] c.a.s.jpa.CustomerLister                 : Customer [id=2, name='Josh Long', email='jlong@pivotal.com']
2018-09-10 20:22:02.326  INFO 99472 --- [           main] c.a.s.jpa.CustomerLister                 : Customer [id=3, name='John Doe', email='john.doe@island.io']
2018-09-10 20:22:02.327  INFO 99472 --- [           main] c.a.s.jpa.CustomerLister                 : Customer [id=4, name='Jane Doe', email='jane.doe@island.io']
```

▲ 그림 7-4 Customer 데이터 출력 결과

애플리케이션의 EntityManagerFactory를 설정하는 옵션이 몇 가지 있다. spring.jpa 네임스페이스를 사용해 설정할 수 있다.

▼ 표 7-4 JPA 속성

속성	설명
spring.jpa.database	JPA를 적용할 대상 데이터베이스. 기본값은 자동 탐지다.
spring.jpa.database-platform	JPA를 적용할 데이터베이스 이름. 기본값은 자동 탐지다. 특정 하이버네이트 Dialect를 사용할 경우 이름을 명시할 수 있다.
spring.jpa.generate-d이	시작 시 스키마를 초기화할 것인지 여부를 설정한다. 기본값은 false로 초기화하지 않는다.
spring.jpa.show-sql	SQL 구문을 로그에 표시할 것인지 여부를 설정한다. 기본값은 false로 표시하지 않는다.
spring.jpa.open-in-view	OpenEntityManagerInViewInterceptor를 등록할지 여부를 설정한다. EntityManager를 요청 처리 스레드에 바인딩한다. 기본값은 true로 등록한다는 의미다.
spring.jpa.hibernate.ddl-auto	hibernate.hbm2ddl.auto 속성을 설정한다. 기본값은 none이고 내장 데이터베이스인 경우 create-drop으로 설정한다.

(이어짐)

속성	설명
`spring.jpa.hibernate.use-new-id-generator-mappings`	hibernate.id.new_generator_mappings 속성을 설정한다. 명시적으로 설정되지 않은 경우 기본값은 true이다.
`spring.jpa.hibernate.naming.implicit-strategy`	논리적인 네이밍 룰을 처리하는 전략 클래스의 전체 경로로, 기본값은 org.springframework.boot.orm.jpa.hibernate.SpringImplicitNamingStrategy이다.
`spring.jpa.hibernate.naming.physical-strategy`	물리적인 네이밍 룰을 처리하는 전략 클래스의 전체 경로로, 기본값은 org.springframework.boot.orm.jpa.hibernate.SpringImplicitNamingStrategy이다.
`spring.jpa.mapping-resources`	자바 클래스 대신 XML 형식의 엔티티 매핑 파일을 지정한다. JPA가 정의된 orm.xml 같은 파일을 말한다.
`spring.jpa.properties.*`	JPA 제공자 관련 설정 항목을 추가한다.

`spring.jpa.properties`는 더 상세히 설정해야 하는 경우 유용하다. 예를 들어 하이버네이트의 조회 결과 개수를 지정하는 `hibernate.jdbc.fetch_size` 속성이나, 배치 크기를 지정하는 `hibernate.jdbc.batch_size` 속성은 다음과 같이 표현할 수 있다.

```
spring.jpa.properties.hibernate.jdbc.fetch_size=250
spring.jpa.properties.hibernate.jdbc.batch_size=50
```

이 설정은 JPA 제공자의 속성을 설정하는 방식이다.

JPA 리포지토리로 스프링 데이터를 사용하기

자체적인 리포지토리 클래스를 만드는 일은 지루하고 반복적인 작업의 연속이다. 스프링 데이터 JPA[8]를 사용하면 그러한 작업의 부담을 많이 덜어준다. 자체적으로 구현체를 만드는 대신 스프링 데이터의 CrudRepository 인터페이스를 확장해 실행 가능한 리포지토리를 생성한다. 이 방식은 데이터 접근 코드를 작성하는 시간을 절약해 준다. 스프링 부트는 클래스패스에 스프링 데이터 JPA가 존재하면 자동으로 설정을 진행한다.

---

8 https://projects.spring.io/spring-data-jpa/

```
public interface CustomerRepository extends CrudRepository<Customer, Long> { }
```

findAll, findById, save 등의 메소드를 추가만 하면 된다. 그 외의 작업은 스프링 데이터 JPA가 미리 제공한다. JpaCustomerRepository 구현체는 삭제해도 된다. 왜냐하면 CrudRepository<Customer, Long> 때문인데, 스프링 데이터는 Long 형식의 아이디 필드를 가지고 있는 Customer 인스턴스를 생성하는 쿼리를 알고 있다.

애플리케이션을 실행하면 결과가 이전 예제와 같은 것을(그림 7-4 참고) 알 수 있다.

스프링 데이터 JPA는 명시적으로 사용할 것인지 아닌지만 설정할 수 있으며, 기본적으로 사용 가능으로 되어 있다. spring.data.jpa.repositories.enabled를 false로 설정하면 사용 안 함으로 설정할 수 있다.

다른 패키지의 엔티티 추가하기

기본적으로 스프링 부트는 컴포넌트와 리포지토리, 엔티티를 @SpringBootApplication 애노테이션이 붙은 클래스가 존재하는 패키지에서 탐색한다. 그러나 상황에 따라 엔티티를 별도 패키지로 둔 상태에서 탐색할 수 있게 만들어야 할 때가 있다. 이 경우 @EntityScan 애노테이션을 사용한다. 이 애노테이션은 마치 @ComponentScan처럼 동작하는데, 다른 점은 @Entity 애노테이션이 붙은 빈만 탐색한다는 것이다.

```
package com.apress.springboot2recipes.order;

import javax.persistence.Entity;
import javax.persistence.Id;
import java.util.Objects;

@Entity
public class Order {

    @Id
    private long id;
    private String number;
```

```
    public long getId() {
        return id;
    }

    public void setId(long id) {
        this.id = id;
    }

    public String getNumber() {
        return number;
    }

    public void setNumber(String number) {
        this.number = number;
    }
    // 이하 코드 생략
}
```

Order 클래스는 com.apress.springboot2recipes.order 패키지에 만들었다. 이 패키지는 com.apress.springboot2.recipes.jpa 패키지에 있는 @SpringBootApplication 애노테이션이 붙은 클래스가 탐색하지 않는다. 이 엔티티를 탐색하려면 @EntityScan 애노테이션을 탐색하고자 하는 패키지 이름으로 설정해 @SpringBootApplication 애노테이션이 붙은 클래스(또는 다른 @Configuration 애노테이션이 붙은 클래스)에 선언해야 한다.

```
@SpringBootApplication
@EntityScan({
    "com.apress.springboot2recipes.order",
    "com.apress.springboot2recipes.jpa" })
```

이제 추가한 Order 엔티티가 잘 탐색되고 JPA를 사용할 수 있다.

JPA 리포지토리 테스트

JPA 코드를 테스트할 때에는 당연히 데이터베이스가 필요하며, 종종 H2나 더비, HSQLDB 등을 사용하기도 한다. 스프링 부트는 JPA 테스트를 쉽게 작성할 수 있도록 지원한다. JPA 기반의 테스트는 @DataJpaTest 애노테이션을 사용하는데, 이 애노테이션을 사용하면 스프링 부트가 데이터 소스나 트랜잭션 관리, 필요하면 스프링 데이터 JPA 리포지토리 등 JPA 관련 최소한의 빈을 로딩한다.

CustomerRepository와 내장 H2 데이터베이스를 사용하는 테스트 코드를 작성해보자. 먼저, H2 데이터베이스를 의존성에 추가한다.

```
<dependency>
    <groupId>com.h2database</groupId>
    <artifactId>h2</artifactId>
    <scope>test</scope>
</dependency>
```

그런 다음 CustomerRepositoryTest를 생성한다.

```
@RunWith(SpringRunner.class)
@DataJpaTest
@TestPropertySource(properties = "spring.flyway.enabled=false")
public class CustomerRepositoryTest {

    @Autowired
    private CustomerRepository repository;

    @Autowired
    private TestEntityManager testEntityManager
}
```

@RunWith(SpringRunner.class)는 스프링 테스트 컨텍스트 프레임워크에 부트스트랩된 특별한 JUnit 실행기를 사용해 테스트 코드를 실행한다. @DataJpaTest는 미리 설정된 데이터 소스를 내장 데이터베이스(여기서는 H2 데이터베이스)로 변경한다. 이것도 JPA 컴포넌트의 부트스트랩이며 탐색되면 스프링 데이터 JPA의 리포지토리가 된다.

스프링 부트는 TestEntityManager도 제공하는데, 이는 테스트용 데이터를 쉽게 적재하고 찾을 수 있는 방법을 제공한다.

마지막으로 @TestPropertySource(properties = "spring.flyway.enabled=false") 구문은 플라이웨이를 사용 안 함으로 설정한다. 애플리케이션이 플라이웨이를 사용해 스키마를 관리하지만, 포스트그레SQL로 작성된 스크립트이고, H2 형태는 아니기 때문이다. 대신 하이버네이트가 스키마를 관리하도록 할 수 있으며, 이 방법은 스프링 부트가 내장 데이터베이스를 사용할 경우 기본으로 설정된다.

이제 테스트 코드를 작성하고 데이터 등록이 잘 됐는지 확인해보자.

```
@Test
public void insertNewCustomer() {
    assertThat(repository.findAll()).isEmpty();

    Customer customer = repository.save(new Customer(-1, "T. Testing",
    "t.testing@test123.tst"));

    assertThat(customer.getId()).isGreaterThan(-1L);
    assertThat(customer.getName()).isEqualTo("T. Testing");
    assertThat(customer.getEmail()).isEqualTo("t.testing@test123.tst");

    assertThat(repository.findById(customer.getId())).isEqualTo(customer);
}
```

테스트는 데이터베이스가 비어 있는지부터 확인한다. 꼭 필요한 단계는 아니지만, 데이터베이스가 다른 테스트로 인해 데이터 오염이 발생했는지 확인하는 데 유용하다. 다음으로 Customer를 데이터베이스에 추가하는 save 메소드를 CustomerRepository에서 호출하는 테스트다. 결과는 Customer 객체가 유효한 id 값을 가지고 name과 email 속성이 있는지 확인한다. 마지막으로 Customer를 다시 조회해 같은 값인지 확인한다.

findAll 메소드를 추가해 테스트할 수도 있다. 두 개의 값을 입력했을 경우 findAll 메소드를 호출하면 두 건의 결과가 조회된다.

```
@Test
public void findAllCustomers() {
    assertThat(repository.findAll()).isEmpty();

    repository.save(new Customer(-1, "T. Testing1", "t.testing@test123.tst"));
    repository.save(new Customer(-1, "T. Testing2", "t.testing@test123.tst"));

    assertThat(repository.findAll()).hasSize(2);
}
```

물론 추가 검증 코드를 넣을 수도 있지만, 데이터 저장 관련 검증은 이미 다른 테스트 메소드에서 진행했다.

7-4 순수 하이버네이트 사용하기

문제점

스프링 부트에서 순수 하이버네이트 API나 Session 객체 혹은 SessionFactory를 사용해 코드를 작성해야 할 때가 있다.

해결 방법

EntityManager나 EntityManagerFactory를 사용해 순수 하이버네이트 객체인 Session이나 SessionFactory를 포함시킨다.

예제 구현

오래된 코드를 스프링 부트 코드로 변환하거나 외부 라이브러리를 사용할 때, 모든 것들이 JPA로 원활하게 변환되는 것은 아니다. 이때 가능하면 프로그램의 수정을 최소화해 변환하기를 원할 것이다. 두 가지 접근 방법이 있는데, 첫 번째는 순수 하이버네이트 API

를 사용할 수 있도록 현재 EntityManager로부터 Session 객체를 가져오거나 Session Factory를 설정하는 방법이다. 이 방법은 구현하고자 하는 기능이 순수한 하이버네이트 API 코드의 영향에 달렸다.

Session 객체가 포함된 EntityManager 사용하기

하이버네이트의 Session을 포함하려면 unwrap 메소드를 사용해야 한다. unwrap 메소드는 JPA 2.0 버전에서 추가된 독창적이고 편리한 방법으로 JPA 구현체 클래스에서 하이버네이트의 네이티브 클래스가 꼭 필요한 경우에 사용한다.

```java
package com.apress.springboot2recipes.jpa;

import org.hibernate.Session;
import org.springframework.stereotype.Repository;

import javax.persistence.EntityManager;
import javax.persistence.PersistenceContext;
import javax.transaction.Transactional;
import java.util.List;

@Repository
@Transactional
class HibernateCustomerRepository implements CustomerRepository {

    @PersistenceContext
    private EntityManager em;

    private Session getSession() {
        return em.unwrap(Session.class);
    }

    @Override
    public List<Customer> findAll() {
        return getSession().createQuery("SELECT c FROM Customer c", Customer.
        class).getResultList();
    }
}
```

```
    @Override
    public Customer findById(long id) {
        return getSession().find(Customer.class, id);
    }

    @Override
    public Customer save(Customer customer) {
        getSession().persist(customer);
        return customer;
    }
}
```

HibernateCustomerRepository는 EntityManager를 의존성 주입하고 unwrap 메소드를
사용해 Session 객체를 얻어온다(getSession 메소드 참고). 이제 하이버네이트의 Session
객체를 사용해 SQL 쿼리를 수행할 수 있다.

SessionFactory 사용하기

하이버네이트 5.2 버전 이후, 하이버네이트는 EntityManagerFactory를 확장한 Session
Factory를 사용해 Session과 EntityManager를 생성하여 사용할 수 있다. 스프링 5.1은
이를 지원하는 LocalSessionFactoryBean을 사용해 네이티브 하이버네이트와 JPA 코드
를 동시에 사용할 수 있게 한다.

SessionFactory 빈을 설정하려면 LocalSessionFactoryBean을 사용한다.

```
@Bean
public LocalSessionFactoryBean sessionFactory(DataSource dataSource) {

    Properties properties = new Properties();
    properties.setProperty(DIALECT,
        "org.hibernate.dialect.PostgreSQL95Dialect");

    LocalSessionFactoryBean sessionFactoryBean = new
    LocalSessionFactoryBean();
    sessionFactoryBean.setDataSource(dataSource);
```

```
    sessionFactoryBean.setPackagesToScan("com.apress.springboot2recipes.jpa");
    sessionFactoryBean.setHibernateProperties(properties);
    return sessionFactoryBean;
}
```

SessionFactory는 데이터베이스 연결, SQL 생성에 필요한 다이얼렉트^{dialect}가 있는
DataSource가 필요하고, 엔티티가 어디 있는지도 알아야 한다. 이 정보는 Session
Factory 구성을 위한 최소 정보다. HibernateTransactionManager는 추가할 필요가 없
는데, 기본으로 설정된 JpaTransactionManager가 트랜잭션을 관리한다. 그러나 JPA는
일부 한계(특히 트랜잭션의 전파 수준 설정)가 있고, HibernateTransactionManager를 사용
해 이런 한계를 해결해야 할 수 있다.

수정된 HibernateCustomerRepository는 getCurrentSession 메소드를 사용해 Session
Factory로부터 Session 객체를 가져온다.

```
@Repository
@Transactional
class HibernateCustomerRepository implements CustomerRepository {

    private final SessionFactory sf;

    HibernateCustomerRepository(SessionFactory sf) {
        this.sf=sf;
    }

    private Session getSession() {
        return sf.getCurrentSession();
    }
    // 변경 내용이 없는 메소드는 생략
}
```

참고   SessionFactory가 EntityManager도 생성할 수 있기 때문에, 예제 7-3의 CustomerRepository에
       서도 사용할 수 있다.

7-5 스프링 데이터 몽고DB

문제점

스프링 부트 애플리케이션에서 몽고DB를 사용하고 싶다.

해결 방법

몽고 드라이버를 의존성에 추가하고 spring.data.mongodb 속성을 설정해 Mongo
Template이 정확한 몽고DB를 사용한다.

예제 구현

스프링 부트는 스프링 데이터 몽고DB 클래스와 결합한 몽고DB 드라이버를 자동으로
탐색한다. 만약 발견하면 몽고DB는 MongoTemplate 형태로 자동 설정된다.

MongoTemplate 사용하기

이제 연결이 설정되어 사용할 수 있는 상태가 되었다. 이상적으로 MongoTemplate은 문서
의 저장과 조회를 쉽게 해 준다. 먼저 문서를 저장해야 하는데, Customer 객체를 만들어
저장해보자.

```
package com.apress.springboot2recipes.mongo;

public class Customer {

    private String id;

    private final String name;
    private final String email;

    Customer() {
```

```
            this(null,null);
        }

        Customer(String name, String email) {
            this.name = name;
            this.email = email;
        }

        public String getId() {
            return id;
        }

        public String getName() {
            return name;
        }

        public String getEmail() {
            return email;
        }
        // equals(), hashCode(), toString() 메소드 생략
}
```

id 필드는 자동으로 _id라 하는 몽고DB의 문서 식별자로 매핑된다. 다른 필드를 식별자로 사용하고 싶다면 스프링 데이터에 @Id 애노테이션으로 명시적으로 식별자를 정해 사용할 수 있다.

CustomerRepository를 생성해 문서를 저장하고 조회하는 인스턴스로 사용해보자.

```
package com.apress.springboot2recipes.mongo;

import java.util.List;

public interface CustomerRepository {
    List<Customer> findAll();
    Customer findById(long id);
    Customer save(Customer customer);
}
```

몽고DB의 CustomerRepository는 MongoTemplate을 사용해 구현한다.

```
package com.apress.springboot2recipes.mongo;

import org.springframework.data.mongodb.core.MongoTemplate;
import org.springframework.stereotype.Repository;

import java.util.List;

@Repository
class MongoCustomerRepository implements CustomerRepository {

    private final MongoTemplate mongoTemplate;

    MongoCustomerRepository(MongoTemplate mongoTemplate) {
        this.mongoTemplate = mongoTemplate;
    }

    @Override
    public List<Customer> findAll() {
        return mongoTemplate.findAll(Customer.class);
    }

    @Override
    public Customer findById(long id) {
        return mongoTemplate.findById(id, Customer.class);
    }

    @Override
    public Customer save(Customer customer) {
        mongoTemplate.save(customer);
        return customer;
    }
}
```

MongoCustomerRepository는 미리 설정된 MongoTemplate을 사용해 고객 정보를 몽고DB 에 저장하고 조회한다.

모든 메소드를 사용하려면 먼저 일부 데이터가 몽고DB에 있어야 한다. Application Runner를 사용해 몇몇 데이터를 입력해보자.

```java
@Component
@Order(1)
class DataInitializer implements ApplicationRunner {

    private final CustomerRepository customers;

    DataInitializer(CustomerRepository customers) {
        this.customers = customers;
    }

    @Override
    public void run(ApplicationArguments args) throws Exception {

        List.of(
                new Customer("Marten Deinum", "marten.deinum@conspect.nl"),
                new Customer("Josh Long", "jlong@pivotal.io"),
                new Customer("John Doe", "john.doe@island.io"),
                new Customer("Jane Doe", "jane.doe@island.io"))
                .forEach(customers::save);
    }
}
```

DataInitializer는 CustomerRepository를 사용해 일부 Customer 값을 몽고DB에 입력한다. @Order 애노테이션을 사용해 빈 실행 순서를 명시적으로 지정해 첫 번째로 실행되도록 했다.

이제 ApplicationRunner를 생성해 몽고DB의 모든 고객 정보를 조회해보자.

```java
@Component
class CustomerLister implements ApplicationRunner {

    private final Logger logger = LoggerFactory.getLogger(getClass());
    private final CustomerRepository customers;
```

```
    CustomerLister(CustomerRepository customers) {
        this.customers = customers;
    }

    @Override
    public void run(ApplicationArguments args) {
        customers.findAll().forEach( customer -> logger.info("{}", customer));
    }
}
```

이 컴포넌트는 CustomerRepository를 사용해 데이터베이스에서 모든 고객 정보를 조회하고 로그로 출력한다.

마지막으로 애플리케이션 클래스를 부트스트랩한다(앞서 말한 두 가지 ApplicationRunner 를 포함).

```
package com.apress.springboot2recipes.mongo;

import org.slf4j.Logger;
import org.slf4j.LoggerFactory;
import org.springframework.boot.ApplicationArguments;
import org.springframework.boot.ApplicationRunner;
import org.springframework.boot.SpringApplication;
import org.springframework.boot.autoconfigure.SpringBootApplication;
import org.springframework.core.annotation.Order;
import org.springframework.stereotype.Component;

import java.util.Arrays;

@SpringBootApplication
public class MongoApplication {

    public static void main(String[] args) {
        SpringApplication.run(MongoApplication.class, args);
    }
}
```

```
@Component
@Order(1)
class DataInitializer implements ApplicationRunner {

    private final CustomerRepository customers;

    DataInitializer(CustomerRepository customers) {
        this.customers = customers;
    }

    @Override
    public void run(ApplicationArguments args) throws Exception {

        List.of(
                new Customer("Marten Deinum", "marten.deinum@conspect.nl"),
                new Customer("Josh Long", "jlong@pivotal.io"),
                new Customer("John Doe", "john.doe@island.io"),
                new Customer("Jane Doe", "jane.doe@island.io"))
                .forEach(customers::save);
    }
}

@Component
class CustomerLister implements ApplicationRunner {

    private final Logger logger = LoggerFactory.getLogger(getClass());
    private final CustomerRepository customers;

    CustomerLister(CustomerRepository customers) {
        this.customers = customers;
    }

    @Override
    public void run(ApplicationArguments args) {

        customers.findAll().forEach( customer -> logger.info("{}", customer));
    }
}
```

애플리케이션을 실행하면 자동으로 몽고DB에 접속하고, 데이터를 입력하고, 마지막에는 저장된 데이터를 조회해 로그로 출력한다.

이 작업을 진행하려면 문서를 저장하고 조회할 몽고DB가 필요하다. 물론 실제 몽고DB 인스턴스를 사용할 수도 있고, 내장 몽고DB(테스트 목적)도 사용할 수 있다.

내장 몽고DB 사용하기

내장 몽고DB를 제공하는 좋은 프로젝트[9]가 있다. 이 내장 DB를 사용하면 스프링 부트 애플리케이션이 기동될 때 자동으로 몽고DB를 시작할 수 있다. 스프링 부트는 `spring.mongodb.embedded` 네임스페이스(표 7-5)의 속성을 사용해 내장 몽고DB에 확장 기능을 지원한다.

내장 몽고DB를 사용하려면 다음 의존성 설정을 추가해야 한다.

```
<dependency>
    <groupId>de.flapdoodle.embed</groupId>
    <artifactId>de.flapdoodle.embed.mongo</artifactId>
</dependency>
```

▼ 표 7-5 내장 몽고DB 속성

속성	설명
`spring.mongodb.embedded.version`	사용하는 몽고DB의 버전을 지정한다. 기본값은 3.2.20이다.
`spring.mongodb.embedded.features`	사용 가능한 특성의 목록이다. 기본값은 sync-delay만 사용 가능하도록 설정돼 있다.
`spring.mongodb.embedded.storage.database-dir`	데이터가 저장될 디렉토리를 지정한다.
`spring.mongodb.embedded.storage.oplog-size`	로그 크기를 지정한다. 메가바이트(MB) 단위다.
`spring.mongodb.embedded.storage.repl-set-name-dir`	복제 구성의 이름을 설정한다. 기본값은 null이다.

---

9   https://flapdoodle-oss.github.io/de.flapdoodle.embed.mongo/

이제 MongoApplication을 구동할 때 자동으로 몽고DB를 부트스트랩하고, 애플리케이션이 중지될 때 함께 중지한다.

외부 몽고DB에 접속

참고 bin 폴더에 mongo.sh 스크립트가 있으면 도커를 사용해 몽고DB를 기동한다.

내장 몽고DB 없이 MongoApplication을 실행하면, 기본적으로 localhost 주소에 27017 포트를 사용해 몽고DB 서버 접속을 시도한다. 다른 접속 정보의 몽고DB가 있다면 spring.data.mongodb 속성(표 7-6)을 사용해 정확한 위치를 설정해야 한다.

▼ 표 7-6 몽고DB 속성

속성	설명
spring.data.mongodb.uri	자격 증명을 포함한 몽고DB URI를 설정한다. 기본값은 mongodb://localhost/test이다.
spring.data.mongodb.username	몽고DB 서버의 로그인 사용자 이름이다. 기본값은 none이다.
spring.data.mongodb.password	몽고DB 서버의 로그인 비밀번호다. 기본값은 none이다.
spring.data.mongodb.host	몽고DB 서버의 호스트명(혹은 IP 주소)을 설정한다. 기본값은 localhost이다.
spring.data.mongodb.port	몽고DB 서버의 포트를 설정한다. 기본값은 27017이다.
spring.data.mongodb.database	사용할 데이터베이스/컬렉션 이름을 설정한다.
spring.data.mongodb.field-name-strategy	객체 필드와 문서 필드 간 매핑 시 사용할 FieldNamingStrategy의 전체 경로를 설정한다. 기본값은 PropertyNameFieldNamingStrategy이다.
spring.data.mongodb.authentication-database	인증에 사용할 몽고DB 이름을 설정한다. 기본값은 spring.data.mongodb.database의 값이다.
spring.data.mongodb.grid-fs-database	접속에 사용할 몽고DB 이름을 설정한다. 기본값은 spring.data.mongodb.database 값이다.

스프링 부트에서 MongoClient를 설정해 사용할 수 있지만, 좀 더 상세히 설정하고 싶다면 MongoDbFactory나 MongoClient를 자동 설정된 버전이 아닌 자체 설정을 사용해 사용하면 된다. 여전히 스프링 데이터 몽고DB 클래스를 탐지하는 방식의 리포지토리 지원은 사용 가능할 것이다.

스프링 데이터 몽고DB 리포지토리 사용하기

자체적으로 리포지토리를 구현하는 대신 스프링 데이터 몽고DB를 사용하는 방법(스프링 데이터 JPA 같은)이 있다. 이 방법을 사용하려면 스프링 데이터의 Repository 인터페이스를 확장해야 한다. 가장 쉬운 방법은 CrudRepository나 MongoRepository를 확장하는 것이다.

```
public interface CustomerRepository extends MongoRepository<Customer, String>
{ }
```

위 방법이 리포지토리의 모든 기능을 가져오는 방법이고, 이 방법을 사용해 Mongo CustomerRepository 구현을 제거할 수 있다. 확장된 MongoRepository는 save, findAll, findById 등 더 많은 메소드를 제공한다.

애플리케이션은 여전히 잘 구동되고, 일부 데이터를 입력하고, 전체 데이터를 로그로 출력한다.

반응형 몽고DB 리포지토리

일반적인 일방형 명령 대신, 몽고DB 반응형 기능을 사용할 수 있다. spring-boot-starter-data-mongodb 대신 spring-boot-starter-data-mongodb-reactive를 사용하

면 된다. 이 의존성을 추가하면 몽고DB의 반응형 라이브러리와 드라이버가 추가된다.

```
<dependency>
    <groupId>org.springframework.boot</groupId>
    <artifactId>spring-boot-starter-data-mongodb-reactive</artifactId>
</dependency>
```

의존성을 추가한 후 CustomerRepository를 반응형으로 만들어야 한다. 간단하게 ReactiveRepository를 확장해 만들 수 있는데, 필요에 따라 ReactiveSortingRepository나 ReactiveMongoRepository를 골라 사용하면 된다.

```
public interface CustomerRepository
    extends ReactiveMongoRepository<Customer, String> { }
```

이제 CustomerRepository는 ReactiveMongoRepository를 확장한다. 모든 메소드는 Flux(0 혹은 그 이상의 요소 값)나 Mono(0 또는 하나의 요소 값)를 반환한다.

참고 기본 구현체는 반응형 프레임워크로 프로젝트 리액터(Project Reactor)[10]를 사용한다. 그러나 RxJava도 사용할 수 있다. RxJava[11]를 사용할 경우 Flux와 Mono 대신 Observable 혹은 Single 을 사용한다. 그리고 리포지토리 확장은 RxJava2CrudRepository나 RxJava2SortingRepository를 사용한다.

DataInitializer도 반응형으로 만들어야 한다.

```
@Component
@Order(1)
class DataInitializer implements ApplicationRunner {

    private final CustomerRepository customers;

    DataInitializer(CustomerRepository customers) {
```

---

10 https://projectreactor.io/

11 https://github.com/ReactiveX/RxJava

```
            this.customers = customers;
    }

    @Override
    public void run(ApplicationArguments args) throws Exception {

        customers.deleteAll()
            .thenMany(
                Flux.just(
                    new Customer("Marten Deinum", "marten.deinum@conspect.nl"),
                    new Customer("Josh Long", "jlong@pivotal.io"),
                    new Customer("John Doe", "john.doe@island.io"),
                    new Customer("Jane Doe", "jane.doe@island.io"))
            ).flatMap(customers::save).subscribe(System.out::println);
    }
}
```

먼저 모든 데이터를 지운다. 그런 다음 새로운 Customer를 생성해 리포지토리에 추가한다. 마지막으로 이 흐름을 구독해야 하는데, 그렇지 않으면 아무 일도 일어나지 않는다. 구독하는 대신 block할 수도 있다. 그러나 블로킹 방식은 반응형 애플리케이션으로 구현하지 않는다는 의미다.

마지막으로 CustomerLister도 반응형으로 만들어야 한다.

```
@Component
class CustomerLister implements ApplicationRunner {

    private final Logger logger = LoggerFactory.getLogger(getClass());
    private final CustomerRepository customers;

    CustomerLister(CustomerRepository customers) {
        this.customers = customers;
    }

    @Override
    public void run(ApplicationArguments args) {
```

```
        customers.findAll().subscribe(customer -> logger.info("{}", customer));
    }
}
```

findAll은 리포지토리로부터 데이터를 조회하고, 각 데이터를 로그로 출력한다.

애플리케이션을 구동할 때 로그 파일에서는 아무것도 보지 못할 것이다. 이는 애플리케이션의 반응형 특성 때문인데, 빠르게 실행이 끝나고 CustomerLister는 스스로 등록하고 리스닝을 시작할 시간을 가지지 못한다. 애플리케이션이 종료되지 않게 하려면 Sytem.in.read(); 구문을 추가한다. 이 구문은 애플리케이션이 엔터 키를 누르기 전까지 구동을 유지하게 해 준다. 일반적인 애플리케이션에서는 이 구문을 사용할 필요가 없는데, 일반적으로 서비스나 웹 애플리케이션으로 노출된 경우에는 애플리케이션 서버가 자동으로 구동 상태를 유지해 주기 때문이다.

```
public static void main(String[] args) throws IOException {
    SpringApplication.run(ReactiveMongoApplication.class, args);
    System.in.read();
}
```

이제 애플리케이션이 시작될 때 몽고DB에서 고객 정보를 조회해 로그에 출력되는 것을 볼 수 있다. 앞서 살펴본 예제와 크게 다른 점은 없지만, 조회 방식은 완전히 다르다. 약간의 코드를 수정해 그 차이를 명확히 해보자. 요소 값 추가 시 250밀리초의 지연 시간을 두자.

```
@Component
@Order(1)
class DataInitializer implements ApplicationRunner {

    private final CustomerRepository customers;

    DataInitializer(CustomerRepository customers) {
        this.customers = customers;
    }
```

```java
@Override
public void run(ApplicationArguments args) throws Exception {

    customers.deleteAll().thenMany(
            Flux.just(
                new Customer("Marten Deinum", "marten.deinum@conspect.nl"),
                new Customer("Josh Long", "jlong@pivotal.io"),
                new Customer("John Doe", "john.doe@island.io"),
                new Customer("Jane Doe", "jane.doe@island.io"))
    ).delayElements(Duration.ofMillis(250))
        .flatMap(customers::save)
        .subscribe(System.out::println);
    }
}
```

이제 개별 요소 값을 추가할 때 250밀리초의 지연 시간이 발생한다. 애플리케이션을 구동할 때 고객 정보 조회에서 각 요소 값이 로그로 출력되는 시간도 조금씩 지연이 발생할 것이다.

몽고 리포지토리 테스트

몽고DB 코드를 테스트할 때는 동작하는 몽고DB 인스턴스가 필요하며, 때로는 내장된 몽고DB를 사용하기도 한다. 스프링 부트는 @DataMongoTest 애노테이션을 사용해 몽고DB 테스트를 매우 쉽게 할 수 있도록 도와준다. 몽고DB 관련 빈만 로딩해 최소한의 애플리케이션을 구성하고 내장 몽고DB(발견 시)를 사용할 수 있게 한다.

CustomerRepository와 내장 몽고DB를 사용해 테스트 코드를 작성해보자. 먼저 내장 몽고DB를 테스트 의존성에 추가한다.

```xml
<dependency>
    <groupId>de.flapdoodle.embed</groupId>
    <artifactId>de.flapdoodle.embed.mongo</artifactId>
    <scope>test</scope>
</dependency>
```

다음으로 CustomerRepositoryTest를 생성한다.

```
@RunWith(SpringRunner.class)
@DataMongoTest
public class CustomerRepositoryTest {

    @Autowired
    private CustomerRepository repository;

    @After
    public void cleanUp() {
        repository.deleteAll();
    }
}
```

@RunWith(SpringRunner.class) 애노테이션은 스프링 테스트 컨텍스트 프레임워크를 부트스트랩한 특별한 JUnit을 실행한다. @DataMongoTest 애노테이션은 미리 설정된 몽고DB를 내장 몽고DB(클래스패스에 있는)로 변경한다. 내장 몽고DB는 발견 시 스프링 데이터 몽고DB 리포지토리 같은 몽고DB 컴포넌트를 부트스트랩한다.

각 테스트가 끝난 후 내장 몽고DB에 데이터가 하나도 남아 있지 않은지 확인할 수 있어야 한다. @After 애노테이션이 붙은 메소드를 사용해 리포지토리의 deleteAll 메소드를 호출하면 되는데, 이 메소드는 각 테스트 메소드가 끝날 때 호출될 것이다.

이제 데이터 입력이 잘 되었는지 확인하는 테스트 코드를 작성해보자.

```
@Test
public void insertNewCustomer() {
    assertThat(repository.findAll()).isEmpty();

    Customer customer = repository.save(new Customer(-1, "T. Testing",
    "t.testing@test123.tst"));

    assertThat(customer.getId()).isGreaterThan(-1L);
    assertThat(customer.getName()).isEqualTo("T. Testing");
    assertThat(customer.getEmail()).isEqualTo("t.testing@test123.tst");
```

```
        assertThat(repository.findById(customer.getId())).isEqualTo(customer);
}
```

위 테스트는 데이터베이스가 비어 있는지부터 확인한다. 꼭 필요한 작업은 아니지만 테스트 데이터베이스가 오염되지 않았는지 한 번 확인하는 좋은 방법이다. 다음으로 Customer를 CustomerRepository의 save 메소드를 호출해 추가한다. Customer 객체가 유효한 id 필드를 가지고 있는 게 확인되고, name과 email 필드가 존재하는지를 확인한다. 마지막으로 Customer를 다시 조회해 입력한 값과 같은지 비교한다.

findAll 메소드를 사용하는 테스트도 있다. 두 개의 값을 입력한 경우 findAll 메소드를 호출하면 두 값이 같이 조회된다.

```
@Test
public void findAllCustomers() {
    assertThat(repository.findAll()).isEmpty();

    repository.save(new Customer(-1, "T. Testing1", "t.testing@test123.tst"));
    repository.save(new Customer(-1, "T. Testing2", "t.testing@test123.tst"));

    assertThat(repository.findAll()).hasSize(2);
}
```

물론 검증 항목을 추가할 수도 있지만, 데이터 저장은 이미 다른 테스트에서 검증했으므로 생략한다.

8장

자바 엔터프라이즈 서비스

8장에서는 가장 일반적인 형태의 자바 엔터프라이즈 서비스를 지원하는 스프링의 기능을 살펴본다. 대표적으로 JMX^Java Management Extensions, 이메일을 전송하는 자바 메일, 백그라운드 처리 방법, 예약 작업 실행 등이 있다.

JMX는 자바 SE의 구성 요소 중 하나로 장치나 애플리케이션, 객체와 서비스 기반 네트워크 같은 시스템 리소스의 모니터링과 관리를 제공하는 기술이다. JMX가 관리하는 모든 리소스는 관리 빈(Mbeans) 형태로 표현된다. 스프링은 스프링 빈을 사용해 JMX를 관리할 수 있게 지원해 관리 빈 모델을 JMX가 제공하는 API 없이 작성할 수 있다. 또한 원격 관리 빈에 쉽게 접근할 수 있도록 도와준다.

자바 메일은 자바에서 이메일을 전송하는 표준 API와 그 구현체다. 스프링은 구현체에 독립적인 방식의 발전된 이메일 전송 추상화 레이어를 제공한다.

8-1 스프링 비동기 처리

문제점

오래 걸리는 메소드를 비동기 방식으로 처리하고 싶다.

해결 방법

스프링은 TaskExecutor 설정을 지원하고 @Async 애노테이션을 사용한 비동기 메소드 실행 기능을 제공한다. 이 방식은 비동기 실행에 필요한 일반적인 설정 없이 명백한 방법으로 사용할 수 있다. 그러나 스프링 부트가 비동기 실행 메소드를 자동으로 판단할 수는 없다. 그래서 @EnableAsync 설정 애노테이션 사용을 지원한다.

예제 구현

대화상자에 특정 문자를 비동기로 출력하는 모듈을 하나 만들어보자.

```java
package com.apress.springbootrecipes.scheduling;

import org.slf4j.Logger;
import org.slf4j.LoggerFactory;
import org.springframework.scheduling.annotation.Async;
import org.springframework.scheduling.annotation.Scheduled;
import org.springframework.stereotype.Component;

@Component
public class HelloWorld {

    private static final Logger logger =
        LoggerFactory.getLogger(HelloWorld.class);

    @Async
    public void printMessage() throws InterruptedException {
        Thread.sleep(500);
```

```
        logger.info("Hello World, from Spring Boot 2!");
    }
}
```

이 클래스는 로거를 사용해 특정 텍스트를 출력하기까지 500밀리초를 기다린다. 메소드 위에 표기된 @Async 애노테이션은 해당 메소드가 비동기 방식으로 동작할 것임을 알려주는 역할을 한다는 점을 기억하자. 그러나 이 기능을 사용하려면 스프링 부트 애플리케이션에서 사용할 수 있게 명시해야 한다.

비동기 처리를 가능하게 하려면 @EnableAsync 설정 애노테이션이 필요하다. 가장 쉬운 설정 방법은 애플리케이션 클래스에 해당 애노테이션을 달아주면 된다.

```
package com.apress.springbootrecipes.scheduling;

import org.springframework.boot.ApplicationRunner;
import org.springframework.boot.SpringApplication;
import org.springframework.boot.autoconfigure.SpringBootApplication;
import org.springframework.context.annotation.Bean;
import org.springframework.scheduling.annotation.EnableAsync;
import org.springframework.scheduling.annotation.EnableScheduling;

import java.io.IOException;

@SpringBootApplication
@EnableAsync
public class ThreadingApplication {

    public static void main(String[] args) throws IOException {
        SpringApplication.run(ThreadingApplication.class, args);

        System.out.println("Press [ENTER] to quit:");
        System.in.read();
    }

    @Bean
    public ApplicationRunner startupRunner(HelloWorld hello) {
        return (args) -> {hello.printMessage();};
```

```
    }
}
```

스프링 부트는 기본적으로 applicationTaskExecutor라는 이름의 TaskExecutor를 생성한다. @EnableAsync 애노테이션이 추가됐을 때 스프링은 자동으로 TaskExecutor 인스턴스를 발견해 비동기 메소드 실행에 사용하고 @Async 메소드도 사용할 수 있게 한다.

예제에서 System.in.read 구문은 애플리케이션이 꺼지지 않게 해서 백그라운드에서 작업을 처리할 수 있게 한다. 엔터 키를 누르면 프로그램은 종료된다. 일반적으로 웹 애플리케이션을 개발할 때는 이런 구문을 사용할 필요가 없다.

TaskExecutor 설정

스프링 부트는 자동으로 ThreadPoolTaskExecutor를 설정하고, spring.task.execution 네임스페이스 내의 설정값을 사용해 추가 설정도 할 수 있다(표 8-1).

▼ 표 8-1 스프링 부트 TaskExecutor 설정 항목

설정 항목	설명
spring.task.execution.pool.core-size	코어 스레드 개수, 기본값은 8개다.
spring.task.execution.pool.max-size	스레드 최대 개수, 기본값은 Integer.MAX_VALUE[1]이다.
spring.task.execution.pool.queue-capacity	큐의 용량, 기본값은 제한이 없으며, 기본적으로 max-size 설정은 무시한다.
spring.task.execution.pool.keep-alive	스레드가 사라지기 전까지 얼마나 오랜 시간 동안 대기할 것인지 설정한다.
spring.task.execution.thread-name-prefix	새롭게 만들어지는 스레드 이름의 접두어를 설정, 기본값은 task-이다.
spring.task.execution.pool.allow-core-thread-timeout	코어 스레드에 타임아웃을 적용할 것인지 여부, 기본값은 true로 적용. 풀이 동적으로 늘거나 줄 때 사용할 수 있다.

---

1   자바에서 정수(Integer)형이 가질 수 있는 최댓값이다. – 옮긴이

다음 내용을 application.properties에 추가해 기본 설정값을 변경해보자.

```
spring.task.execution.pool.core-size=4
spring.task.execution.pool.max-size=16
spring.task.execution.pool.queue-capacity=125
spring.task.execution.thread-name-prefix=sbr-exec-
```

이제 애플리케이션을 다시 실행해보자. 스레드 이름이 sbr-exec로 시작된다. 스레드의 개수는 처음 4개에서 최대 16개까지 늘어날 것이다. 풀 사이즈 재조정을 가능하게 하기 위해 큐의 개수를 고정된 숫자로 설정해야 한다. 너무 크거나 기본값인 무한대로 설정하면 스레드 개수가 자동으로 증가하지 않는다.

TaskExecutor 생성에 TaskExecutorBuilder 사용하기

스프링 부트에서는 TaskExecutor 생성에 TaskExecutorBuilder를 사용할 수 있다. 이 빌더 클래스는 ThreadPoolTaskExecutor를 생성하기 쉽게 한다. 표 8-1의 설정값을 사용해 세부 내용을 조정할 수 있다.

```
@Bean
public TaskExecutor customTaskExecutor(TaskExecutorBuilder builder) {
    return builder.corePoolSize(4)
                        .maxPoolSize(16)
                        .queueCapacity(125)
                        .threadNamePrefix("sbr-exec-").build();
}
```

여러 이유로 애플리케이션에서 다수의 TaskExecutor 인스턴스를 사용하는 경우도 있다. 이때 그 중 하나를 기본 TaskExecutor로 지정하려면 @Primary 애노테이션을 붙이거나 AsyncConfigurer 인터페이스에 taskExecutor 메소드를 구현해 사용할 기본 TaskExecutor를 반환하면 된다.

```
@SpringBootApplication
@EnableAsync
public class ThreadingApplication implements AsyncConfigurer {
```

```
    @Bean
    public ThreadPoolTaskExecutor taskExecutor() { ... }

        @Override
        public Executor getAsyncExecutor() {
            return taskExecutor();
        }
}
```

8-2 스프링 작업 스케줄링

문제점

일관된 방식으로 메소드를 정해진 시간에 맞춰 실행해야 할 일이 생길 수도 있다. 일반적으로 크론 형식으로 지정하거나, 실행 간격이나 비율을 지정한다.

해결 방법

스프링은 TaskExecutor와 TaskScheduler의 설정을 지원한다. 이러한 설정 기능을 사용해 @Scheduled 애노테이션을 실행할 메소드에 지정하면, 스프링은 최소한의 설정으로 원하는 동작을 가능하게 해 준다. 필요한 것은 작업 메소드, 애노테이션, 작업 메소드를 탐색할 수 있도록 설정해주는 애노테이션뿐이다. 스프링 부트는 스케줄링 작업을 위한 메소드를 자동으로 탐색하지 않는다. 이를 가능하게 하는 것이 @EnableScheduling 애노테이션이다.

예제 구현

4초마다 특정 문자열을 로그로 출력하는 모듈을 만들어보자. 자바 클래스를 만들고 @Scheduled 애노테이션을 사용해 실행할 메소드를 지정하자. fixRate=4000을 애노테이션의 인수로 사용해 4초마다 실행한다는 것을 알린다. 크론 형식을 사용하기를 원한다면 cron이라는 애노테이션 인수를 사용하면 된다.

```
package com.apress.springbootrecipes.scheduling;

import org.slf4j.Logger;
import org.slf4j.LoggerFactory;
import org.springframework.scheduling.annotation.Scheduled;
import org.springframework.stereotype.Component;

@Component
public class HelloWorld {

    private static final Logger logger =
        LoggerFactory.getLogger(HelloWorld.class);

  @Scheduled(fixedRate = 4000)
   public void printMessage() {
        logger.info("Hello World, from Spring Boot 2!");
   }
}
```

@Component 애노테이션은 해당 클래스를 스프링 부트가 탐색할 수 있게 한다.

다음으로 애플리케이션이 스케줄링 작업을 실행할 수 있게 해야 한다. 가장 쉬운 방법은 애플리케이션 클래스에 @EnableScheduling 애노테이션을 다는 것이다. 물론 별도의 @Configuration 애노테이션이 붙은 클래스를 사용할 수도 있다.

```
package com.apress.springbootrecipes.scheduling;

import org.springframework.boot.SpringApplication;
import org.springframework.boot.autoconfigure.SpringBootApplication;
```

```
import org.springframework.scheduling.annotation.EnableScheduling;

@SpringBootApplication
@EnableScheduling
public class SchedulingApplication {

    public static void main(String[] args) {
        SpringApplication.run(SchedulingApplication.class, args);
    }
}
```

@EnableScheduling 애노테이션은 @Scheduled 애노테이션이 달린 메소드를 찾아서 TaskScheduler에 등록해 스케줄링 작업에 사용할 수 있게 한다. 단일 TaskScheduler가 애플리케이션 컨텍스트에서 발견되면 새로 생성하기보다는 기존 스케줄러를 재사용한다.

SchedulingApplication을 실행하면 초마다 로그를 뿌려줄 것이다.

@Scheduled 애노테이션을 사용하는 대신, 자바 코드를 사용해 스케줄링 작업을 만들 수도 있다. 이 방법은 @Schedule 애노테이션을 반복 작업이 필요한 메소드에 달 수 없을 때, 혹은 단순히 애노테이션의 수에 제한을 두고 싶은 경우 사용한다.

SchedulingConfigurer 인터페이스를 구현해 사용할 수 있으며, 해당 인터페이스는 추가 작업을 위한 단일 콜백 메소드를 제공한다.

```
@SpringBootApplication
@EnableScheduling
public class SchedulingApplication implements SchedulingConfigurer {

@Autowired
private HelloWorld helloWorld;

    public static void main(String[] args) {
        SpringApplication.run(SchedulingApplication.class, args);
    }

    @Override
```

```
    public void configureTasks(ScheduledTaskRegistrar taskRegistrar) {
        taskRegistrar.addFixedRateTask(
                () -> helloWorld.printMessage()
                , 4000);
    }
}
```

8-3 이메일 전송

스프링 부트는 메일 속성값과 자바 메일 라이브러리가 클래스패스에 존재할 때 메일 전송이 가능하도록 자동으로 설정하는 기능을 제공한다. 이번 예제에서는 스프링 부트를 사용해 설정값을 구성하고 메일을 전송하는 방법을 알아보자.

문제점

스프링 부트 애플리케이션에서 이메일을 보내고 싶다.

해결 방법

스프링이 제공하는 이메일 지원 기능은 이메일 전송을 위한 독립인 추상화 객체와 구현체를 제공해 좀 더 쉬운 방법으로 메일을 전송하게 한다. 핵심이 되는 인터페이스는 MailSender인데, MailSender 인터페이스에 다목적 인터넷 메일 확장^{Multipurpose Internet Mail Extensions, MIME} 같은 자바 메일의 특징을 지원하는 기능을 추가한 JavaMailSender 인터페이스도 있다. 이메일 메시지를 HTML이나 인라인 이미지 또는 첨부 파일과 함께 보내려면 MIME 메시지 규약을 따라야 한다. 스프링 부트는 클래스패스에 javax.mail 패키지 클래스가 존재하고 적절한 spring.mail 설정값이 구성돼 있을 때 JavaMailSender를 자동으로 구성한다.

예제 구현

먼저, spring-boot-starter-mail 의존성을 추가해야 한다. 이 스타터는 클래스패스의 spring-context 의존성에 의해 필요한 javax.mail 패키지를 추가한다.

```
<dependency>
    <groupId>org.springframework.boot</groupId>
    <artifactId>spring-boot-starter-mail</artifactId>
</dependency>
```

JavaMailSender 설정

메일을 전송하려면 spring.mail 설정값(표 8-2 참고)을 적절하게 구성해야 한다. 적어도 spring.mail.host 설정값은 꼭 있어야 한다. 그 외 다른 설정은 필요에 따라 사용한다.

▼ 표 8-2 스프링 부트 메일 설정

설정값	설명
spring.mail.host	SMTP[2] 서버 호스트 정보
spring.mail.port	SMTP 서버 포트 정보. 기본값은 25이다.
spring.mail.username	SMTP 서버 연결 시 사용하는 사용자 이름
spring.mail.password	SMTP 서버 연결 시 사용하는 비밀번호
spring.mail.protocol	SMTP 서버의 사용 프로토콜 유형. 기본값은 smtp이다.
spring.mail.test-connection	시작 시 SMTP 서버가 사용 가능한지 테스트 진행 여부. 기본값은 false이다.
spring.mail.default-encoding	MIME 메시지가 사용하는 인코딩 유형. 기본값은 UTF-8이다.
spring.mail.properties.*	JavaMail 세션에서 설정하는 추가적인 설정값
spring.mail.jndi-name	JavaMail 세션의 JNDI[3] 이름. 자바 엔터프라이즈 서버에 미리 설정해 배포 시 사용할 수 있다.

---

2   간이 전자 우편 전송 프로토콜(SMTP, Simple Mail Transfer Protocol). 인터넷에서 이메일을 전송할 때 사용하는 프로토콜이다. - 옮긴이

3   Java Naming and Director Interface. 디렉터리 서비스에서 제공하는 데이터 및 객체를 발견(discover)하고 참고(lookup)하기 위한 자바 API다. - 옮긴이

이제 최소 설정 필요 값인 spring.mail.host 설정을 구성해 메일을 전송할 수 있게 해보자.

```
spring.mail.host=localhost
spring.mail.port=3025
```

참고   예제의 코드에서는 그린메일(GreenMail)을 SMTP 서버로 사용했다. 그린메일의 인스턴스는 bin 폴더에 위치한 smtp.sh 스크립트를 실행하면 구동할 수 있다. 기본적으로 그린메일의 SMTP 서버는 3025 포트를 사용한다.

평문 이메일 전송하기

필요한 의존성을 추가하고 spring.mail 속성값을 설정했다면, 스프링 부트는 미리 구성된 JavaMailSenderImpl 객체를 애플리케이션 컨텍스트의 빈으로 등록할 것이다. 이 빈은 당연히 @Autowired 애노테이션이나, 생성자 혹은 아래 예제에서처럼 @Bean 애노테이션이 붙은 메소드를 사용해 컴포넌트에 의존성을 주입해 사용할 수 있다.

```
package com.apress.springbootrecipes.mailsender;

import org.springframework.boot.ApplicationRunner;
import org.springframework.boot.SpringApplication;
import org.springframework.boot.autoconfigure.SpringBootApplication;
import org.springframework.context.annotation.Bean;
import org.springframework.mail.javamail.JavaMailSender;
import org.springframework.mail.javamail.MimeMessageHelper;

import javax.mail.Message;

@SpringBootApplication
public class MailSenderApplication {

    public static void main(String[] args) {
        SpringApplication.run(MailSenderApplication.class, args);
```

```
    }

    @Bean
    public ApplicationRunner startupMailSender(JavaMailSender mailSender) {
        return (args) -> {
            mailSender.send((msg) -> {
                var helper = new MimeMessageHelper(msg);
                helper.setTo("recipient@some.where");
                helper.setFrom("spring-boot-2-recipes@apress.com");
                helper.setSubject("Status message");
                helper.setText("All is well.");
            });
        };
    }
}
```

MailSenderApplication 클래스는 애플리케이션 구동이 끝나면 이메일을 전송한다.
startupMailSender 메소드는 ApplicationRunner(2장 참고)로, 미리 구성된 JavaMail
Sender를 사용해 메일 메시지를 전송한다.

타임리프를 이메일 템플릿으로 사용

스프링 부트는 타임리프^{Thymeleaf}[4]를 템플릿 솔루션으로 잘 지원하고 있다. 그러나 기본적
으로는 웹 페이지에 사용하는 경우가 많다. 물론 이 솔루션은 이메일 템플릿으로 사용하
는 데도 부족함이 없다.

---

4   https://www.thymeleaf.org

먼저 spring-boot-starter-thymeleaf 의존성을 추가한다. 타임리프와 관련된 필요한 모든 의존성을 자동으로 가져오고 타임리프를 HTML 콘텐츠를 생성하는 템플릿 엔진으로 설정한다.

```
<dependency>
    <groupId>org.springframework.boot</groupId>
    <artifactId>spring-boot-starter-thymeleaf</artifactId>
</dependency>
```

기본적으로 스프링은 Thymeleaf 템플릿 엔진이 src/main/resources 폴더 아래의 templates 폴더에 위치한 HTML 템플릿을 바라보게 되어 있다. email.html이라는 파일을 만들어 이 폴더에 넣고 잘 정리된 이메일 양식을 하나 만들어보자.

```
<!DOCTYPE html>
<html xmlns:th="http://www.thymeleaf.org">
<head>
    <meta http-equiv="Content-Type" content="text/html; charset=UTF-8" />
</head>
<body>
<p><strong th:text="${msg}">Some email content will be here.</strong></p>
<p>
Kind Regards,
    Your Application
</p>
</body>
</html>
```

th:text 속성은 타임리프 태그로 해당 속성 값의 콘텐츠를 치환한다. 물론 이메일을 생성하고 보내는 코드에서 해당 값을 전달해야 한다.

```
package com.apress.springbootrecipes.mailsender;

import org.springframework.boot.ApplicationRunner;
import org.springframework.boot.SpringApplication;
import org.springframework.boot.autoconfigure.SpringBootApplication;
```

```java
import org.springframework.context.annotation.Bean;
import org.springframework.context.i18n.LocaleContextHolder;
import org.springframework.mail.javamail.JavaMailSender;
import org.springframework.mail.javamail.MimeMessageHelper;
import org.thymeleaf.context.Context;
import org.thymeleaf.spring5.SpringTemplateEngine;

import javax.mail.Message;
import java.util.Collections;

@SpringBootApplication
public class MailSenderApplication {

    public static void main(String[] args) {
        SpringApplication.run(MailSenderApplication.class, args);
    }

    @Bean
    public ApplicationRunner startupMailSender(
            JavaMailSender mailSender,
            SpringTemplateEngine templateEngine) {
        return (args) -> {
            mailSender.send((msg) -> {
                var helper = new MimeMessageHelper(msg);
                helper.setTo("recipient@some.where");
                helper.setFrom("spring-boot-2-recipes@apress.com");
                helper.setSubject("Status message");

                var context = new Context(
                        LocaleContextHolder.getLocale(),
                        Collections.singletonMap("msg", "All is well!"));
                var body = templateEngine.process("email.html", context);
                helper.setText(body, true);
            });
        };
    }
}
```

8-4 JMX MBean 등록

문제점

애플리케이션 런타임 환경의 상태를 관리하는 탐지 서비스를 적용하려면 JMX MBean 같은 객체를 스프링 부트에 등록해야 할 수도 있다. 이 기능은 배치 작업의 실행 결과나 메소드 실행, 설정 메타데이터 변경 시 사용할 수 있다.

해결 방법

스프링 부트는 기본적으로 스프링 JMX를 지원해 @ManagedResource 애노테이션이 붙은 빈을 탐지하고 JMX 서버에 등록한다.

예제 구현

먼저, 스프링 부트가 제공하는 기본 JMX 지원 기능을 알아보자. 간단한 스프링 부트 애플리케이션을 만들어 실행한 후 JConsole을 사용해 구동 애플리케이션을 확인한다.

```
package com.apress.springbootrecipes.jmx;

import org.springframework.boot.SpringApplication;
import org.springframework.boot.autoconfigure.SpringBootApplication;

import java.io.IOException;

@SpringBootApplication
public class JmxApplication {

    public static void main(String[] args) throws IOException {
        SpringApplication.run(JmxApplication.class, args);
        System.out.print("Press [ENTER] to quit:");
        System.in.read();
    }
}
```

애플리케이션이 구동되고 jconsole을 실행하면 화면에 연결 가능한 로컬 프로세스가 표시될 것이다. 그 중 JmxApplication으로 구동된 프로세스를 선택한다(그림 8-1 참고).

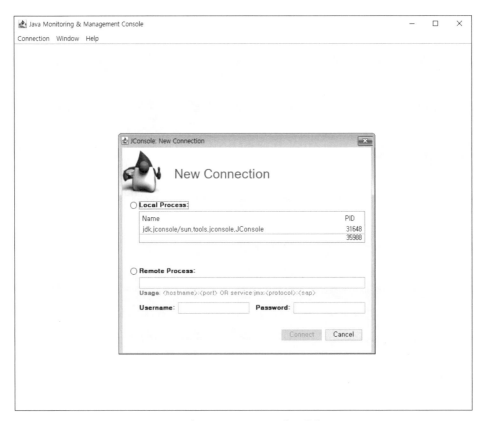

▲ 그림 8-1 JConsole 프로세스 선택

프로세스를 선택한 후 MBean 탭으로 이동해 org.springframework.boot 메뉴를 열고 화면 왼쪽에 표시되는 모든 항목을 확인한다. SpringApplication의 shutdown 명령을 실행할 수 있고, 이 명령을 실행하면 애플리케이션은 강제로 종료될 것이다(그림 8-2 참고).

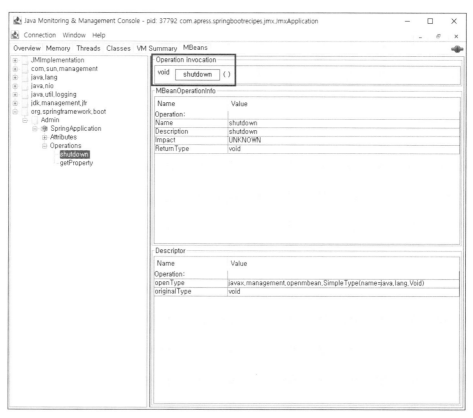

▲ 그림 8-2 shutdown 메소드 실행

스프링 부트는 JMX를 설정하기 위해 표 8-3에서 확인할 수 있는 세 가지 속성값을 제공한다.

▼ 표 8-3 스프링 부트 JMX 속성값

속성	설명
spring.jmx.enabled	JMX를 사용할 것인지 말 것인지 설정한다. 기본값은 true다.
spring.jmx.server	JMX의 MBeanServer의 빈 이름을 정의한다. 기본값은 mbeanServer이다. 이 설정은 일반적으로 MBeanServer를 애플리케이션 컨텍스트에 수동으로 등록할 때 필요한 항목이다.
spring.jmx.default-domain	빈에 등록할 때 사용할 JMX 도메인 이름을 설정한다. 기본값은 패키지 명이다.

스프링 부트에는 기본적으로 JMX가 있고, 스프링이 JMX를 사용할 수 있게 지원하기 때문에 빈을 JMX 서버에 노출하는 방식은 매우 직관적이다. 빈이 노출되면 @Managed Resource 애노테이션이 필요하고, 세부 실행 메소드는 @ManagedOperation 애노테이션을 사용해 노출해 준다.

```java
package com.apress.springbootrecipes.jmx;

import org.slf4j.Logger;
import org.slf4j.LoggerFactory;
import org.springframework.jmx.export.annotation.ManagedOperation;
import org.springframework.jmx.export.annotation.ManagedResource;
import org.springframework.scheduling.annotation.Async;
import org.springframework.stereotype.Component;

@Component
@ManagedResource
public class HelloWorld {

    private static final Logger logger =
        LoggerFactory.getLogger(HelloWorld.class);

    @ManagedOperation
    public void printMessage() {
        logger.info("Hello World, from Spring Boot 2!");
    }
}
```

애플리케이션을 재시작해 JConsole이 구동되고 있는 프로세스 JmxApplication에 연결하면, com.apress.springbootrecipes.jmx 도메인을 좌측 메뉴에서 볼 수 있다. 하위 모든 노드를 열어 실행 메소드를 살펴보면 printMessage 메소드를 찾을 수 있다(그림 8-3 참고).

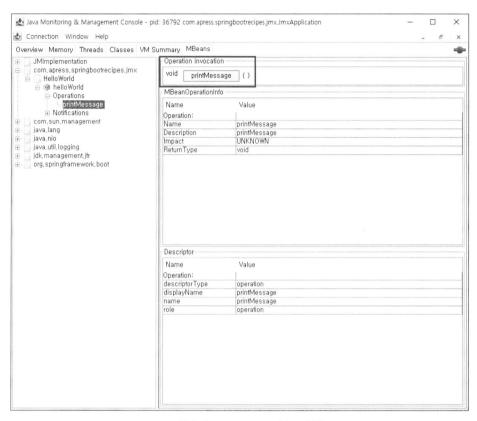

▲ 그림 8-3 printMessage 메소드 실행

printMessage 메소드를 실행할 때 콘솔 창에 메시지가 출력될 것이다(그림 8-4 참고).

▲ 그림 8-4 콘솔 창 출력 결과

## 9장

메시징

9-1 JMS 설정

문제점

스프링 부트 애플리케이션에서 JMS를 사용하고 JMS 브로커에 연결하고 싶다.

해결 방법

스프링 부트는 액티브MQ[1]와 아르테미스[2]의 자동 설정을 지원한다. 액티브MQ와 아르테미스 JMS 제공자를 몇 가지 속성을 사용해 추가할 수 있다. 사용할 JMS 제공자에 따라 `spring.activemq`와 `spring.artemis`로 시작하는 설정을 필요에 따라 사용한다.

---

1   https://activemq.apache.org

2   https://activemq.apache.org/artemis/

예제 구현

선택한 JMS 제공자의 의존성 정의에 따라 스프링 부트는 자동으로 ConnectionFactory 를 설정하고 환경에 맞춰 목적지를 룩업하는 DestinationResolver 전략 객체를 생성한 다. 이 전략 객체는 JNDI를 사용하는데, 최종적으로 ConnectionFactory를 사용해 필요 한 세부 조정을 스스로 해야 한다.

지원하는 JMS 제공자를 의존성에 추가하기는 매우 쉽다. 스프링 부트는 JMS 제공자 스 타터 프로젝트를 가지고 있고, JNDI 설정은 필요한 JMS 관련 의존성을 직접 추가해야 한다.

액티브MQ 사용

액티브MQ를 사용할 때, 가장 먼저 해야 할 일은 spring-boot-starter-activemq를 추 가하는 것이다. 그러면 스프링 부트가 액티브MQ와 JMS 관련 필요한 모든 의존성을 가 져올 것이다. 가져오는 의존성은 spring-jms 의존성과 액티브MQ의 클라이언트 라이브 러리다.

```
<dependency>
    <groupId>org.springframework.boot</groupId>
    <artifactId>spring-boot-starter-activemq</artifactId>
</dependency>
```

기본적으로 스프링 부트는 명확한 브로커 설정이 없을 경우 내장된 브로커를 사용해 시 작한다. 설정 변경은 spring.activemq 네임스페이스로 시작하는 속성값을 사용한다(표 9-1 참고).

▼ 표 9-1 액티브MQ 설정 속성

속성	설명
spring.activemq.broker-url	연결할 브로커 URL, 기본값은 인메모리 브로커일 경우 vm://localhost?broker.persistent=false, 아닌 경우 tcp://localhost:61616이다.
spring.activemq.user	브로커에 연결할 때 사용하는 사용자 이름, 기본값은 비어 있다.
spring.activemq.password	브로커에 연결할 때 사용하는 비밀번호, 기본값은 비어 있다.
spring.activemq.in-memory	내장된 브로커를 사용한다. 기본값은 true이다. 명시적으로 spring.activemq.broker-url을 설정했을 경우 무시된다.
spring.activemq.non-blocking-redelivery	롤백 메시지를 재전송하기 전에 메시지 전송을 중지한다. 중지되지 않을 경우 메시지 전송 순서가 보장되지 않는다. 기본값은 false이다.
spring.activemq.close-timeout	닫힘 효과가 나타날 때까지 기다리는 시간, 기본값은 15초다.
spring.activemq.send-timeout	브로커로부터 응답이 올 때까지 기다리는 시간, 기본값은 0(무제한)이다.
spring.activemq.packages.trust-all	JMS 사용 메시지 전송 시 자바의 객체 직렬화 기능을 사용할 경우 모든 패키지의 클래스를 신뢰할 수 있어야 한다. 기본값은 none이다(패키지에 대한 명시적 설정이 있어야 한다).
spring.activemq.packages.trusted	세미콜론(;)으로 분리된 신뢰할 수 있는 패키지 리스트다.

이름에 jms가 포함된 모든 빈 리스트를 보여주는 간단한 애플리케이션을 만들자. 이 애플리케이션에는 cachingJmsConnectionFactory라는 이름의 빈이 있다.

```java
@SpringBootApplication
public class JmsActiveMQApplication {

    private static final String MSG = "\tName: %100s, Type: %s\n";

    public static void main(String[] args) {
        var ctx = SpringApplication.run(JmsActiveMQApplication.class, args);

        System.out.println("# Beans: " + ctx.getBeanDefinitionCount());
```

```java
        var names = ctx.getBeanDefinitionNames();
        Stream.of(names)
                filter(name -> name.toLowerCase().contains("jms"))
                .forEach(name -> {
                    Object bean = ctx.getBean(name);
                    System.out.printf(MSG, name,
                        bean.getClass().getSimpleName());
                });
    }
}
```

애플리케이션 구동이 진행될 때, jms를 포함하는 빈의 이름과 형태를 콘솔 창에 찍어준다. 출력 결과는 그림 9-1과 비슷할 것이다.

▲ 그림 9-1 액티브MQ 빈 출력 결과

아르테미스 사용

아르테미스를 사용할 때는, 먼저 spring-boot-starter-artemis를 추가한다. 스프링 부트는 시작 시 JMS와 아르테미스 관련 의존성을 전부 가져온다. 가져오는 의존성은 spring-jms 의존성과 아르테미스 관련 라이브러리다.

```xml
<dependency>
    <groupId>org.springframework.boot</groupId>
    <artifactId>spring-boot-starter-artemis</artifactId>
</dependency>
```

속성	설명
spring.artemis.host	아르테미스 브로커에 연결할 호스트 이름, 기본값은 localhost다.
spring.artemis.port	아르테미스 브로커에 연결할 포트 번호, 기본값은 61616이다.
spring.artemis.user	아르테미스 브로커에 연결할 사용자 이름, 기본값은 비어 있다.
spring.artemis.password	아르테미스 브로커에 연결할 사용자 비밀번호, 기본값은 비어 있다.
spring.artemis.mode	네이티브 형태의 명령을 사용할 것인지 내장 명령을 사용할 것인지 선택. 기본값은 자동 탐지되는 항목에 따라 다르다. 내장 클래스가 발견되면 내장 모드로 동작한다.

이름에 jms가 포함된 모든 빈의 리스트를 출력하는 간단한 애플리케이션을 만들어보자. cachingJmsConnectionFactory라는 이름의 빈을 포함시킨다.

```java
@SpringBootApplication
public class JmsActiveMQApplication {

    private static final String MSG = "\tName: %100s, Type: %s\n";

    public static void main(String[] args) {
        var ctx = SpringApplication.run(JmsActiveMQApplication.class, args);

        System.out.println("# Beans: " + ctx.getBeanDefinitionCount());

        var names = ctx.getBeanDefinitionNames();

        Stream.of(names)
                .filter(name -> name.toLowerCase().contains("jms"))
                .sorted(Comparator.naturalOrder())
                .forEach(name -> {
                    Object bean = ctx.getBean(name);
                    System.out.printf(MSG, name, bean.getClass().
                    getSimpleName());
                });
    }
}
```

구동했을 때 결과는 그림 9-2와 비슷할 것이다.

```
 /\\ / ___'_ __ _ _(_)_ __  __ _ \ \ \ \
( ( )\___ | '_ | '_| | '_ \/ _` | \ \ \ \
 \\/  ___)| |_)| | | | | || (_| |  ) ) ) )
  '  |____| .__|_| |_|_| |_\__, | / / / /
 =========|_|==============|___/=/_/_/_/
 :: Spring Boot ::       (v2.1.0.BUILD-SNAPSHOT)

2018-09-16 16:33:30.901  INFO 24455 --- [           main] c.a.s.demo.JmsArtemisApplication         : Starting JmsArtemisApplication on imac-van-mar
ses started by marten in /Users/marten/Repositories/spring-boot-recipes/code/ch10/recipe_10_1_ii)
2018-09-16 16:33:30.905  INFO 24455 --- [           main] c.a.s.demo.JmsArtemisApplication         : No active profile set, falling back to default
2018-09-16 16:33:31.855  INFO 24455 --- [           main] o.s.s.concurrent.ThreadPoolTaskExecutor  : Initializing ExecutorService 'applicationTaskE
2018-09-16 16:33:31.920  INFO 24455 --- [           main] c.a.s.demo.JmsArtemisApplication         : Started JmsArtemisApplication in 1.322 seconds
# Beans: 50
        Name:                                                    cachingJmsConnectionFactory, Type: CachingConnectionFactory
        Name:                                                        jmsArtemisApplication, Type: JmsArtemisApplication$$En
        Name:                                                  jmsListenerContainerFactory, Type: DefaultJmsListenerContain
        Name:                                       jmsListenerContainerFactoryConfigurer, Type: DefaultJmsListenerContain
        Name:                                                        jmsMessagingTemplate, Type: JmsMessagingTemplate
        Name:                                                                 jmsTemplate, Type: JmsTemplate
```

▲ 그림 9-2 아르테미스 빈 결과

참고 아르테미스를 사용하는데도 ActiveMQConnectionFactory가 설정에 있는 것을 보고 의아해 했을
것이다. 아르테미스는 액티브MQ를 기반으로 하기 때문에 공유하는 클래스가 존재한다.

아르테미스는 (액티브MQ와 마찬가지로) 내장 모드로 사용할 수 있다. 내장된 브로커가 실
행되며, 이를 설정하려면 `spring.artemis.embedded` 네임스페이스의 몇 가지 설정을 조
정해야 한다(표 9-3 참고). 내장 모드는 다음과 같이 `artemis-server` 의존성을 추가해야
한다.

```xml
<dependency>
    <groupId>org.apache.activemq</groupId>
    <artifactId>artemis-server</artifactId>
</dependency>
```

▼ 표 9-3 아르테미스 내장 모드 설정 속성

속성	설명
`spring.artemis.embedded.enabled`	내장 모드를 사용할 것인지 여부, 기본값은 true이다.
`spring.artemis.embedded.persistent`	메시지 보관 여부, 기본값은 false이다.
`spring.artemis.embedded.data-directory`	저널을 저장할 폴더, persistent 속성이 true일 경우에만 유용하다. 기본값은 자바 임시 폴더다.
`spring.artemis.embedded.queues`	쉼표로 분리된 큐 리스트, 시작 시 생성된다.

(이어짐)

속성	설명
spring.artemis.embedded.topics	쉼표로 분리된 토픽 리스트, 시작 시 생성된다.
spring.artemis.embedded.cluster-password	클러스터의 비밀번호, 기본으로 생성된다.

JNDI

스프링 부트 애플리케이션을 JEE(자바 엔터프라이즈 환경) 컨테이너에 배포할 때, 컨테이너에 미리 설정된 ConnectionFactory를 사용할 수 있다. 이를 가능하게 하려면 spring-jms 라이브러리와 javax.jms-api 의존성이 필요하다. javax.jms-api는 JEE 컨테이너에서 제공되기 때문에 provided로 표시한다. 또는 하나의 스타터를 정의하고 액티브MQ나 아르테미스의 의존성을 제외시킬 수도 있다. 그러나 필요한 의존성만을 등록하는 방식이 더 쉽고 깔끔하다.

```
<dependency>
    <groupId>org.springframework</groupId>
    <artifactId>spring-jms</artifactId>
</dependency>
<dependency>
    <groupId>javax.jms</groupId>
    <artifactId>javax.jms-api</artifactId>
    <scope>provided</scope>
</dependency>
```

JNDI를 사용할 수 있을 때, 스프링 부트는 먼저 ConnectionFactory의 JNDI 레지스터가 잘 알려진 네임스페이스인 java:/JmsXA와 java:/XAConnectionFactory를 먼저 탐지하거나, spring.jms.jndi-name 속성으로 설정한 네임스페이스를 탐지한다. 그리고 자동으로 JndiDestinationResolver를 만들어 JNDI에서 큐와 토픽을 탐지할 수 있다. 이는 기본적으로 목표 지점을 동적으로 생성 가능하게 한다.

```
spring.jms.jndi-name=java:/jms/connectionFactory
```

WAR 파일을 구성할 때, 이제 애플리케이션을 자바 엔터프라이즈 컨테이너에 배포하고 ConnectionFactory를 재사용할 수 있다.

수동 설정

JMS를 설정하는 마지막 방법은 수동으로 설정하는 것이다. 먼저 적어도 spring-jms와 javax.jms-api 의존성과 사용할 JMS 브로커의 클라이언트 라이브러리 몇 가지가 필요하다. 수동 설정은 다음과 같은 상황에 사용한다.

1. 스프링 부트가 ConnectionFactory를 사용해 자동 설정을 할 수 없을 때

2. ConnectionFactory에 확장 구성이 필요할 때

3. 다중 ConnectionFactory 인스턴스가 필요할 때

ConnectionFactory를 설정하려면 @Bean 애노테이션을 추가해 객체를 생성해야 한다.

```
@Bean
public ConnectionFactory connectionFactory() {
    var connectionFactory = new ActiveMQConnectionFactory("vm://localhost?
    broker.persistent=false");
    connectionFactory.setClientID("someId");
    connectionFactory.setCloseTimeout(125);
    return connectionFactory;
}
```

ConnectionFactory 메소드는 액티브MQ에 적합한 ConnectionFactory를 생성한다. 내장 브로커에 데이터를 영구 저장하지 않고 clientId와 closeTimeout 항목을 설정했다. 스프링 부트가 미리 설정된 ConnectionFactory를 발견하면 ConnectionFactory 자체를 생성하려 하지 않는다.

9-2 JMS를 사용한 메시지 전송

문제점

여타 시스템으로 JMS를 사용한 메시지를 전송하길 원한다.

해결 방법

스프링 부트가 제공하는 JmsTemplate을 사용해 메시지를 변환(옵션)하고 전송한다.

예제 구현

스프링 부트를 사용할 때 JMS와 단일 ConnectionFactory가 발견되면 자동으로 JmsTemplate을 설정한다. JmsTemplate은 메시지를 변환하고 전송하는 데 사용할 수 있다. 스프링 부트는 spring.jms.template이라는 네임스페이스의 속성을 사용해 JmsTemplate을 설정할 수 있도록 지원한다.

JmsTemplate 사용 메시지 전송

JMS를 사용해 메시지를 전송할 때는 JmsTemplate의 send 메소드나 sendAndConvert 메소드를 사용한다. 초마다 현재 날짜와 시간을 메시지로 전송하는 프로그램을 작성해보자.

```
@Component
class MessageSender {

    private final JmsTemplate jms;

    MessageSender(JmsTemplate jms) {
        this.jms = jms;
    }

    @Scheduled(fixedRate = 1000)
```

```
    public void sendTime() {
        jms.convertAndSend("time-queue", "Current Date & Time is: " +
            LocalDateTime.now());
    }
}
```

JmsTemplate은 MessageSender의 생성자에 의해 자동으로 의존성이 주입되고, 예약된 작업 형태로 현재 날짜와 시간을 time-queue라 이름 지은 큐에 전송한다. 이 코드를 실행하려면 @SpringBootApplication 클래스에 @EnableScheduling 애노테이션을 추가해 @Scheduled 메소드가 인식되도록 설정해야 한다.

```
@SpringBootApplication
@EnableScheduling
public class JmsSenderApplication {

    public static void main(String[] args) {
        SpringApplication.run(JmsSenderApplication.class, args);
    }
}
```

이제 프로그램을 구동하면, 실제 보기에는 별다른 일이 일어나지 않고, 큐에만 메시지가 계속 쌓인다. 간단한 테스트 코드를 작성해 위의 코드가 정상 동작하는지 확인해보자.

```
package com.apress.springbootrecipes.demo;

import org.junit.Test;
import org.junit.runner.RunWith;
import org.springframework.beans.factory.annotation.Autowired;
import org.springframework.boot.test.context.SpringBootTest;
import org.springframework.jms.core.JmsTemplate;
import org.springframework.test.context.junit4.SpringRunner;

import javax.jms.JMSException;
import javax.jms.Message;

import javax.jms.TextMessage;
```

```java
import static org.assertj.core.api.Assertions.assertThat;

@RunWith(SpringRunner.class)
@SpringBootTest
public class JmsSenderApplicationTest {

    @Autowired
    private JmsTemplate jms;

    @Test
    public void shouldSendMessage() throws JMSException {

        Message message = jms.receive("time-queue");

        assertThat(message)
                .isInstanceOf(TextMessage.class);
        assertThat(((TextMessage) message).getText())
                .startsWith("Current Date & Time is: ");
    }
}
```

위 JUnit 테스트는 애플리케이션을 기동하고 메시지를 보내기 시작한다. 여기서 JmsTemplate의 receive 메소드를 사용해 메시지를 전송받고, 전송받은 메시지가 유효한 형태인지 혹은 필요한 내용을 포함하고 있는지를 판별한다. 내장 JMS 브로커를 사용하므로 설정할 것은 아무것도 없다. 실행하면 전송 및 수신이 정상적으로 이뤄지고 녹색불이 켜질 것이다.

팁 메시징 관련 테스트케이스를 작성할 때 JmsTemplate의 receive-timeout 속성을 설정하지 않으면, 기본값인 무한대로 설정돼 메시지 도착까지 계속 기다려야 할 수도 있다. application.properties 파일에 spring.jms.template.receive-timeout=500ms 값을 설정해 500밀리초가 지나면 테스트 실패로 만들자.

JmsTemplate 설정

스프링 부트는 `spring.jms.template`이라는 네임스페이스에 `JmsTemplate`에 관련한 설정을 제공한다(표 9-4 참고).

▼ 표 9-4 JmsTemplate 속성

속성	설명
`spring.jms.template.default-destination`	별도 목적지를 명시하지 않았을 때 메시지를 전송하고 수신받는 기본 목적지다.
`spring.jms.template.delivery.delay`	메시지 전송 시 지연 시간을 설정한다.
`spring.jms.template.delivery-mode`	전송 방식을 영구 메시지 방식으로 할지 미영구 메시지 방식으로 할지를 설정한다. 명시적으로 qos-enabled 가 true로 설정돼야 한다.
`spring.jms.template.priority`	메시지 전송 우선순위를 설정한다. 기본값은 none(우선순위 없음)이고, qos-enabled를 명시적으로 true로 설정해야 한다.
`spring.jms.template.qos-enabled`	QOS[3] 설정을 활성화한다. 메시지의 전송 우선순위와 전송 방식, 데이터 유효 기간을 추가로 설정한다. 기본값은 false이다.
`spring.jms.template.receive-timeout`	메시지 수신 타임아웃을 설정한다. 기본값은 무한이다.
`spring.jms.template.time-to-live`	JMS 메시지의 유효 기간을 설정한다. qos-enabled 속성이 true여야 한다.
`spring.jms.pub-sub-domain`	기본 도착지가 토픽 또는 큐다. 기본값인 false는 큐를 의미한다.

위의 설정에 따라 `JmsTemplate`은 `DestinationResolver`와 `MessageConverter`의 구현 빈 인스턴스를 찾아 자동으로 설정된다. 빈 인스턴스를 못 찾을 경우 기본 빈인 Dynamic `DestinationResolver`와 `SimpleMessageConverter`를 사용한다(표 9-5 참고).

---

3   Quality of Service, 서비스 수준 정의 - 옮긴이

유형	JMS 메시지 유형
java.lang.String	javax.jms.TextMessage
java.util.Map	javax.jms.MapMessage
java.io.Serializable	javax.jms.ObjectMessage
byte[]	javax.jms.ByteMessage

Order 객체 형태의 메시지를 orders 큐에 전송해보자. JSON 메시지 전송 시 자바의 직렬화 방식 대신 잭슨^{Jackson} 라이브러리를 사용한다.

```java
public class Order {


    private String id;
    private BigDecimal amount;

    public Order() {
    }

    public Order(String id, BigDecimal amount) {
        this.id=id;
        this.amount = amount;
    }

    // 겟터/셋터 부분, 의미상 생략

    @Override
    public String toString() {
        return String.format("Order [id='%s', amount=%4.2f]", id, amount);
    }
}
```

메시지로 전송할 간단한 주문 클래스를 만들었다.

이제 Order 객체를 생성하고 JmsTemplate을 사용해 큐에 넣어야 한다.

```
@Component
class OrderSender {

    private final JmsTemplate jms;

    OrderSender(JmsTemplate jms) {
        this.jms = jms;
    }

    @Scheduled(fixedRate = 1000)
    public void sendTime() {
        var id = UUID.randomUUID().toString();
        var amount = ThreadLocalRandom.current().nextDouble(1000.00d);
        var order = new Order(id, BigDecimal.valueOf(amount));
        jms.convertAndSend("orders", order);
    }
}
```

코드 내용은 이전에 작성한 MessageSender와 다르지 않다. 다만 난수 발생기를 사용해 임의의 값을 담은 Order 객체를 생성하고 orders 큐에 넣는 부분이 다르다. 이 코드를 실행하면 실제로는 구동에 실패할 것이다. 왜냐하면 Order 객체가 Serializable 인터페이스를 구현하도록 선언하지 않아서인데, 표 9-5에서 나온 것처럼 Order 객체를 ObjectMessage로 변환해야 하기 때문이다. 하지만 JSON을 사용해 메시지를 전송할 것이므로 다른 방식의 MessageConverter가 필요하고 MappingJackson2MessageConverter가 적당하다. 이 컨버터는 잭슨 라이브러리를 사용해 마샬링과 언마샬링을 진행하여 객체와 JSON 메시지 간 변환을 지원하며, 사용하려면 추가 빈 설정이 필요하다.

먼저 잭슨 라이브러리에 대한 의존성을 빌드 설정에 추가하자.

```
<dependency>
    <groupId>com.fasterxml.jackson.core</groupId>
    <artifactId>jackson-core</artifactId>
</dependency>
```

다음으로, MappingJackson2MessageConverter를 설정하자.

```java
@SpringBootApplication
@EnableScheduling
public class JmsSenderApplication {

    public static void main(String[] args) {
        SpringApplication.run(JmsSenderApplication.class, args);
    }

    @Bean
    public MappingJackson2MessageConverter messageConverter() {
        var messageConverter = new MappingJackson2MessageConverter();
        messageConverter.setTypeIdPropertyName("content-type");
        messageConverter.setTypeIdMappings(
                Collections.singletonMap("order", Order.class));
        return messageConverter;
    }
}
```

typeIdPropertyName 값의 설정이 필요한데, 이 값은 메시지가 저장될 실제 유형의 속성 이름을 가리킨다. 별도 설정이 없다면 클래스의 전체 이름이 된다. typeIdMappings는 클래스와 매핑되는 이름을 지정한다. 이 이름이 지정되어 있지 않다면 클래스 전체 이름의 매핑 유형으로 사용된다. Order 객체를 전송할 경우 content-type 헤더에 order 값으로 전송될 것이다.

팁　유형 이름을 명시적으로 정의하는 것은 일반적으로 좋은 생각이다. 이 방식은 자바 레벨의 둘 혹은 그 이상의 애플리케이션에 대해 명시적으로 묶어주는 것은 아니다. 각자의 Order 클래스에 대해서는 각각 order 매핑을 사용할 수 있다.

설정이 끝나면 주문 내용이 실제로 전송되는 테스트케이스를 만들 수 있다.

```
@RunWith(SpringRunner.class)
@SpringBootTest
public class JmsSenderApplicationTest {

    @Autowired
    private JmsTemplate jms;

    @Test
    public void shouldReceiveOrderPlain() throws Exception {

        Message message = jms.receive("orders");

        assertThat(message).isInstanceOf(BytesMessage.class);

        BytesMessage msg = (BytesMessage) message;
        ObjectMapper mapper = new ObjectMapper();
        byte[] content = new byte[(int) msg.getBodyLength()];
        msg.readBytes(content);

        Order order = mapper.readValue( content, Order.class);
        assertThat(order).hasNoNullFieldsOrProperties();
    }

    @Test
    public void shouldReceiveOrderWithConversion() throws Exception {

        Order order = (Order) jms.receiveAndConvert("orders");
        System.out.println(order);

        assertThat(order).hasNoNullFieldsOrProperties();
    }
}
```

두 개의 테스트 메소드가 있다. shouldReceiveOrderPlain 메소드는 Order 객체의 수동
메시지 변환을 테스트한다. shouldReceiveOrderWithConversion 메소드는 receive
AndConvert 메소드를 사용해 변환을 수행한다. 두 메소드를 비교해보면 Message
Converter가 하는 작업을 알 수 있고, 얼마나 코드를 가독성 있게 만들어 주는지도 볼 수

있다. MappingJackson2MessageConverter는 Order 객체를 BytesMessages로 변환한다. TextMessage를 사용하려면 targetType 속성을 TEXT로 설정해야 한다. 그러면 String 형태의 JSON 메시지가 포함된 TextMessage를 페이로드로 받게 될 것이다.

9-3 JMS를 사용한 메시지 수신

문제점

JMS의 도착지에서 메시지를 수신해 애플리케이션에서 사용해야 한다.

해결 방법

@JmsListener 애노테이션을 붙인 클래스를 생성해 수신 메시지를 받고 처리할 수 있다.

예제 구현

POJO[4] 객체를 만들어 @JmsListener 애노테이션과 함께 메소드를 생성한다. 스프링은 이 메소드를 탐지해 JMS 리스너로 만든다. spring.jms.listener 네임스페이스에 JMS 리스너에 관련된 속성을 설정할 수 있다.

메시지 수신

9-2 예제에서 전송한 메시지를 받는 서비스 리스너를 생성해보자.

```
@Component
class CurrentDateTimeService {

    @JmsListener(destination = "time-queue")
```

---

4 Plain Old Java Object, 오래된 방식의 간단한 자바 오브젝트 – 옮긴이

```
    public void handle(Message msg) throws JMSException {
        Assert.state(msg instanceof TextMessage, "Can only handle TextMessage.");
        System.out.println("[RECEIVED] - " + ((TextMessage) msg).getText());
    }
}
```

이 클래스는 일반적인 클래스지만 메소드에 @JmsListener 애노테이션이 붙었다.
@JmsListener 애노테이션은 적어도 destination이라는 속성값을 설정해야 하는데, 이
설정은 메시지를 전송받은 지점을 명시한다. javax.jms.Message 객체인 메시지를
TextMessage 형태가 맞는지 검증하고 명령 창에 출력하는 기능을 제공한다. @JmsListener
애노테이션이 달린 메소드는 메소드 명세에 약간의 유연성을 제공해 몇 가지 형태의 정
의된 객체 유형을 인자로 사용할 수 있다(표 9-6 참고).

▼ 표 9-6 허용된 인자 유형

유형	설명
java.lang.String	TextMessage 형태를 String 형태의 메시지 페이로드로 받는다.
java.util.Map	MapMessage 형태를 Map 형태의 메시지 페이로드로 받는다.
byte[]	BytesMessage 형태를 byte[] 형태의 메시지 페이로드로 받는다.
Serializable object	ObjectMessage 형태를 Object 형태로 역 직렬화 한다.
javax.jms.Message	실제 JMS 메시지를 받는다.
javax.jms.Session	Session 객체에 접근하기 위해 사용자 정의 응답을 전송한다.
@Header 애노테이션이 붙은 인자	JMS 메시지로부터 헤더 값을 추출한다.
@Headers 애노테이션이 붙은 인자	모든 JMS 메시지에서 헤더 값을 추출하는 것으로 java.util.Map만 사용 가능하다.

리스너는 javax.jms.Message 자체를 처리하는 대신 메소드 인자로 String 객체를 사용
해 단순하게 처리할 수 있다.

```
@Component
class CurrentDateTimeService {
```

```
    @JmsListener(destination = "time-queue")
    public void handle(String msg) {
        System.out.println("[RECEIVED] - " + msg);
    }
}
```

리스너 컨테이너 설정

스프링은 @JmsListener 애노테이션을 지원하는데 필요한 요소를 JmsListener
ContainerFactory를 사용해 생성한다. 스프링 부트는 기본적으로 spring.jms.listener
네임스페이스의 설정값을 사용해 만드는데, 설정이 충분하지 않다면 개별 인스턴스를 설
정해 모든 설정값을 수동으로 지정할 수 있다. 스프링 부트는 컨텍스트에 객체가 있을 경
우 JmsListenerContainerFactory를 사용하지 않는다.

▼ 표 9-7 리스너 컨테이너 속성

속성	설명
spring.jms.listener.acknowledge-mode	컨테이너 인식 모드를 설정한다. 기본값은 automatic(자동)이다.
spring.jms.listener.auto-startup	시작 시 컨테이너를 자동으로 실행할 것인지를 설정한다. 기본값은 true이다.
spring.jms.listener.concurrency	동시 컨슈머의 최소 개수를 설정한다. 기본값은 none으로 1개의 동시 컨슈머다(스프링 기본값).
spring.jms.listener.max-concurrency	동시 컨슈머의 최대 개수를 설정한다. 기본값은 none으로 1개의 동시 컨슈머다(스프링 기본값).
spring.jms.pub-sub-domain	기본 목적지가 토픽이다. 기본값은 false로 큐를 의미한다.

기본값으로 설정된 JmsListenerContainerFactory는 사용 시 유일한 단일 Destination
Resolver와 MessageConverter를 발견해 사용한다. 그렇지 않으면 스프링의 기본
DynamicDestinationResolver와 SimpleMessageConverter를 사용할 것이다(예제 9-2
참고).

사용자 정의 MessageConverter

객체를 JMS를 사용해 JSON 형태의 메시지로 보내려면 어떤 작업이 필요할까? 먼저 자바의 직렬화 기능을 생각할 수 있을 것이다. 그러나 일반적으로 시스템과 강한 의존성이 생기기 때문에 사용이 불편할 수도 있다. JSON이나 XML은 객체와 메시지를 전송하는 더 나은 방법을 제공한다. 스프링 JMS는 설정을 사용해 이를 제공한다(예제 9-2 전송 부분 참고).

```
@Bean
public MappingJackson2MessageConverter messageConverter() {

    var messageConverter = new MappingJackson2MessageConverter();
    messageConverter.setTypeIdPropertyName("content-type");
    messageConverter.setTypeIdMappings(singletonMap("order", Order.class));
    return messageConverter;
}
```

MappingJacson2MessageConverter는 기본적으로 콘텐츠 유형에 대한 식별자로 속성 이름을 요구한다. 이 값은 JMS 메시지의 헤더에서 읽힌다(여기서는 content-type으로 설정). 다음으로 상황에 따라 메시지 유형과 클래스 간 연결을 정의할 수 있다. 객체를 Order 클래스로 매핑하려면, 콘텐츠 유형에 order와 매핑을 명시해야 한다.

```
@Component
class OrderService {

    @JmsListener(destination = "orders")
    public void handle(Order order) {
        System.out.println("[RECEIVED] - " + order);
    }
}
```

리스너는 Order 객체를 받고, 스프링 JMS는 받은 객체를 메시지로 변환할 것이다. 이 리스너를 예제 9-2에서 살펴본 order 송신기와 결합하면 계속해서 스트리밍 형태로 전송되는 order 객체를 확인할 수 있다.

응답 보내기

메시지를 받고서 경우에 따라 추가 절차로 응답 값을 보내야 할 수 있다. 스프링 메시지는 아주 간단한 메시지 응답 방법을 제공한다. 핸들러 메소드에 응답을 보내고자 하는 객체를 단순히 반환하면 된다. 덧붙여 응답을 보내는 곳을 지정하려면 @SendTo 애노테이션을 사용한다. 코드를 수정해 OrderConfirmation 객체를 order-confirmations 큐로 전송하는 예제를 만들어보자.

```
@Component
class OrderService {

    @JmsListener(destination = "orders")
    @SendTo("order-confirmations")
    public OrderConfirmation handle(Order order) {

        System.out.println("[RECEIVED] - " + order);
        return new OrderConfirmation(order.getId());
    }
}
```

OrderService 클래스를 약간 변경했다. 이제 작업 처리 후 OrderConfirmation 객체를 반환하고, @SendTo 애노테이션에 응답 대상이 되는 목적지를 명시했다.

그러면 OrderConfirmation 객체를 받아 처리할 또 다른 리스너를 만들어보자.

```
@Component
class OrderConfirmationService {

    @JmsListener(destination = "order-confirmations")
    public void handle(OrderConfirmation confirmation) {
        System.out.println("[RECEIVED] - " + confirmation);
    }
}
```

마지막으로 수신 메시지로부터 생성될 OrderConfirmation 클래스를 만든다.

```java
public class OrderConfirmation {

    private String orderId;

    public OrderConfirmation() {}

    public OrderConfirmation(String orderId) {
        this.orderId = orderId;
    }

    public String getOrderId() {
        return orderId;
    }

    public void setOrderId(String orderId) {
        this.orderId = orderId;
    }

    @Override
    public String toString() {
        return String.format("OrderConfirmation [orderId='%s']", orderId);
    }
}
```

애플리케이션을 구동하면 order 객체를 받아 OrderConfirmation 객체를 응답하게 될 것이다.

9-4 래빗MQ 설정

문제점

스프링 부트 애플리케이션에서 AMQP[5] 메시징을 사용하기 원하거나 래빗MQ 브로커에 접속할 필요가 있다.

해결 방법

spring.rabbitmq 네임스페이스 속성(spring.rabbitmq.host 속성 필수)을 적절히 설정해 익스체인지에 접속하고 메시지를 주고 받는다.

예제 구현

스프링 부트는 래빗MQ 클라이언트 라이브러리가 클래스패스에 존재하면 자동으로 ConnectionFactory를 생성한다. 먼저 spring-boot-starter-amqp 의존성을 추가하면 관련 의존성을 자동으로 가져온다.

```
<dependency>
    <groupId>org.springframework.boot</groupId>
    <artifactId>spring-boot-starter-amqp</artifactId>
</dependency>
```

이제 spring.rabbitmq 속성을 사용해 브로커에 접속할 수 있다.

```
spring.rabbitmq.host=localhost
spring.rabbitmq.port=5672
spring.rabbitmq.username=guest
spring.rabbitmq.password=guest
```

---

5   Advanced Message Queuing Protocal, 메시지 지향 미들웨어를 위한 개방형 표준 응용 계층 프로토콜 – 옮긴이

위 설정은 래빗MQ의 기본 인스턴스에 접속하는 데 필요한 가장 기본적인 설정으로, 스
프링 부트에서 사용하는 기본값이기도 하다.

▼ 표 9-8 일반적인 래빗MQ 속성

속성	설명
spring.rabbitmq.addresses	쉼표(,)로 구분된 접속 가능한 클라이언트의 주소 정보다.
spring.rabbitmq.connection-timeout	접속 시 최대 소요 시간, 기본값은 0으로 최대 소요 시간에 제한이 없다.
spring.rabbitmq.host	래빗MQ 서버 주소, 기본값은 localhost이다.
spring.rabbitmq.port	래빗MQ 서버 포트, 기본값은 5672이다.
spring.rabbitmq.username	접속 시 사용할 사용자 이름, 기본값은 guest이다.
spring.rabbitmq.password	접속 시 사용할 비밀번호, 기본값은 guest이다.
spring.rabbitmq.virtual-host	브로커에 접속 시 사용할 가상 주소다.

9-5 래빗MQ를 사용한 메시지 전송

문제점

래빗MQ 브로커를 사용해 메시지를 전송하고 수신자에게 정상적으로 전달해야 한다.

해결 방법

RabbitTemplate을 사용해 익스체인지에 메시지를 전송하고 라우팅 키를 제공한다.

예제 구현

스프링 부트는 유일한 ConnectionFactory가 존재하면 자동으로 RabbitTemplate을 설정한다. 이 템플릿은 큐에 메시지를 전송하는 데 쓰인다.

RabbitTemplate 설정

스프링 부트는 유일한 ConnectionFactory가 존재하면 별도 RabbitTemplate 관련 설정이 없어도 자동으로 RabbitTemplate을 설정한다. 관련 설정을 수정하려면 spring.rabbitmq.template 네임스페이스에 있는 속성(표 9-9)을 사용한다.

▼ **표 9-9** RabbitTemplate 속성

속성	설명
spring.rabbitmq.template.exchange	전송 명령에 사용할 기본 인스체인지 이름, 기본값은 none이다.
spring.rabbitmq.template.routing-key	전송 명령에 사용할 기본 라우팅 키, 기본값은 none이다.
spring.rabbitmq.template.receive-timeout	수신 소요 최대 시간, 기본값은 0으로 제한 시간이 없다.
spring.rabbitmq.template.reply-timeout	전송 및 수신 명령 시 소요 최대 시간, 기본값은 5초이다.

스프링 부트는 RabbitTemplate을 사용해 손쉬운 전송 재시도 방법을 제공하나 기본적으로는 사용 안 함 상태다. application.properties에 spring.rabbitmq.template.retry.enabled=true 속성을 명시해 활성화할 수 있다. 활성화 후 전송에 실패하면 메시지를 두 번 재전송한다. 메시지 재전송 횟수나 간격을 변경하고 싶다면 spring.rabbitmq.template.retry 네임스페이스의 속성(표 9-10)을 수정해 지정할 수 있다.

▼ 표 9-10 RabbitTemplate 재시도 속성

속성	설명
spring.rabbitmq.template.retry.enabled	재시도를 활성화할지 여부, 기본값은 false로 비활성화다.
spring.rabbitmq.template.retry.max-attempts	메시지 전송 재시도 횟수, 기본값은 3이다.
spring.rabbitmq.template.retry.initial-interval	첫 번째 전송과 두 번째 전송 사이의 시간 간격, 기본값은 1초다.
spring.rabbitmq.template.retry.max-interval	메시지 전송 재시도 간 최대 간격, 기본값은 10초 다.
spring.rabbitmq.template.retry.multiplier	이전 재시도 간격에서 횟수가 증가될 때마다 가중되는 비율, 기본값은 1.0이다.

간단한 메시지 전송

RabbitTemplate을 사용해 메시지를 전송하려면 convertAndSend 메소드를 사용하면 된다. 메소드 사용 시 적어도 라우팅 키와 전달할 객체는 지정해야 한다.

```
@Component
class HelloWorldSender {

    private final RabbitTemplate rabbit;

    HelloWorldSender(RabbitTemplate rabbit) {
        this.rabbit = rabbit;
    }

    @Scheduled(fixedRate = 500)
    public void sendTime() {
    rabbit.convertAndSend("hello",
                    "Hello World, from Spring Boot 2, over RabbitMQ!");
    }
}
```

HelloWorldSender 클래스는 생성자에서 RabbitTemplate을 의존성 주입받는다. 500밀리초마다 hello라는 라우팅 키를 사용해 기본 익스체인지에 메시지를 전송한다. 기본 익스체인지로 전송하기 때문에 자동으로 hello라는 이름의 큐가 생성된다. 래빗MQ의 관리 콘솔(기본 주소 http://localhost:15672)에서 큐에 있는 메시지를 확인할 수 있다.

애플리케이션이 정상 동작하는지를 확인하는 테스트 코드를 작성해보자. 래빗MQ는 내장 브로커를 사용하지 않기 때문에 @Test 메소드에 @MockBean 애노테이션을 사용해 RabbitTemplate의 목 객체를 선언해야 한다. 적당한 인자 값을 사용해 메시지 호출을 검증하자.

```
@RunWith(SpringRunner.class)
@SpringBootTest
public class RabbitSenderApplicationTest {

    @MockBean
    private RabbitTemplate rabbitTemplate;

    @Test
    public void shouldSendAtLeastASingleMessage() {
        verify(rabbitTemplate, Mockito.atLeastOnce())
        .convertAndSend("hello",
                                    "Hello World, from Spring Boot 2, over
RabbitMQ!");
    }
}
```

팁   도커를 사용해 래빗MQ 부트스트랩 버전의 내장 프로세스[6]를 사용하는 방법이 있다. 소스 코드에는 내장 프로세스를 사용한 테스트가 포함돼 있다.

---

6   https://github.com/AlejandroRivera/embedded-rabbitmq

객체 전송

래빗MQ에 메시지를 전송하려면, 메시지 페이로드를 byte[] 형태로 변환해야 한다. String 객체인 경우에는 단순히 String.getBytes 메소드만 호출하면 된다. 그러나 객체를 전송해야 한다면 조금은 복잡한 일이 된다. 기본적으로 객체가 Serializable 인터페이스를 구현한 형태여야 하며, 자바의 직렬화 기능을 사용해 객체를 byte[] 형태로 변환해야 한다. 물론 자바 직렬화 기능은 자바 플랫폼이 아닌 시스템에 전송할 경우 좋지 못한 선택이 된다.

래빗MQ는 MessageConverter를 사용해 메시지 생성을 위임한다. 기본적으로 SimpleMessageConverter를 사용하게 되는데, 이는 위에 설명한 방식을 구현한 클래스다. 그러나 실제로는 자바의 직렬화 기능 대신 XML(MarshallingMessageConverter)이나 JSON(Jackson2JsonMessageConverter) 같은 다양한 메시지 형태를 지원하는 구현체를 사용해 페이로드를 생성한다.

스프링 부트는 자동으로 설정된 MessageConverter를 탐지해 RabbitTemplate과 예제 9-5에서 살펴볼 리스너에서 사용한다.

```
@Bean
public Jackson2JsonMessageConverter jsonMessageConverter() {
    return new Jackson2JsonMessageConverter();
}
```

위와 같이 선언하면 SimpleMessageConverter 대신 Jackson2JsonMessageConverter를 사용하게 된다.

그러면 Order 객체를 생성해 RabbitTemplate으로 orders 익스체인지에 new-order이라는 라우팅 키로 메시지를 전송해보자.

```
package com.apress.springbootrecipes.demo;

import java.math.BigDecimal;
```

```java
public class Order {

    private String id;
    private BigDecimal amount;

    public Order() {
    }

    public Order(String id, BigDecimal amount) {
        this.id=id;
        this.amount = amount;
    }

    public String getId() {
        return id;
    }

    public void setId(String id) {
        this.id = id;
    }

    public BigDecimal getAmount() {
        return amount;
    }

    public void setAmount(BigDecimal amount) {
        this.amount = amount;
    }

    @Override
    public String toString() {
        return String.format("Order [id='%s', amount=%4.2f]", id, amount);
    }
}
```

Order 클래스를 만들었으니, 주기적으로 임의의 order 객체를 전송하는 메소드를 작성해보자.

```
@Component
class OrderSender {

    private final RabbitTemplate rabbit;

    OrderSender(RabbitTemplate rabbit) {
        this.rabbit = rabbit;
    }

    @Scheduled(fixedRate = 256)
    public void sendTime() {
        var id = UUID.randomUUID().toString();
        var amount = ThreadLocalRandom.current().nextDouble(1000.00d);
        var order = new Order(id, BigDecimal.valueOf(amount));
        rabbit.convertAndSend("orders", "new-order", order);
    }
}
```

위 코드에서 최대 1000.00인 임의의 amount 변수가 포함된 Order 객체를 생성한다. 생성된 객체는 convertAndSend 메소드에서 orders 익스체인지에 new-order 라우팅 키를 사용해 래빗MQ에 전송한다.

@MockBean 애노테이션을 사용해 RabbitTemplate의 목 객체를 생성하고 위 코드를 실행하는 테스트케이스를 만들어보자.

```
@SpringBootTest
public class RabbitSenderApplicationTest {

    @MockBean
    private RabbitTemplate rabbitTemplate;

    @Test
    public void shouldSendAtLeastASingleMessage() {

        verify(rabbitTemplate, atLeastOnce())
                .convertAndSend(
                        eq("orders"),
```

```
                    eq("new-order"),
                    any(Order.class));
    }
}
```

통합 테스트 작성

내장 래빗MQ 서버를 의존성에 추가해 테스트 케이스를 사용해 구동해보자.

```xml
<dependency>
    <groupId>io.arivera.oss</groupId>
    <artifactId>embedded-rabbitmq</artifactId>
    <version>1.3.0</version>
    <scope>test</scope>
</dependency>
```

그리고 RabbitSenderApplicationIntegrationTestConfiguration라는 테스트 설정 클래스를 생성해 통합 테스트를 구동하는 데 필요한 설정을 추가한다.

```java
@TestConfiguration
public class RabbitSenderApplicationIntegrationTestConfiguration {

    @Bean(initMethod = "start", destroyMethod = "stop")
    public EmbeddedRabbitMq embeddedRabbitMq() {
        EmbeddedRabbitMqConfig config = new
            EmbeddedRabbitMqConfig.Builder()
                rabbitMqServerInitializationTimeoutInMillis(10000).build();
        return new EmbeddedRabbitMq(config);
    }

    @Bean
    public Queue newOrderQueue() {
        return QueueBuilder.durable("new-order").build();
    }

    @Bean
    public Exchange ordersExchange() {
        return ExchangeBuilder.topicExchange("orders").durable(true).build();
```

```
    }

    @Bean
    public Binding newOrderQueueBinding(Queue queue, Exchange exchange) {
        return BindingBuilder.bind(queue).to(exchange)
                .with("new-order").noargs();
    }
}
```

설정 클래스에는 내장 래빗MQ 정의가 포함된다. Queue와 Exchange, Exchange 클래스에 대한 Binding 클래스와 routingKey 설정이 필요하다.

큐와 바인딩은 메시지를 받을 수 있어야 하고, 그렇지 않으면 오직 익스체인지에만 존재할 것이다(혹은 설정에 따라 버려지기도 한다).

통합 테스트는 애플리케이션과 추가 설정을 로드한다. RabbitTemplate을 메시지 수신에 사용한다.

```
@RunWith(SpringRunner.class)
@SpringBootTest(classes = {
        RabbitSenderApplication.class,
        RabbitSenderApplicationIntegrationTestConfiguration.class })

public class RabbitSenderApplicationIntegrationTest {

    @Autowired
    private RabbitTemplate rabbitTemplate;

    @Test
    public void shouldSendAtLeastASingleMessage() {

        Message msg = rabbitTemplate.receive("new-order", 1500);

        assertThat(msg).isNotNull();
        assertThat(msg.getBody()).isNotEmpty();
        assertThat(msg.getMessageProperties().getReceivedExchange())
                .isEqualTo("orders");
```

```
        assertThat(msg.getMessageProperties().getReceivedRoutingKey())
                .isEqualTo("new-order");
        assertThat(msg.getMessageProperties().getContentType())
                .isEqualTo(MediaType.APPLICATION_JSON_VALUE);
    }
}
```

위 테스트케이스는 애플리케이션과 추가 설정을 로드한다. 해당 작업은 @SpringBoot
Application 애노테이션의 classes 속성값으로 정의할 수 있다. 테스트가 시작되면 설
정에 정의한 new-order 큐로부터 메시지를 전달받는다. 전달받은 메시지는 application
/json 형태의 인코딩인지, 라우팅 키는 맞는지 등 다양한 판정 단계를 거치게 된다.

9-6 래빗MQ 사용 메시지 수신

문제점

래빗MQ로부터 메시지를 받고 싶다.

해결 방법

@RabbitListener 애노테이션이 사용된 메소드는 큐에 바인딩돼 메시지를 전송받을 수
있다.

예제 구현

@RabbitListener 애노테이션이 붙은 메소드를 가진 빈은 수신 메시지를 처리하는 메시
지 리스너가 된다. 메시지 리스너 컨테이너는 생성된 후 애노테이션 메소드가 수신 메시
지를 받는다. 메시지 리스너의 설정은 spring.rabbitmq.listener 네임스페이스의 속성
값을 사용해 추가할 수 있다.

속성	설명
`spring.rabbitmq.listener.type`	리스너 컨테이너 유형, direct나 simple을 선택할 수 있고 기본값은 simple이다.
`spring.rabbitmq.listener.simple.acknowledge-mode`	컨테이너 승인 모드, 기본값은 none이다.
`spring.rabbitmq.listener.simple.prefetch`	단일 요청에서 처리할 메시지 개수, 기본값은 none이다.
`spring.rabbitmq.listener.simple.default-requeue-rejected`	반려된 전송 건에 대해 다시 큐에 쌓을지 여부를 설정한다.
`spring.rabbitmq.listener.simple.concurrency`	리스너 실행에 사용할 최소 스레드 수를 설정한다.
`spring.rabbitmq.listener.simple.max-concurrency`	리스너 실행에 사용할 최대 스레드 수를 설정한다.
`spring.rabbitmq.listener.simple.transaction-size`	단일 트랜잭션에서 진행할 메시지 수, 가장 좋은 설정은 prefetch 수보다 작거나 같게 설정하는 것이다.
`spring.rabbitmq.listener.direct.acknoledge-mode`	컨테이너 승인 모드, 기본값은 none이다.
`spring.rabbitmq.listener.direct.prefetch`	단일 요청에서 처리할 메시지 개수, 기본값은 none이다.
`spring.rabbitmq.listener.direct.default-requeue-rejected`	반려된 전송건에 대해 다시 큐에 쌓을지 여부를 설정한다.
`spring.rabbitmq.listener.direct.consumers-per-queue`	큐 당 컨슈머의 수, 기본값은 1이다.

단순 메시지 수신

@RabbitListener 애노테이션이 포함된 컴포넌트는 래빗MQ로부터 메시지를 수신하게 된다.

```
@Component
class HelloWorldReceiver {

    @RabbitListener( queues = "hello")
    public void receive(String msg) {
        System.out.println("Received: " + msg);
    }
}
```

위 컴포넌트는 hello라는 이름의 큐에서 메시지를 전달받아 명령 창에 받은 메시지를 출력한다. 이처럼 간단한 형태의 페이로드는 별 작업이 필요 없이 잘 동작하지만, 객체를 전달받을 경우 메시지 페이로드를 역직렬화할 필요가 있다. 이러한 경우 일반적으로 JSON이나 XML 메시지를 사용한다.

객체 형태의 메시지 수신

좀 더 복잡한 객체 형태의 메시지를 자바의 직렬화 기능 없이 사용하려면 Message Converter(예제 9.4 참고)를 설정해야 한다. 설정된 MessageConverter는 메시지 리스너 컨테이너가 수신 페이로드를 @RabbitListener 애노테이션이 붙은 메소드에서 사용 가능한 객체로 변환한다.

```
@Bean
public Jackson2JsonMessageConverter jsonMessageConverter() {
    return new Jackson2JsonMessageConverter();
}
```

MessageConverter를 설정하려면 @Bean 애노테이션이 붙은 메소드를 만들고 사용하고자 하는 컨버터의 생성자를 호출해야 한다. 예제에서는 Jackson2 기반의 컨버터를 사용할 것이다. 물론 XML 메시지의 역직렬화를 지원하는 MarshallingMessageConverter도 사용할 수 있다.

```
@Component
class OrderService {

    @RabbitListener(bindings = @QueueBinding(
            exchange = @Exchange(name="orders", type = ExchangeTypes.TOPIC),
            value = @Queue(name = "incoming-orders"),
            key = "new-order"
    ))
    public void handle(Order order) {
        System.out.println("[RECEIVED] - " + order);
    }
}
```

위 리스너는 orders 익스체인지(토픽 익스체인지)를 사용한다. 그리고 incoming-orders라는 바인딩을 생성하고 new-order이라는 라우팅 키를 사용한다. 애플리케이션 기동 시 익스체인지가 미리 존재하지 않는다면 자동으로 생성한다. 수신 메시지는 Jackson2 MessageConverter에 의해 Order 형태의 객체로 변환된다.

메시지를 받고 응답 주기

메시지를 받았을 때, 클라이언트에 응답을 주거나 다른 메시지를 사용해 통신해야 할 경우도 있다. @RabbitListener 애노테이션을 반환값이 있는 메소드에 사용하면 가능하다. 해당 메소드는 결과 메시지를 만들어 익스체인지에 정해진 라우팅 키로 추가할 것이다. 명시적으로 익스체인지나 라우팅 키를 정의하려면 @SendTo 애노테이션을 사용한다.

```
@Component
class OrderService {

    @RabbitListener(bindings = @QueueBinding(
            exchange = @Exchange(name="orders", type = ExchangeTypes.TOPIC),
            value = @Queue(name = "incoming-orders"),
            key = "new-order"
    ))
    @SendTo("orders/order-confirmation")
    public OrderConfirmation handle(Order order) {
```

```
        System.out.println("[RECEIVED] - " + order);
        return new OrderConfirmation(order.getId());
    }
}
```

Order 객체를 전달받아 처리한 후 OrderConfirmation 객체를 전송한다. @SendTo 애노테이션(일반적인 스프링 메시징 컴포넌트)에는 익스체인지와 라우팅 키가 포함되는데 / 앞부분은 익스체인지, 뒷부분은 라우팅 키를 나타낸다. 즉 <익스체인지>/<라우팅 키> 형태가 되는 것이다. 물론 익스체인지와 라우팅 키를 각각 혹은 모두 빈 값으로 설정할 수 있다. 이 경우에는 기본 익스체인지와 라우팅 키가 사용될 것이다. 예제에서는 orders 익스체인지와 order-confirmation 라우팅 키를 사용한다.

```
@Component
class OrderConfirmationService {

    @RabbitListener(bindings = @QueueBinding(
            exchange = @Exchange(name="orders", type = ExchangeTypes.TOPIC),
            value = @Queue(name = "order-confirmations"),
            key = "order-confirmation"
    ))

    public void handle(OrderConfirmation confirmation) {
        System.out.println("[RECEIVED] - " + confirmation);
    }
}
```

위 코드에 따라 order-confirmations라는 이름의 큐가 order-confirmation이라는 라우팅 키를 사용해 생성되고, 이를 orders 익스체인지(이전 OrderService에서 생성한 익스체인지)에 바인딩한다. 코드가 실행되면 예제 9-4에서 본 전송 모듈이 보낸 Order 객체 메시지를 받아 확인하고 잘 받았는지 확인 메시지를 보내준다.

10장

스프링 부트 액튜에이터

애플리케이션을 개발할 때, 애플리케이션의 동작 상태를 수시로 확인해보고 싶을 것이다. 스프링 부트는 스프링 부트 액튜에이터^{Actuator}를 사용해 아주 간단하게 모니터링 기능을 구현할 수 있다. 스프링 부트 액튜에이터는 애플리케이션에서 관심 있는 부분의 상태와 메트릭을 노출해준다. 이는 JMX나 HTTP 또는 외부 시스템으로 제공이 가능하다.

상태에 관련된 엔드포인트는 애플리케이션이나 시스템의 동작 상태를 알려준다. 이 엔드포인트는 데이터베이스 동작 및 남은 디스크 공간을 알려주는 보고서를 제공한다. 메트릭 엔드포인트는 사용량과 성능 통계, 요청 수, 오래 걸리거나 빠르게 끝나는 요청, 연결 풀 정보 등을 제공한다.

10-1 스프링 부트 액튜에이터 활성화

문제점

애플리케이션의 상태와 메트릭을 확인할 수 있게 해 애플리케이션이 잘 동작하는지를 모니터링하고 싶다.

해결 방법

spring-boot-starter-actuator 의존성을 프로젝트에 추가해 상태와 메트릭 측정을 가능하게 하고 노출시킨다. 추가 설정은 속성의 management 네임스페이스에 해당하는 값을 추가해 진행한다.

예제 구현

spring-boot-starter-actuator 의존성을 추가하면, 스프링 부트는 애플리케이션 컨텍스트에 빈 기반의 상태 및 메트릭 설정을 자동으로 진행한다. 각 상태와 메트릭은 사용할 수 있게 된 의존성 빈이나 특성에 따라 다르게 노출된다. DataSource가 발견된다면 메트릭이 수집되고 상태가 노출된다. 스프링 부트는 하이버네이트나 래빗MQ, 캐스 등 다양한 컴포넌트를 제공한다.

액튜에이터를 활성화 하려면 애플리케이션에 아래 의존성을 추가해야 한다(예제 3-3의 소스를 시작 지점으로 간주하고 설명한다).

```
<dependency>
    <groupId>org.springframework.boot</groupId>
    <artifactId>spring-boot-starter-actuator</artifactId>
</dependency>
```

이제 애플리케이션을 시작할 때, 스프링 부트가 액튜에이터 설정을 가지고 있게 되고 JMX(그림 10-1 참고, 예제 8-4의 JConsole 사용 방법 참고)를 사용해 정보에 접근할 수 있으며, 웹 페이지로 확인할 수 있다(기본 접근 경로는 /actuator로 그림 10-2 참고).

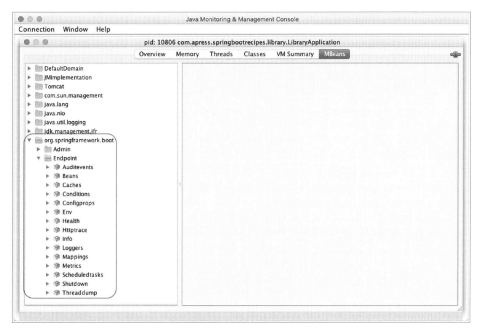

▲ 그림 10-1 JMX 노출 메트릭

```
{
  - _links: {
      - self: {
          href: "http://localhost:8080/actuator",
          templated: false
      },
      - health-component: {
          href: "http://localhost:8080/actuator/health/{component}",
          templated: true
      },
      - health-component-instance: {
          href: "http://localhost:8080/actuator/health/{component}/{instance}",
          templated: true
      },
      - health: {
          href: "http://localhost:8080/actuator/health",
          templated: false
      },
      - info: {
          href: "http://localhost:8080/actuator/info",
          templated: false
      }
    }
}
```

▲ 그림 10-2 HTTP 노출 메트릭

JMX를 사용하면 HTTP 방식보다 더 많은 정보를 얻을 수 있다. HTTP는 오직 /actuator /health와 /actuator/info만을 노출하지만 JMX는 더 많은 정보를 노출한다. 보안 측면에서도, 외부에 노출된 /actuator에 모든 사람이 많은 정보를 보는 것을 원하지 않을 것이다. 노출할 항목은 management.endpoints.web.exposure.include와 management. endpoints.web.exposure.exclude 속성을 사용해 조정한다. * 문자를 사용하면 모든 엔드포인트를 웹으로 노출한다.

management.endpoints.web.exposure.include=*

위 설정을 application.properties에 추가하면 JMX와 같은 특성이 웹을 통해 노출된다 (그림 10-3 참고).

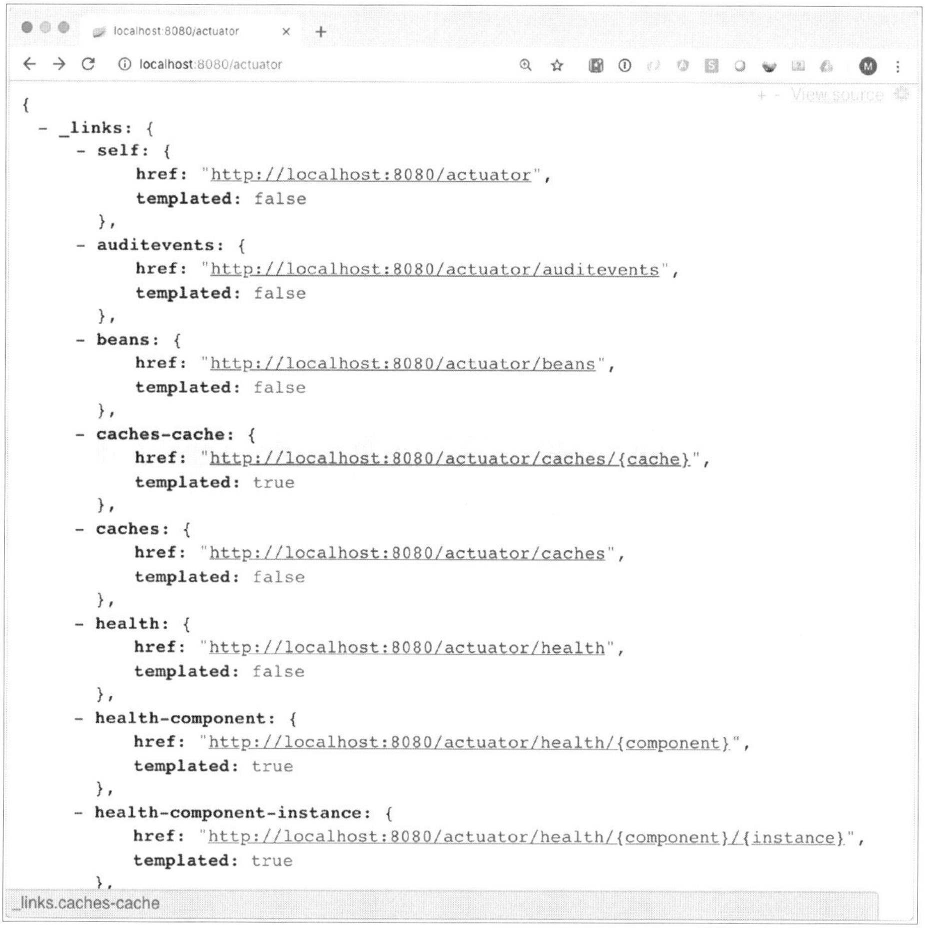

▲ 그림 10-3 HTTP 노출 메트릭(전체)

관리 서버 구성

기본적으로 액튜에이터는 일반적인 애플리케이션과 같은 포트와 주소를 사용할 수 있다 (http://localhost:8080). 그러나 아주 간단하게(그리고 일반적으로) 관리 엔드포인트를 다른 포트로 사용할 수 있다. 이는 management.server 네임스페이스의 속성을 사용해 구성할 수 있다. 대부분의 설정은 일반적인 server 네임스페이스의 속성과 같다(표 10-1 참고).

속성	설명
management.server.add-application-context-header	애플리케이션 컨텍스트 이름을 포함해 X-Application-Context 헤더를 응답에 추가한다.
management.server.port	관리 서버를 구동하는 포트, 기본값은 server.port 속성값과 같은 값이다.
management.server.address	바인딩할 네트워크 주소, 기본값은 server.address(기본값 0.0.0.0은 모든 주소를 나타낸다)의 속성값과 같다.
management.server.servlet.context-path	관리 서버의 컨텍스트 경로, 기본값은 none으로 /를 나타낸다.
management.server.ssl.*	SSL 속성으로, 관리 서버의 SSL 관련된 정보를 구성한다(예제 3.8에서 SSL 구성하는 방법 참고).

다음 설정을 application.properties에 추가시키면 관리 서버가 별도로 분리된 포트로 동작하고 X-Application-Context 헤더가 추가될 것이다.

```
management.server.add-application-context-header=true
management.server.port=8090
```

이제 애플리케이션을 재 시작하면 관리 엔드포인트는 http://localhost:8090/actuator 가 된다. 액튜에이터를 다른 포트로 실행하면, 방화벽 설정에서 특정 포트를 내부 접근만 가능하도록 막아서 외부 인터넷에 숨길 수 있는 장점이 있다.

참고 management.server 속성은 오직 내장 서버를 사용할 경우에만 유효하다. 별도 애플리케이션 서버를 사용하는 경우 해당 속성은 더 의미가 없다.

개별 관리 엔드포인트 설정

개별 엔드포인트는 management.endpoint.<엔드포인트 이름> 네임스페이스의 속성을 사용해 설정한다. 대부분 적어도 enabled 속성이나 cache.time-to-live 속성을 가진다. enable 속성은 엔드포인트 활성화 여부를 설정하고, cache.time-to-live 속성은 결과를 엔드포인트에 얼마나 오래 캐싱할 것인지 설정한다(표 10-2 참고).

▼ 표 10-2 엔드포인트 속성

속성	설명
management.endpoint.<엔드포인트 이름>.enabled	특정 엔드포인트를 활성화할지 여부, 일반적으로 기본값은 true로 활성화한다는 의미다. 다만 때때로 특성 사용 여부에 따라 활성화 여부가 결정된다(예를 들어 플라이웨이가 제공되지 않는다면 플라이웨이 엔드포인트 관련 설정은 아무런 효과가 없다).
management.endpoint.<엔드포인트 이름>.cache.time-to-live	응답 메시지의 캐싱 시간, 기본값은 0밀리초로 캐싱을 하지 않는다는 의미다.
management.endpoint.health.show-details	상태 엔드포인트의 세부 정보를 표시할 것인지 여부, 기본값은 never로 표시하지 않는다는 의미다. 항상 표시한다는 always, 인증 시에만 표시한다는 when-authorized 옵션이 있다.
management.endpoint.health.roles	상세 정보를 볼 수 있는 역할을 설정한다(show-details 속성을 when-authorized로 설정하고 이 속성을 설정한다).

management.endpoint.health.show-details-always 속성을 application.properties에 추가하면 애플리케이션의 상태에 대한 자세한 정보를 볼 수 있다. 기본적으로는 "UP"이라는 상태 정보만 볼 수 있는데, 이제 상세한 다른 상태 정보도 같이 볼 수 있다(그림 10-4).

▲ 그림 10-4 상태 엔드포인트 결과 확장

보안 관리 엔드포인트

스프링 부트가 스프링 부트 액튜에이터와 스프링 보안을 동시에 탐지하면, 자동으로 관리 엔드포인트에 보안 접근이 가능해진다. 엔드포인트에 접근하면 기본 로그인 창이 보이고 사용자 이름과 비밀번호를 묻는다. 스프링 부트는 user라는 이름의 기본 사용자와 생성된 비밀번호(예제 6.1 참고)를 로그인에 사용한다.

spring-boot-starter.security와 spring-boot-starter-actuator 의존성만 추가하면 보안 관리 엔드포인트가 생성된다.

```
<dependency>
    <groupId>org.springframework.boot</groupId>
    <artifactId>spring-boot-starter-security</artifactId>
</dependency>
```

이렇게 의존성을 추가하면 애플리케이션과 관리 엔드포인트에 보안 설정을 할 수 있게 된다. 이제 http://localhost:8090/actuator 엔드포인트에 접속하면 기본 로그인 창이 보인다. 정확한 비밀번호까지 입력하면 결과를 볼 수 있다.

상태 확인 설정

스프링 부트 액튜에이터의 기능 중 상태 체크 기능이 있다. 이 기능은 http://localhost:8090/actuator/health 엔드포인트로 노출된다. 결과는 애플리케이션이 정상 동작(UP) 또는 동작 안 함(DOWN)으로 나타난다. 상태 엔드포인트는 시스템에서 사용 가능한 모든 HealthIndicator를 호출하고 결과를 보여준다. HealthIndicator는 management.health.<상태 지시자>.enabled 속성에 의해 관리된다. 사용할 수 없는 기능(DataSource를 사용하지 않으면서 DataSource에 대한 정보를 얻으려고 하는 것처럼)인 경우 사용 가능(true)으로 설정해도 동작하지 않는다.

```
management.health.diskspace.enabled=false
```

메트릭 설정

스프링 부트 액튜에이터가 가지고 있는 또 다른 기능은 메트릭 노출이다. http://localhost:8090/actuator/metrics 엔드포인트에 접속하면 애플리케이션에서 사용 가능한 메트릭의 목록을 볼 수 있다(그림 10-5).

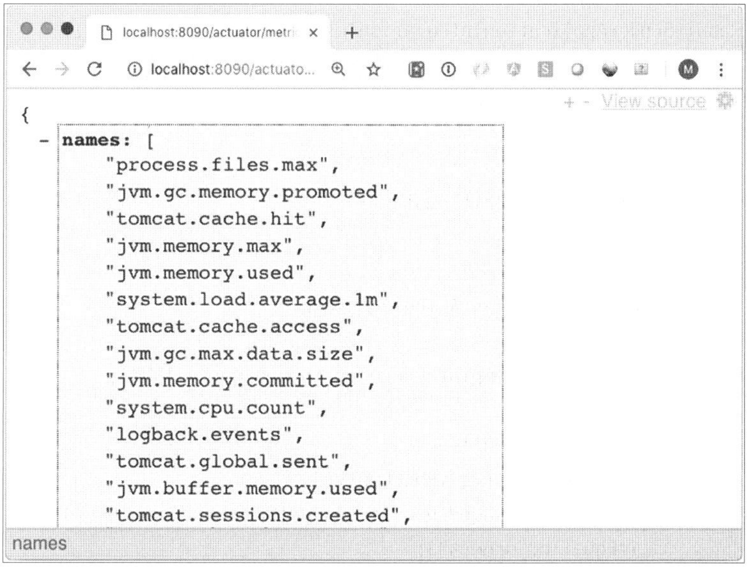

▲ 그림 10-5 현재 사용 가능한 메트릭 목록

더 많은 메트릭 정보를 보고 싶다면 http://localhost:8090/actuator/metrics/{메트릭 이름} 주소로 접속하면 된다. 즉 현재 CPU의 사용량을 보고 싶다면 http://localhost:8090/actuator/metrics/system.cpu.usage 주소로 접속한다(그림 10-6).

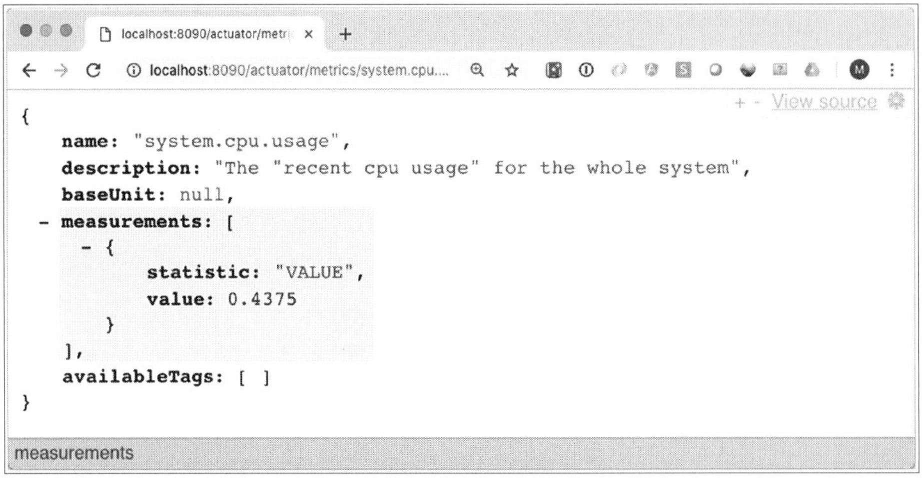
localhost:8090/actuator/metr
localhost:8090/actuator/metrics/system.cpu....
+ - View source
{
name: "system.cpu.usage",
description: "The "recent cpu usage" for the whole system",
baseUnit: null,
- measurements: [
- {
statistic: "VALUE",
value: 0.4375
}
],
availableTags: [ ]
}
measurements

▲ 그림 10-6 CPU 메트릭 상세

스프링 부트는 메트릭을 기록할 때 micrometer.io[1]를 사용한다. 메트릭은 기본적으로 스프링 부트가 발견한 기능들의 경우 활성화된다. DataSource가 발견됐다면, 메트릭이 활성화될 것이다. 이를 비활성화하려면 management.metrics.enable 속성을 사용한다. 이 속성은 활성화하고자 하는 메트릭의 키와 값을 포함한 맵이다.

```
management.metrics.enable.system=false
management.metrics.enable.tomcat=false
```

위 설정은 system과 tomcat 메트릭을 비활성화한다. http://localhost:8090/actuator/metrics로 접속해서 메트릭 정보를 확인하면 두 메트릭은 목록에 더 보이지 않는다.

1 https://micrometer.io

10-2 사용자 정의 상태 체크와 메트릭

문제점

애플리케이션에서 특정 메트릭을 노출하고 기본으로 사용할 수 없는 상태 체크를 추가하고 싶다.

해결 방법

상태 체크와 메트릭은 플러그인 형태이고 HealthIndicator 형태의 빈이며, Metric Binder가 자동으로 등록해 추가 정보를 제공한다. HealthIndicator를 구현한 클래스를 생성해 컨텍스트의 빈으로 등록하면 원하는 상태를 체크할 수 있고 메트릭을 볼 수 있다.

예제 구현

스프링 부트 액튜에이터 의존성이 이미 추가됐다고 가정하면 바로 예제를 구현할 수 있다. 애플리케이션에 TaskScheduler를 사용해 메트릭과 상태를 체크해보자(@Enable Scheduling 애노테이션을 추가해 스프링 부트가 기본 TaskScheduler를 생성하게 한다).

먼저, HealthIndicator를 구현해보자. HealthIndicator를 바로 구현하는 방법을 사용하거나, 좀 더 편리한 AbstractHealthIndicator를 기반 클래스로 사용하는 방법이 있다.

```
package com.apress.springbootrecipes.library.actuator;

import org.springframework.boot.actuate.health.AbstractHealthIndicator;
import org.springframework.boot.actuate.health.Health;
import org.springframework.scheduling.concurrent.ThreadPoolTaskScheduler;
import org.springframework.stereotype.Component;

@Component
class TaskSchedulerHealthIndicator extends AbstractHealthIndicator {
```

```java
    private final ThreadPoolTaskScheduler taskScheduler;

    TaskSchedulerHealthIndicator(ThreadPoolTaskScheduler taskScheduler) {
        this.taskScheduler = taskScheduler;
    }

    @Override
    protected void doHealthCheck(Health.Builder builder) throws Exception {

        int poolSize = taskScheduler.getPoolSize();
        int active = taskScheduler.getActiveCount();
        int free = poolSize - active;

        builder
                .withDetail("active", taskScheduler.getActiveCount())
                .withDetail("poolsize", taskScheduler.getPoolSize());

        if (poolSize > 0 && free <= 1) {
            builder.down();
        } else {
            builder.up();
        }
    }
}
```

TaskSchedulerHealthIndicator는 ThreadPoolTaskExecutor를 사용해 동작한다. 예약 작업을 실행하는 스레드가 하나 이하일 경우 동작 불가(DOWN) 상태로 보고한다. 조건인 poolSize > 0은 필요한 기본 Executor의 생성이 지연되어 발생하며, 그때까지 poolZise 는 0으로 보고된다. 반환값은 poolSize와 참고 데이터인 활성화 스레드 수다.

TaskSchedulerMetrics는 micrometer.io가 제공하는 MeterBinder 인터페이스를 구현 했다. 이 구현체는 메트릭 저장소에 active 항목과 pool-size 항목을 등록한다.

```
package com.apress.springbootrecipes.library.actuator;

import io.micrometer.core.instrument.FunctionCounter;
import io.micrometer.core.instrument.MeterRegistry;
import io.micrometer.core.instrument.binder.MeterBinder;
import org.springframework.scheduling.concurrent.ThreadPoolTaskScheduler;
import org.springframework.stereotype.Component;

@Component
class TaskSchedulerMetrics implements MeterBinder {

    private final ThreadPoolTaskScheduler taskScheduler;

    TaskSchedulerMetrics(ThreadPoolTaskScheduler taskScheduler) {
        this.taskScheduler = taskScheduler;
    }

    @Override
    public void bindTo(MeterRegistry registry) {
        FunctionCounter
                .builder("task.scheduler.active", taskScheduler,
                    ThreadPoolTaskScheduler::getActiveCount)
                .register(registry);

        FunctionCounter
                .builder("task.scheduler.pool-size", taskScheduler,
                    ThreadPoolTaskScheduler::getPoolSize)
                .register(registry);
    }
}
```

이제 LibraryApplication에 @EnableScheduling 애노테이션을 달고 애플리케이션을 재
시작하면 TaskScheduler 관련 메트릭과 상태를 확인할 수 있다(그림 10-7).

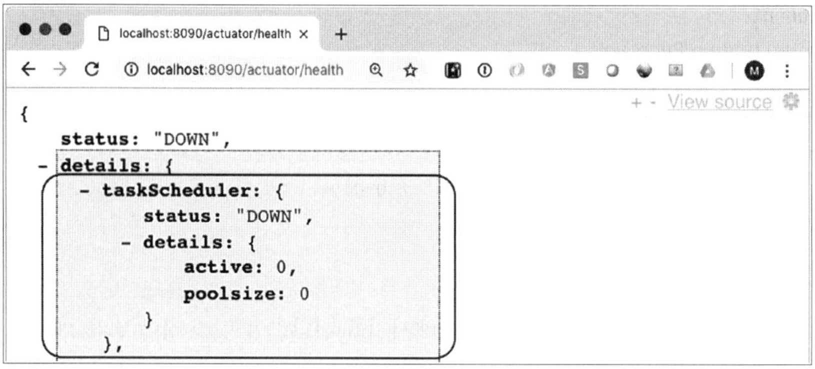

▲ 그림 10-7 TaskScheduler 상태 확인

10-3 메트릭 내보내기

문제점

애플리케이션을 모니터링하는 대시보드를 만들 목적으로 외부 시스템에 메트릭을 내보내야 하는 경우가 있다.

해결 방법

그라파이트^{Graphite} 같은 모니터링 지원 시스템을 사용해 메트릭을 주기적으로 전송한다. micrometer.io 레지스트리 의존성을 애플리케이션에 추가(spring-boot-starter-actuator 의존성은 미리 추가되어 있어야 한다)하면 메트릭이 자동으로 내보내질 것이다. 기본적으로 2분마다 데이터가 서버로 전송된다.

예제 구현

메트릭을 내보내는 기능은 micrometer.io 라이브러리의 기능 중 하나이며, 그라파이트, 데이터독^{DataDog}, 갱글리아^{Ganglia}, StatD 등 다양한 형태의 외부 시스템을 지원한다. 이번 예제에서는 그라파이트를 사용할 것이기에 `micrometer-registry-graphite` 의존성을 추가시킨다.

```
<dependency>
    <groupId>io.micrometer</groupId>
    <artifactId>micrometer-registry-graphite</artifactId>
</dependency>
```

이론상으로는 내부에서 기본 포트로 동작하는 그라파이트가 있다면 메트릭을 그라파이트에 전송하는 것은 위 설정만으로 충분하다. 물론 스프링 부트는 `management.metrics.export.<레지스트리 이름>` 네임스페이스의 속성을 사용해 쉽게 추가 설정을 할 수 있도록 제공한다(표 10-3 참고).

▼ 표 10-3 일반적인 메트릭 내보내기 속성

속성	설명
`management.metrics.export.<레지스트리 이름>.enabled`	메트릭 내보내기를 사용할지 여부 설정. 기본적으로 클래스패스에 라이브러리가 존재할 경우 true이다.
`management.metrics.export.<레지스트리 이름>.host`	메트릭을 전송할 호스트 주소, 대부분 localhost나 잘 알려진 서비스 주소(시그널FX, 데이터독 등)다.
`management.metrics.export.<레지스트리 이름>.port`	메트릭을 전송할 포트, 기본값은 잘 알려진 일반적인 서비스의 포트다.
`management.metrics.export.<레지스트리 이름>.step`	얼마나 자주 메트릭을 전송할지에 대한 설정으로 기본값은 1분이다.
`management.metrics.export.<레지스트리 이름>.rate-units`	보고서 전송에 사용할 기본 시간, 기본값은 seconds로 초다.
`management.metrics.export.<레지스트리 이름>.duration-units`	보고서 지속 시간에 사용할 기본 시간, 기본값은 milliseconds로 밀리초다.

메트릭을 기본값인 1분 단위가 아닌 10초 단위로 전송하려면 다음과 같은 설정을 application.properties에 추가해야 한다.

```
management.metrics.export.graphite.step=10s
```

참고 bin 폴더는 도커를 이용해 그라파이트 인스턴스를 시작하는 graphite.sh를 포함한다.

이제 메트릭이 그라파이트에 10초마다 전송된다. 애플리케이션을 시작하고 http://localhost:81[2](앞서 언급한 도커 컨테이너에서 실행했다고 가정하자) 주소로 그라파이트를 열면, 예를 들어 CPU 사용량 정보를 그래프로 만들 수 있을 것이다(그림 10-8).

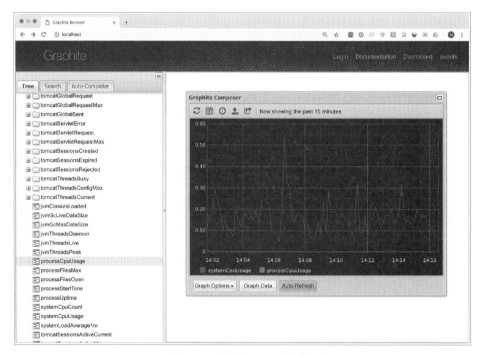

▲ 그림 10-8 그라파이트 CPU 사용량 그래프

---

2   80 포트는 그라파나이고, 81 포트는 그라파이트다. "https://github.com/hopsoft/docker-graphite-statsd" 참고 – 옮긴이

패키징

11장에서는 스프링 부트 기본 애플리케이션을 다양한 방식으로 패키징하는 방법을 알아본다.

11-1 실행 가능 아카이브 생성

기본적으로 스프링 부트는 JAR나 WAR 파일을 만들어 java -jar 애플리케이션 이름.jar 명령으로 실행한다. 그러나 경우에 따라 별도 서버(현재 테스트 된 서버는 데비안과 우분투 기반의 시스템이다)에서 서버 시작 시 구동하고 싶을 수도 있다. 이런 경우 메이븐이나 그래들 플러그인을 사용해 실행 가능한 형태의 JAR 파일로 만든다.

문제점

실행 가능한 JAR 파일을 만들어 가지고 있는 환경의 서비스로 등록해 설치하고 싶다.

해결 방법

스프링 부트의 메이븐, 그래들 플러그인은 둘 다 실행 가능한 아티팩트[1]를 만드는 옵션을 가지고 있다. 이 방법을 사용하면 아카이브를 마치 유닉스의 셸 스크립트처럼 서비스 형태로 시작 및 중지할 수 있다.

예제 구현

실행 가능한 아티팩트를 만들려면, 다음과 같은 메이븐 혹은 그래들 설정을 해야 한다.

실행 가능한 아카이브 만들기

```
<plugin>
    <groupId>org.springframework.boot</groupId>
    <artifactId>spring-boot-maven-plugin</artifactId>
    <configuration>
        <executable>true</executable>
    </configuration>
</plugin>
```

메이븐 플러그인에 executable 속성을 true로 설정하면 자바 아카이브가 실행 가능한 상태로 만들어진다.

```
bootJar {
    launchScript()
}
```

아티팩트를 빌드하면 아티팩트 자체가 실행할 수 있고, 애플리케이션 실행에 사용할 수 있다. java -jar 애플리케이션 이름.jar라는 명령 대신 ./애플리케이션 이름.jar 형식으로 애플리케이션을 시작할 수 있다.

---

1   https://docs.spring.io/spring-boot/docs/current/reference/html/deployment-install.html

애플리케이션 파일을 실행할 수 있게 하려면 'chmod +x 애플리케이션 이름.jar' 명령을 실행해야

한다(리눅스 계열 운영체제에 한정).

실행 가능한 애플리케이션 파일을 만들 때 배시(bash) 스크립트를 앞에 붙인다. 일반적으로 생각

했을 때, 이 경우 자바 아카이브가 손상될 것이라 생각할 수 있지만, 실제로 자바의 아카이브를 읽

는 방식(아래에서 위로)이 셸 스크립트를 읽는 방식(위에서 아래로)과 다르기 때문에 문제없이 동

작한다.

배시 스크립트는 'head −n 290 애플리케이션 이름.jar' 명령으로 확인할 수 있다.

```bash
#!/bin/bash
#
#  .   ____          _            __ _ _
# /\\ / ___'_ __ _ _(_)_ __  __ _ \ \ \ \
# ( ( )\___ | '_ | '_| | '_ \/ _` | \ \ \ \
#  \\/  ___)| |_)| | | | | || (_| |  ) ) ) )
#   '  |____| .__|_| |_|_| |_\__, | / / / /
#  =========|_|==============|___/=/_/_/_/
#  :: Spring Boot Startup Script ::
#

### BEGIN INIT INFO
# Provides: recipe_14_1
# Required-Start: $remote_fs $syslog $network
# Required-Stop: $remote_fs $syslog $network
# Default-Start: 2 3 4 5
# Default-Stop: 0 1 6
# Short-Description: recipe_14_1
# Description: Demo project for Spring Boot
# chkconfig: 2345 99 01
### END INIT INFO
```

위 내용은 자바 아카이브의 앞에 붙는 스크립트의 헤더 내용이다. Description 항목에는

생성 프로젝트의 메이븐 설정에 채워진 내용이 출력된다. executable 속성 다음에

initInfoDescription을 명시해 이 값을 재정의할 수 있다.

세부 설정

일반적으로 스프링 부트 기반의 애플리케이션을 실행할 때, 추가 설정을 옵션으로 제공할 수 있다(예제 2.2 참고). 그러나 아카이브를 스크립트(혹은 서비스) 형태로 사용할 때에는 몇몇 설정은 더는 사용할 수 없게 된다. 이 경우 대신 .conf라는 확장자의 파일(이름은 애플리케이션 이름.conf로 해야 한다)을 만들어 실행 가능한 아카이브와 함께 두고 추가 설정을 명시한다(표 11-1 참고).

▼ 표 11-1

속성	설명
MODE	실행 방식을 정의한다. 기본값은 auto로 자동으로 실행 방식을 선택한다. 심볼릭 링크에서 실행하면 서비스 형태로 동작할 것이다. 프로세스를 앞단에서 실행하려면 값을 run으로 변경하면 된다.
USE_START_STOP_DAEMON	start-stop-daemon 명령을 사용할 것인지 아닌지 설정한다. 기본값은 해당 명령이 사용 가능한지를 탐지해 결정한다.
PID_FOLDER	PID[2] 파일을 쓸 폴더를 설정한다. 기본 폴더는 /var/run이다.
LOG_FOLDER	로그를 저장할 폴더를 설정한다. 기본 폴더는 /var/log이다.
CONF_FOLDER	.conf 파일을 읽을 폴더를 설정한다. 기본 폴더는 jar 파일이 위치한 폴더다.
LOG_FILENAME	로그를 저장할 파일 이름을 설정한다. 기본 이름은 〈애플리케이션 이름〉.log이다.
APP_NAME	애플리케이션의 이름을 설정한다. jar 파일이 심볼릭 링크 형태로 동작한다면 스크립트가 애플리케이션 이름을 추측한다.
RUN_ARGS	스프링 부트 애플리케이션에 전달할 인자를 설정한다.
JAVA_HOME	기본으로 $PATH 경로에서 자바의 위치를 인지하지만, 필요한 경우 명시적으로 설정해야 한다.
JAVA_OPTS	자바 가상 머신에 전달할 옵션을 설정한다(메모리 설정, GC[3] 설정 등).
JARFILE	JAR 파일의 위치를 명시해 지정한다. 실제 스크립트를 포함하지 않는 JAR 파일을 실행하는 경우 사용할 수 있다.

(이어짐)

---

2 프로그램 아이디. 프로그램이 실행될 때 생성되는 고유 값이다. – 옮긴이

3 Garbage Collector, 자바가 사용하지 않는 메모리를 처리하는 메커니즘 – 옮긴이

속성	설명
DEBUG	이 값이 비어 있지 않다면 셀 프로세스에 -x 플래그를 설정해 스크립트 내부 로직을 좀 더 편하게 볼 수 있다.
STOP_WAIT_TIME	강제로 중지할 때까지 기다리는 시간으로, 기본값은 60초다.

기본적으로 내장 스크립트를 사용할 경우 `JARFILE` 옵션과 `APP_NAME` 옵션은 `.conf` 파일에 명시할 필요가 없다.

```
JAVA_OPTS=-Xmx1024m
DEBUG=true
```

위와 같은 옵션을 사용하면 애플리케이션의 최대 힙 메모리 크기를 1GB로 설정하고, 셀 스크립트에 로그를 추가할 수 있다.

11-2 배포용 WAR 파일 생성

문제점

JAR 파일을 만드는 대신 서블릿 컨테이너나 JEE 컨테이너에 배포할 WAR 파일을 만들어야 할 수도 있다.

해결 방법

애플리케이션 패키징 형식을 JAR에서 WAR로 바꾸고, 스프링 부트 애플리케이션이 `SpringBootServletInitializer`를 확장한 형태로 스스로 일반 애플리케이션의 부트스트랩 형태가 되도록 한다.

예제 구현

예제 3-1을 배포 가능한 WAR로 만들려면 다음 3가지 작업을 해야 한다.

1. 패키징 형식을 JAR에서 WAR로 바꾼다.
2. SpringBootServletInitializer를 배포를 위한 부트스트랩 형태로 확장한다.
3. 내장 서버의 범위를 provided로 변경한다.

pom.xml 파일에서 패키징 형식을 JAR에서 WAR로 바꾸려면 다음과 같이 지정한다.

`<packaging>`war**`</packaging>`**

내장 컨테이너가 웹 애플리케이션의 클래스에 포함되는 것을 막기 위해 내장 컨테이너의 범위를 compile에서 provided로 변경한다.

내장 톰캣(기본 컨테이너)을 사용하는 경우 pom.xml을 다음과 같이 수정한다.

```
<dependency>
    <groupId>org.springframework.boot</groupId>
    <artifactId>spring-boot-starter-tomcat</artifactId>
    <scope>provided</scope>
</dependency>
```

이 외에 다른 컨테이너를 사용하는 경우에는 예제 3-7을 참고해 컨테이너 적용 범위에 <scope>provided</scope> 설정을 추가하자. 이렇게 설정하면 스프링 부트 플러그인이 기본 WEB-INF/lib에 컨테이너 라이브러리를 추가하지 않는다. 하지만 여전히 생성된 WAR 파일에 일부분이 되는데, 다만 위치가 별도의 WEB-INF/lib-provided 폴더가 된다. 스프링 부트는 이 위치를 알고 있으며, 상황에 따라 WAR 파일이 내장 컨테이너를 사용해 구동할 수도 있다. 내장 컨테이너를 사용해 애플리케이션을 구동하는 것은 개발 측면에서 매우 유용하다. 그러나 WAR 파일이 웹스피어의 톰캣 같은 컨테이너에도 배포 가능해야 한다.

그래서 애플리케이션이 구동될 때 SpringBootServletInitializer의 확장 클래스가 필요하다. 이 클래스는 스프링 부트가 서블릿이나 JEE 컨테이너의 부트스트랩 클래스 역할을 한다.

```
package com.apress.springbootrecipes.helloworld;

import org.springframework.boot.SpringApplication;
import org.springframework.boot.autoconfigure.SpringBootApplication;
import org.springframework.boot.builder.SpringApplicationBuilder;
import org.springframework.boot.web.servlet.support.SpringBootServletInitializer;

@SpringBootApplication
public class HelloWorldApplication extends SpringBootServletInitializer {

    public static void main(String[] args) {
        SpringApplication.run(HelloWorldApplication.class, args);
    }

    @Override
    protected SpringApplicationBuilder configure(SpringApplicationBuilder
builder) {
        return builder.sources(HelloWorldApplication.class);
    }
}
```

SpringBootServletInitializer를 확장할 때 configure 메소드를 재정의해야 한다. configure 메소드는 SpringApplicationBuilder 객체를 받아 애플리케이션 설정에 사용할 수 있게 한다. 추가해야 할 항목 중 하나는 SpringApplication.run과 마찬가지로 기본 설정 클래스다. 이는 builder.source(HelloWorldApplication.class) 구문이며, 애플리케이션의 부트스트랩으로 사용된다.

예제 3-7의 `HelloWorldController`를 사용해 애플리케이션을 완성해보자.

```java
package com.apress.springbootrecipes.helloworld;

import org.springframework.web.bind.annotation.GetMapping;
import org.springframework.web.bind.annotation.RestController;

@RestController
public class HelloWorldController {

    @GetMapping
    public String hello() {
        return "Hello World, from Spring Boot 2!";
    }
}
```

경고   서블릿이나 JEE 컨테이너에 애플리케이션을 배포할 때, 스프링 부트는 더이상 서버의 제어 영역이 아니다. 따라서 스프링 부트의 server나 management.servlet 네임스페이스를 사용한 설정은 적용되지 않는다. 즉, server.port 설정을 사용해 웹 애플리케이션의 사용 포트를 설정했다 하더라도 외부 서버에 적용되는 순간 무시된다는 것이다.

애플리케이션이 배포되면 내장 서버를 사용했을 때 적용된 기본 URL인 /는 더이상 사용할 수 없다. 대신 /<WAR 파일 이름>/ URL이 사용된다. 즉 http://<서버 호스트명>:<외부 컨테이너 설정 포트>/<WAR 파일 이름>이 애플리케이션의 접속 주소가 되는 것이다. 표준 톰캣을 설치하고 관리 화면에 접속하면 그림 11-1과 같이 WAR 애플리케이션이 배포된 것을 볼 수 있다.

Applications		
Path	**Version**	**Display Name**
_/_	_None specified_	Welcome to Tomcat
/docs	_None specified_	Tomcat Documentation
/examples	_None specified_	Servlet and JSP Examples
/host-manager	_None specified_	Tomcat Host Manager Application
/manager	_None specified_	Tomcat Manager Application
/spring-mvc-as-war-2.0.0	_None specified_	

▲ 그림 11-1 톰캣 관리 화면

/spring-mvc-as-war-2.0.0 링크를 클릭하면 애플리케이션이 실행된다(그림 11-2).

▲ 그림 11-2 애플리케이션 배포 결과

11-3 씬 런처를 사용해 아카이브의 크기 줄이기

문제점

스프링 부트는 기본적으로 팻 JAR라 불리는, 모든 의존성을 내부에 포함하는 JAR 파일을 생성한다. 이는 JAR 파일 하나로 모든 것을 해결할 수 있는 장점이 있지만 JAR 크기가 너무 커지는 단점이 있다. 여러 애플리케이션을 배포할 경우 이미 내려받은 의존성을 재사용해 전체 크기를 줄이고 싶을 것이다.

해결 방법

애플리케이션을 패키징할 때 사용자 정의 레이아웃을 설정할 수 있다. 그 중 하나가 씬 런처[4]다. 씬 런처는 애플리케이션 내부에 모든 의존성을 포함하지 않고 애플리케이션을 구동할 때 이미 내려받은 의존성을 재사용한다.

예제 구현

스프링 부트 플러그인을 사용하면, 필요한 모든 라이브러리를 아카이브 내부의 BOOT-INF/lib 폴더에 포함한다. 그러나 JAR 파일의 크기를 줄이고, 의존성을 재활용해 전체적으로 작은 시스템을 가져가고 싶을 것이다. 예를 들어 프로그램 14.1 버전으로 생성한 아카이브가 약 7.1메가바이트라 하자. 이 중 대부분은 의존성 라이브러리일 것이다.

스프링 부트에 사용자 정의 런처를 추가하는 것도 가능하다. 레이아웃 정의가 소스를 읽어올 위치를 지정하고 런처가 그 정보를 사용해 의존성을 로드한다. 씬 런처는 메이븐 센트럴로부터 의존성을 내려받아 공유 저장소에 저장한다. 따라서 한 번만 내려받고 다양한 애플리케이션에서 공유해서 사용할 수 있다.

---

4   https://github.com/dsyer/spring-boot-thin-launcher

씬 런처를 사용하려면 스프링 부트 플러그인에 의존성을 추가해야 한다.

```
<plugin>
    <groupId>org.springframework.boot</groupId>
    <artifactId>spring-boot-maven-plugin</artifactId>
    <dependencies>
        <dependency>
            <groupId>org.springframework.boot.experimental</groupId>
            <artifactId>spring-boot-thin-layout</artifactId>
             <version>1.0.15.RELEASE</version>
            </dependency>
    </dependencies>
</plugin>
```

씬 런처는 훨씬 작은 크기의 아카이브를 생성한다. 실제 ./mvn package 명령을 사용해 JAR 파일을 만들어보면 약 12킬로바이트 정도가 된다. 아쉬운 점은 애플리케이션 기동 시 관련 의존성을 내려받아야 한다는 것인데, 그런 이유로 의존성 개수에 따라 기동 속도가 느려질 수 있다.

ThinJarWrapper라는 이름의 클래스가 추가돼 애플리케이션의 시작점이 되면 어떤 일이 생기는지 알아보자. 이제 애플리케이션이 의존성을 결정하는 pom.xml이나 META-INF/thin.properties 파일을 포함한다. ThinJarWrapper는 또 다른 JAR 파일(런처)에 위치할 것이다. 래퍼가 필요에 의해 런처를 내려받거나 로컬에 캐시된 메이븐 저장소의 런처를 사용한다.

그 후 런처는 pom.xml과 (만약 있다면) META-INF/thin.properties 파일을 읽어 필요한 의존성을 내려받는다. 이제 클래스패스에 내려받은 모든 의존성을 포함해 별도의 클래스 로더를 생성한다. 그리고 애플리케이션의 main 메소드를 클래스 로더와 함께 실행한다.

11-4 도커 사용하기

요즘에는 도커[5]를 사용해 애플리케이션을 빌드하고 배포하는 경우가 많다. 스프링 부트를 사용하면 매우 쉽게 애플리케이션을 도커 컨테이너에 배포할 수 있다.

문제점

스프링 부트 기반의 애플리케이션을 도커 컨테이너에서 실행하고 싶다.

해결 방법

Dockerfile을 만들고 사용 가능한 메이븐 도커 플러그인을 사용해 도커 컨테이너를 빌드하자.

예제 구현

먼저, 컨테이너 빌드와 관련된 정보가 들어있는 Dockerfile이 필요하다. 이 파일은 컨테이너를 빌드하는 docker run 명령을 실행했을 때 사용한다.

---

5   https://www.docker.com

도커 컨테이너 생성용 빌드 스크립트 갱신

도커 컨테이너를 생성에 필요한 첫 번째 작업은 Dockerfile을 만드는 것이다. Docker file은 컨테이너 빌드 방식에 대한 정보를 담고 있는 파일이다. 이 파일을 프로젝트의 최상위 폴더에 만들자.

```
FROM openjdk:11-jre-slim
VOLUME /tmp
ARG JAR_FILE
COPY ${JAR_FILE} app.jar
ENTRYPOINT ["java","-Djava.security.egd=file:/dev/./urandom","-jar","/app.jar"]
```

위 내용에 따르면 open-jdk를 사용해 빌드를 진행한다. 여기에 ADD 명령을 사용해 필요한 애플리케이션을 추가할 것이다. 그리고 마지막으로 시작점을 알려줘야 하는데 ENTRYPOINT 명령이 그 역할을 수행한다.

주의사항 공개적으로 사용 가능한 컨테이너를 사용하는 것은 좋은 시작 방법이 될 수 있으나, 그러한 컨테이너가 보안에 영향을 미칠 수도 있다는 점을 잊어서는 안 된다. 특정 컨테이너를 컨트롤할 수 없으므로, 컨테이너 내부의 동작을 보장할 수 없다. 특히 실제 구축 상황인 경우 가지고 있는 기본 컨테이너를 사용하기를 원할 수도 있다.

ARG와 JAR_FILE 인자는 빌드 스크립트에서 사용할 수 있는 JAR_FILE 변수를 명시한다. 해당 값은 플러그인 속성으로 전달되는 변수 값을 제공한다.

ENTRYPOINT는 간단하게 java -jar /app.jar 명령을 수행하도록 정의한다. 또한 예제 11.1과 결합해 실행 가능한 JAR와 스크립트를 제공하면 시작점 설정이 좀 더 단순해진다.

이제 Dockerfile은 만들었고, dockerfile-maven-plugin 의존성을 pom.xml 파일에 추가하자.

```xml
<plugin>
    <groupId>com.spotify</groupId>
    <artifactId>dockerfile-maven-plugin</artifactId>
    <version>1.4.4</version>
    <configuration>
        <repository>spring-boot-recipes/${project.name}</repository>
        <tag>${project.version}</tag>
        <buildArgs>
            <JAR_FILE>target/${project.build.finalName}.jar</JAR_FILE>
        </buildArgs>
    </configuration>
    <dependencies>
        <dependency>
            <groupId>javax.activation</groupId>
            <artifactId>javax.activation-api</artifactId>
            <version>1.2.0</version>
        </dependency>
        <dependency>
            <groupId>org.codehaus.plexus</groupId>
            <artifactId>plexus-archiver</artifactId>
            <version>3.6.0</version>
        </dependency>
    </dependencies>
</plugin>
```

plugin 태그 내부에 repository라는 속성을 사용해 이미지의 이름을 설정한다. 이 방법으로 나중에 컨테이너가 이미지가 어디 있는지 찾을 수 있다. 일반적으로 컨테이너에 별도의 이름을 붙이려고 하는데 여기서는 ${project.version}으로 tag라는 속성의 값을 설정했다.

buildArgs는 docker build 명령에 전달할 인자값이다. 이 값은 Dockerfile을 처리할 때 사용할 수 있다. 여기서 JAR_FILE이라는 값을 설정에 명시해 생성된 아티팩트가 위치할 곳을 지정했다.

컨테이너를 빌드하고 시작하기

이제 모든 준비가 완료됐고, `mvn clean build dockerfile:build` 명령을 사용해 도커 컨
테이너를 생성하면 된다.

컨테이너를 시작하려면 다음과 같이 실행한다.

```
docker run -d spring-boot-recipes/dockerize:2.0.0-SNAPSHOT
```

컨테이너는 백그라운드에서 실행되고 콘솔 창에 다음과 같이 로그가 출력될 것이다. 로
그를 보려면 docker logs <컨테이너 이름> --follow 명령을 실행해 2초마다 출력되는 로그
를 확인하면 된다(그림 11-3).

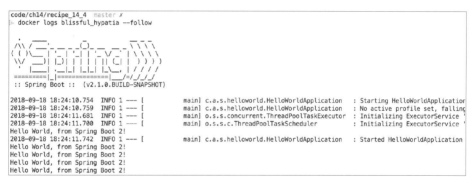

▲ 그림 11-3 도커 컨테이너 로깅

스프링 부트 애플리케이션에 속성값 전달

스프링 부트 애플리케이션이 도커 컨테이너에서 동작할 때, 배포 시 애플리케이션 환경
설정에 기본으로 설정된 속성값을 변경하고 싶을 때가 있다. 기본적으로 스프링의 프로

파일 기능(2장의 예제 참조)을 사용해 미리 정의한 다른 속성으로 변경할 수 있는데, 여전히 어떤 프로파일을 사용할지 변수 형태로 전달해야 할 것이다. 일반적으로 애플리케이션을 시작할 때 `java -jar 애플리케이션 이름.jar --spring.profiles.active =profile1,profile` 명령으로 지정할 수 있다. 그러나 도커 컨테이너 형태인 경우 이 방식을 사용하는 것이 불가능하다.

다행히도, 도커의 -e 옵션을 사용하면 환경 변수를 전달할 수 있고, 스프링 부트는 내부 환경 변수를 사용해 애플리케이션을 실행[6]할 수 있다.

간단한 애플리케이션을 가정하고 audience라는 속성을 전달해야 한다고 생각하자(기본적으로 World 값을 입력하면 Hello World, from Spring Boot 2!를 출력한다). 이 값을 Docker로 변경해보자. -e AUDIENCE='Docker'라는 옵션을 추가해 명령을 실행한다.

`docker run -d -e AUDIENCE='Docker' spring-boot-recipes/dockerize:2.0.0-SNAPSHOT`

새로 시작한 컨테이너의 로그 메시지를 살펴보면, 메시지가 Hello Docker, from Spring Boot 2!로 바뀐 것을 볼 수 있다(그림 11-4).

```
'  |___|  .__|_| |_| |_\_, | / / / /
=========|_|==============|___/=/_/_/_/
 :: Spring Boot ::  (v2.1.0.BUILD-SNAPSHOT)

2018-09-18 18:27:00.941  INFO 1 --- [           main] c.a.s.helloworld.HelloWorldApplication   : Starting HelloWorldApplication
2018-09-18 18:27:00.948  INFO 1 --- [           main] c.a.s.helloworld.HelloWorldApplication   : No active profile set, falling
2018-09-18 18:27:01.863  INFO 1 --- [           main] o.s.s.concurrent.ThreadPoolTaskExecutor  : Initializing ExecutorService
2018-09-18 18:27:01.882  INFO 1 --- [           main] o.s.s.c.ThreadPoolTaskScheduler          : Initializing ExecutorService
2018-09-18 18:27:01.916  INFO 1 --- [           main] c.a.s.helloworld.HelloWorldApplication   : Started HelloWorldApplication
Hello Docker, from Spring Boot 2!
Hello Docker, from Spring Boot 2!
Hello Docker, from Spring Boot 2!
Hello Docker, from Spring Boot 2!
Hello Docker, from Spring Boot 2!
```

▲ 그림 11-4 도커 컨테이너 실행 결과

참고 유닉스 기반의 시스템에서 변수 값을 설정할 때, 일반적으로 변수 이름을 모두 대문자로 사용하고 . 대신 _를 사용할 것이다. 즉 spring.profiles.active는 SPRING_PROFILE_ACTIVE가 된다.

---

6   https://docs.spring.io/spring-boot/docs/current/reference/html/boot-featuresexternal-config.html

찾아보기

스프링 부트 2 레시피

다양한 예제로 스프링 부트 스타터부터 패키징까지 한 번에 따라하기

발 행 | 2019년 8월 16일

지은이 | 마틴 데이넘
옮긴이 | 최 정 호 · 임 진 욱 · 김 명 훈

펴낸이 | 권 성 준
편집장 | 황 영 주
편 집 | 배 혜 진
디자인 | 박 주 란

에이콘출판주식회사
서울특별시 양천구 국회대로 287 (목동)
전화 02-2653-7600, 팩스 02-2653-0433
www.acornpub.co.kr / editor@acornpub.co.kr

한국어판 © 에이콘출판주식회사, 2019, Printed in Korea.
ISBN 979-11-6175-347-8
http://www.acornpub.co.kr/book/spring-boot-2

이 도서의 국립중앙도서관 출판시도서목록(CIP)은 서지정보유통지원시스템 홈페이지(http://seoji.nl.go.kr)와
국가자료공동목록시스템(http://www.nl.go.kr/kolisnet)에서 이용하실 수 있습니다.(CIP제어번호: CIP2019030413)

책값은 뒤표지에 있습니다.